KB177603

임동석중국사상100

천공개물

天工開物

宋應星 著 / 林東錫 譯註

"상아, 물소 뿔, 진주, 옥, 진괴한 이런 물건들은 사람의 이목은 즐겁게 하지만 쓰임에는 적절하지 않다. 그런가 하면 금석이나 초목, 실, 삼베, 오곡, 육재는 쓰임에는 적절하나 이를 사용하면 닳아지고 취하면 고갈된다. 그렇다면 사람의 이목을 즐겁게 하면서 이를 사용하기에도 적절하며, 써도 닳지 아니하고 취하여도 고갈되지 않고, 똑똑한 자나 불초한 자라도 그를 통해 얻는 바가 각기 그 자신의 재능에 따라주고, 어진 사람이나 지혜로운 사람이나 그를 통해 보는 바가 각기 그 자신의 분수에 따라주되 무엇이든지 구하여 얻지 못할 것이 없는 것은 오직 책뿐이로다!"

《소동파전집》(34) 〈이씨산방장서기〉에서 구당(丘堂) 여원구(呂元九) 선생의 글씨

책머리에

중국을 여행할 때면 궁궐, 건축물, 공예품은 물론이고 각종 일상생활 고대 물건에 대해 신기한 느낌을 갖곤 하였다. 그토록 정교하고 나름대로 과학적 근거를 바탕으로 해야만 되는 제작 과정과 기술의 축적이 있어야만 가능한 야금, 합금이며, 제작 공구가 갖추어져야 해낼 수 있을 결과물에 대해 동양의 과학이나 기술, 산업시설 등에 대해 내심 열등감을 벗어날 수 있었을 뿐만 아니라 일부 발명품은 서양의 고대에 비해 훨씬 앞서 있고, 나아가 더욱 인간적이었다는 생각까지 들기도 하였다. 더구나 옥공예나 도자기 공예의 경우, "사람의 손재주로 이것이 가능한가?"라는 "의문과 어떤 도구로 이렇게 만들어낼 수 있었을까?"하는 경이로움에 혀를 내두르기도 하였다.

이러한 의문이 풀리기 시작한 것은 바로 이 《천공개물》이라는 책 때문이었다. 물론 다 풀린 것은 아니지만 그래도 어느 정도 '심증으로 느끼는 과학'은 사실 '눈으로 확인하는 과학'이나 '계기計器로 수치화하는 과학' 못지않게 긴 세월 동안 동양의 제작을 담당해 왔고, 그것이 결코 낮은 수준이 아니었음을 알게 된 것이다.

동양이 물질보다 정신세계를 앞세워 공맹孔孟이나 제자백가의 철학, 그리고 화려한 문인 등은 높이 여기면서, 정작 생활에 필요한 물건을 생산하는 장인匠人은 사농공상士農工商의 세 번째 지위에 넣어 천시하였음에도 '사람은 살아왔고 물건은 만들어졌으며 일상생활 필수의 도구들은 발달하였다'는 사실은 지금 남아 있는 고물古物들을 통해 그 대단함을 인정하지 않을 수 없는 것이다.

이들의 제작 과정의 정밀한 내용을 일일이 기록하는 것은 실로 붓을 자신의 전유물로 여긴 문인으로서는 선뜻 나서지 못하였고, 또한 그들이 할 일도 아니어서 제대로 문자화하지 못하였지만 그래도 꾸준히 이어진 과학사科學史는 적은 양이나마 기록으로 전수되기도 하였다. 이에 이를 총정리하여 여러 방면에 걸쳐 설명한 것이 바로 이 《천공개물》이다. 명대 말기의 과거 낙방자가 남들 다 가는 사로仕路를 포기하고 자신의 평소 취향에 관심을 가졌던 과학과 제작 기술을 기록으로 남기겠다는 의지가 없었다면 아마 제대로 이루지 못했을 분야이다.

이에 이러한 기록의 내용과 그 속에 담고 있는 과학, 화학, 공학, 제조기술, 물리학, 생물학, 식물학, 광물학, 농학 등에 대해 일자一字 지식도 없는 역자로서 이를 번역(역주)하겠다고 대들었던 것이 도리어 후회도 되고 힘도 들었다. 나아가서 화학 기호도 식물학 학명도, 나아가 전문 용어조차 생소하게 느끼는 문외한인 자가 작업에 덤빈 것은 우리나라 조선시대 실학자 박지원朴趾源, 이규경李圭景, 서유구徐有榘 등이 이를 탐독하였고 칭송을 아끼지 않았다는 말에 현혹된 때문이었다. 그러나 작업에 나서보니 전혀 뜻밖이었다. 진행해 나갈 수가 없을 정도로 내 전공과는 거리가 멀었고, 단지 한자로 기록되었다는 것 외에는 내가 알고 있는 지식이나 상식으로는 전혀 설명조차 할 수 없는 것들이었다. 이에 몇 번이고 포기할까 접어두었다가 그래도 무식한 번역기飜譯機가 내용은 알지 못한 채 '문자 뒤집기'만 하듯이 하는 수밖에 없었다. 따라서 솔직히 알지도 못하면서 문자적 번역에 그치고 말았음을 자인한다. 그러나 한편으로는 이를 깊이 아는 전문학자가 보면 알겠지 하는 책임전가와 그래도 혹 디딤돌은 되겠지 하는 효용성에 대한 가치를 내세우고 마치기는 하였다.

독자 제현이나 이를 이용하는 전문학자에 많은 양해를 구하며 혹 잘못된 설명이나 오류에 대해서는 너그러운 이해와 함께 편달이 있기를 기대한다.

줄포茁浦 임동석이 취벽헌醉碧軒에서 적음.

일러두기

1. 이 책은 〈續修四庫全書〉(1115) 子部 譜錄類(上海古籍出版社印本)를 저본으로 하여 문자도 이체자 등을 모두 그 판본에 따랐다.

2. 현대 백화어 역주본도 수집하여 참고하였으며 큰 도움을 받았다. 특히 반길성(역주)의 《天工開物》(上海古籍出版社 2008)와 《天工開物導讀》(巴蜀書社 1988)는 모든 작업에 가장 많은 참고서 역할을 하였다.

3. 그 외 《天工開物》(上下. 中國社會出版社 2004)와 鍾廣言(注釋, 中華書局香港分局 1988) 및 劉君燦(導讀, 金楓出版社 1987 臺北), 臺灣商務印書館(1967년 활자본)도 귀중한 자료가 되었으며, 국내 역주본 《天工開物》(崔炷 注譯. 전통문화사 1997)과 《天工開物》(최병규 옮김, 범우 2009)도 큰 도움이 되었다.

4. 총 369장으로 분장하였으나 이는 절대적인 것이 아니며 필자가 임의로 나누기도 하고 반길성潘吉星의 역주본을 참고한 것이다. 아울러 매 장마다 일련번호를 부여하고 괄호 안에 해당 편별 번호도 제시하여 찾아보기 쉽도록 하였다.

5. 각 장마다 제목을 달았으나 이는 그 장의 전체를 아우를 수 있는 것은 아니며 필자가 임의로 작성하여 읽기에 편하도록 한 것일 뿐이다.

6. 해석은 가능한 한 직역을 위주로 하였으나 일부 의역한 곳도 있으며, 문자는 일체 〈續修本〉(涂伯聚本)을 근거로 하였다.

7. 이체자異體字는 모두 〈속수본〉을 따라 표기하였다. 예로 果(蘡), 窄(搾, 榨), 妙(玅), 礶(罐), 觔(斤), 輾(碾), 捌(八), 厘(釐), 炉(爐, 鑪), 礦(鑛), 煉(鍊), 澒(汞), 舡(船), 鈆(鉛), 蟗(蟆), 畵(畫, 劃), 雕(鵰), 灶(竈) 등이다.

8. 그림(삽화)은 〈속수본〉을 근거로 실었으나 원본의 그림은 두 페이지에 걸쳐 있는 것이 많고, 매 편 뒤에 몰려 있어 명료하지 않아 반길성의 〈수정본〉 그림을 매 장 해당 부분에 실었다.

9. 18편의 제목도 원문 그대로 싣고 간단한 해설을 붙였으며, 반길성

〈역주본〉에는 순서를 여러 곳 바꾸었으나 본 책은 속수본의 순서를 근거로 그대로 지켜 차례를 삼았다.

10. 이 책의 역주에 참고한 문헌은 대략 다음과 같다.

❀ 참고문헌

1. 《天工開物》續修四庫全書(1115)子部 譜錄類 上海古籍出版社 印本 上海

2. 《天工開物》(上下) 明 宋應星(著) 中國社會出版社 2004 北京

3. 《天工開物》鍾廣言(注釋) 中華書局香港分局 1988 홍콩

4. 《天工開物》(上下) 劉君燦(導讀) 金楓出版社 1987 臺灣 臺北

5. 《天工開物》臺灣商務印書館 1967 臺灣 臺北

6. 《天工開物導讀》潘吉星(著) 巴蜀書社 1988 四川 成都

7. 《天工開物》潘吉星(譯註) 上海古籍出版社 2008 上海

8. 《天工開物》傳世藏書本 子庫(35) 技術 傳世藏書工作委員會 海南國際新聞 出版中心 1995 海南

9. 《天工開物》中國傳統版畫藝術特展 行政院文化建設委員會 1985 臺灣 臺北

10. 《天工開物》崔炷(注譯) 전통문화사 1997 서울

11. 《天工開物》최병규(옮김) 범우 2009 서울

12. 《紀效新書》明 戚繼光 華聯出版社 1971 臺北

13. 《齊民要術》百子全書(農家類) 岳麓書社(활자본) 1993 湖南 長沙

14. 《本草綱目》明 李時珍 中國書店(활자본) 1988 北京

15. 《三才圖會》明 王圻, 王思義 上海古蹟出版社(印本) 1988 上海

16. 《博物志》林東錫(譯註) 東西文化社, 2011 서울

    기타 〈諸子百家書〉 및 〈十三經注疏〉, 〈二十五史〉 등과 工具書의 기재는 생략함.

해제

1. 《天工開物》

책 제목의 '天工'은 《상서尙書》 고요모皐陶謨편의 "無教逸欲有邦, 兢兢業業, 一日二日萬幾, 無曠庶官, 天工人其代之"에서 취한 말이며, '開物'은 《주역周易》 계사전繫辭傳(上)의 "天一, 地二, 天三, 地四, 天五, 地六, 天七, 地八 天九, 地十. 子曰:「夫易何爲者也? 夫易開物成務, 冒天下之道, 如斯以已者也.」是故聖人以通天下之志, 以定天下之業, 以斷天下之疑"에서 취한 말이다. 즉 '천공'은 "하늘의 공교한 원리를 사람이 대신하다"이며, '開物'은 "만물을 개발하여 임무를 성취하다"의 뜻으로 "자연의 원리를 이용하여 이를 인공과 배합, 사람의 일상생활에 필요한 많은 물건을 개발하고 제조해 내다"의 뜻이다. 따라서 자연과학이며 제조, 생산, 운용 등의 산업을 뜻하는 말로 저자는 사용하고 있다.

이에 저자는 서문에서 "천하를 덮고 있는 수많은 물건들이 어찌 인력으로 되는 것이겠으며, 사람이 눈으로 보아 알 수 있는 것이 그 몇이나 되겠는가? 나아가 생활에 필요한 물건을 만들어냄으로써 시간과 공간의 장애를 극복하고 있으니 사람의 힘이 얼마나 대단한가?"라 하여 인간의 지혜로 만들어내는 많은 물건에 대하여 감탄과 함께 그 필요성을 강조하고 있다.

이 책은 모두 상중하 3권으로 구성하고 18가지의 큰 항목으로 이루어져 있다. 즉 1. 乃粒(곡물 재배, 농업), 2. 乃服(양잠과 의복), 3. 彰施(염색), 4. 粹精(곡물 낟알 가공), 5. 作鹹(소금 제조), 6. 甘嗜(설탕, 꿀, 엿 등 감미료), 7. 陶埏(흙으로 빚어 열을 가하여 만드는 건축자재 및 도자기, 토기류 등), 8. 冶鑄(주물), 9. 舟車(배와 수레), 10. 錘鍛(쇠붙이 도구 제조), 11. 燔石(燒石, 광물의 가열), 12. 膏液(기름), 13. 殺青 (製紙), 14. 오금(금속 제련과 가공), 15. 佳兵(무기와 화약), 16. 丹青(안료), 17. 麴蘗 (누룩과 발효), 18. 珠玉(진주와 보석류) 등이다.

중국의 명말청초明末淸初, 즉 16~17세기는 자연과학의 저술에 눈을 뜨기 시작한 시기로 송명을 거쳐 오면서 관념에 치우쳤던 성리학에 대한 한계를 극복하기 위해 몸부림을 치던 때였다. 이에 따라 사회 경제와 산업생산을 위한 기술에 대한 정리와 저술이 쏟아져 나오기 시작하였다.

이를테면 이시진(李時珍: 1518~1592)의 《본초강목本草綱目》과 서광계(徐光啓: 1562~1633)의 《농정전서農政全書》가 대표적이며 이의 뒤를 따른 것이 바로 송응성의 이 《천공개물》이다. 특히 앞의 두 책이 한 분야의 기술과 이론에 집중된 것이라면 송씨의 이 책은 당시 농업과 여러 수공업을 총망라한 박물서博物書이며 모든 산업의 각 분야를 고르게 기록하고 있다는 점에서 더욱 가치를 발휘하고 있다. 즉 농, 공, 수산은 물론 제조, 광업, 제지, 염색, 문방, 주물, 야금, 화학, 식재료 등 다루지 않은 부분이 없을 정도이다. 그의 과학에 대한 직식은 실로 충분한 경험과 현지답사를 요구하는 분야임에도 자료와 정보를 모아 세밀하게 기록한 점은, 당시 교통과 통신이 오늘날 같지 않던 상황을 감안한다면 실로 경탄스러움을 금할 수 없다.

이 책은 약 5만 3천 자의 분량이며 123장의 삽화가 곁들여 있어 시각적 확인까지 돕고 있다. 그러나 이 저술은 급하게 출간한 것이어서 오자와 탈자 등이 있고 오류가 심하며, 원본 자체가 일부 문자의 혼효, 비과학적 억측,

잘못 전해들은 전설 등을 함께 싣고 있음에도 후일의 판본은 이에 교정을 거치지 않은 것이 많으며 이에 따라 문자의 차이도 있고 삽화 역시 일부 차이가 있다.

이 《천공개물》이 숭정崇禎 10년(1637) 세상에 나온 뒤 비록 당시 시대가 매우 혼란스러웠음에도 널리 퍼지기 시작하였다. 숭정 말 이미 안휘의 과학자 방이지(方以智: 1611~1671)는 《물리소식物理小識》을 지으면서 이를 참고할 정도였다.

명말 복건福建의 상인商人 양소경楊素卿은 숭정 10년본의 이 책을 즉시 재판하였으나 명나라가 곧 망하고 청나라 때 간행되어 청대 널리 퍼지는 판본으로 자리를 잡기도 하였다. 청초 강희康熙 연간으로부터 청말 광서光緖에 이르도록 200여 년간 이 책은 여러 출판 사업에 채택되었다. 즉 강희 연간에 진몽뢰(陳夢雷: ?~1741)이 편찬한 《고금도서집성古今圖書集成》에 고공편考工篇, 식화편食貨篇에는 대량으로 이 《천공개물》 각자의 내용과 삽화를 싣고 있으며, 건륭乾隆 2년 장정옥(張廷玉: 1672~1755) 등이 편찬한 《수시통고授時通考》에도 역시 이 책을 인용하고 있다. 그러나 18세기 후반 이 책은 도리어 폄하의 대상으로 전락하고 말았다. 즉 건륭 때 〈사고전서四庫全書〉를 수찬하면서 각지의 문헌을 바치도록 하여 대대적인 점검 작업을 벌일 때 이 책에 '반청사상反淸思想'이 들어 있음을 발견하고 그의 형 송응승宋應昇의 《방옥당전집方玉堂全集》과 함께 '금서禁書'로 낙인을 찍어버린 것이다. 이리하여 이 책은 〈사고전서〉에 수록되지 못한 채 뒷날 〈속수사고전서續修四庫全書〉에만 채록되었던 것이다.

한편 지금까지 출간된 《천공개물》 원본은 무려 13종이나 되며, 다만 명나라 때 도백취涂伯聚 판본이 조본祖本이며 그림도 고박하고 진실하여 가장 믿을만한 것으로 알려져 있으나 이에 교정을 거치지 않은 채 지금 「속수사고전서」에 수록되어 있으며, 이는 다시 1959년 중화서국中華書局에서 영인 출간하였다. 한편 1929년 도본陶本은 문자의 교감은 거쳤으나 삽화를 다시 그려 원모를 잃고 있으며 게다가 화사첨족畫蛇添足의 부연 그림이 있어 원의에 신빙성이 떨어지고 있다. 특히 70년대 이전까지 이 책에 대한 연구와 출판은 주로 도본의 영향을 받아 주로 그 그림을 사용하고 있는데 이는 원본보다 선명하기 때문일 뿐이었다. 그 뒤 1976년 종광언(鍾廣言, 이 책은 1988년 中華書局 香港分局에서 재출간됨)이 도본涂本을 근거로 다시 세밀하게 그림을 수정하고 문자도 교정하여 주석본을 내어 비교적 믿을 만한 판본으로 격상 시켰으나 이 역시 자신의 잘못된 관점을 대량으로 삽입시켜 일부 혼란을 가중시키고 있다. 다시 1986년 반길성潘吉星이 도백취 본을 저본으로 하고 문자를 교감하였으며 이를 주석하고 연구논문까지 곁들여 《천공개물도독 天工開物導讀》이라는 제목으로 파촉서사巴蜀書社에서 출간하였으나 완역이 아니었으며, 이에 반길성은 다시 2008년 상해고적출판사上海古籍出版社에서 「중국고대과기명저역주총서中國古代科技名著譯註叢書」의 하나로 완역본을 냄 으로써 어느 정도 완정한 단계에 이르게 되었다. 그러나 이 책 역시 순서를 바꾸어 원본을 그대로 적용하지 않고 있다. 그 외에도 중국과 대만臺灣의 현대 역주본으로는 《天工開物》(上下. 中國社會出版社 2004 北京)과 《天工開物》 (上下. 劉君燦導讀 金楓出版社 1987 臺灣), 그리고 도본涂本을 활자화한 《天工開物》 (臺灣商務印書館 人人文庫, 1967 臺灣)이 있다.

해외 판본 및 주석서로는 일본 교토대학京都大學의 야부우치 기요시(藪內淸)가 1953년 《天工開物の研究》를 항성사恒星社에서 출간하였고, 그 뒤 1969년 평범사平凡社에서 문고판 일어역주본日語譯註本 《天工開物》을 출간하였다. 그리고 국내 한국어판으로는 《天工開物》(崔炷 注譯. 전통문화사 1997)과 《天工開物》(최병규 옮김. 범우 2009)이 출간되어 큰 참고가 되고 있다.

2. 저자 송응성(宋應星: 1587~1666?)

　송응성은 자는 장경長庚이며 명대 남창부南昌府 봉신현奉新縣 북향北鄉 사람이다. 그의 고향은 지금의 강서성江西省 봉신현 동남쪽 송부향宋埠鄉의 패루송촌牌樓宋村 송씨 집성촌으로 지금도 남아 있다.

　그곳은 도작농업稻作農業의 중심지로 명성이 높은 곳이며 요수(潦水, 潦河)가 부근을 경유하여 파양호鄱陽湖로 흘러들어 장강長江과 합류하고 있다. 특히 그곳 명승고적으로는 수백 년 역사를 가진 덕수교德水橋가 있고 마을에는 명대 세워진 石牌坊이 있으며, 송씨의 집성촌이어서 '패루송촌'이라 불리고 있다.

　그의 집안 내력에 대해서는 송응성의 동모同母 형 송응승(宋應昇: 1578~ 1646)의 숭정 10년(1637) 기록인《방옥당전집方玉堂全集》과 후손 송립권宋立權과 송육덕宋育德이 1934년 펴낸《팔수신오아계송씨종보八修新吳雅溪宋氏宗譜》(新吳는 奉新의 고지명이며 雅溪는 潦水의 옛이름)가 있어 비교적 상세하게 알 수 있다.

　이들 기록에 의하면 송응성의 선조는 원대 이전에는 웅씨熊氏였으나 원명 元明 교체기에 웅덕보熊德甫가 남창부 풍성豊城의 역리驛吏가 되어 송씨를 아내로 맞았으며 당시 전화를 피해 아내의 성을 대신 쓰면서 봉신현 아계 雅溪로 이주하여 그대로 송씨로 굳어졌다는 것이다. 그 뒤 가계는 그곳에 정착하여 농사에 전념하게 되었고, 마침 명초 황무지 개간 장려 정책에 힘입어 부농으로 성장하게 되었다는 것이다. 그로부터 8대의 송경(宋景: 1476~1547)에 이르러 비로소 과거에 뜻을 두어 벼슬길에 나서기 시작하였다. 송경은 송적가宋迪嘉의 아들이며 송응성의 증조부로서《명사明史》(20)에 전기와 묘지명이 실려 있다.

송경은 자는 이현以賢, 호는 남당南塘으로 홍치弘治 연간에 진사에 올라 여러 벼슬을 거쳐 남이부상서南吏部尙書, 남병부상서南兵部尙書를 역임하였으며 죽은 뒤 이부상서를 추증받았고 시호는 장정莊靖이다. 그는 당시 조정의 실권자이며 내각수보內閣首輔였던, 《제감도설帝鑑圖說》로 유명한 장거정(張居正: 1528~1582)의 '일조편법一條便法'을 충실히 완수하였다. 그 공로를 인정받아 집안이 음서제도蔭敍制度의 혜택까지 받아 가문이 홍성하기 시작하였으며, 그로 인해 고향 집안은 관료지주의 대가로 봉신현의 명문망족으로 발돋움하였다. 그 때문에 패루송촌에는 송경宋景, 송우앙宋宇昻, 송적가宋迪嘉 삼대를 기린 "삼대상서제三代尙書第"라는 패방牌坊이 세워지기까지 하였다.

송경에게는 다섯 아들이 있었으며 그 중 둘은 진사에 올라 지방 관리의 길에 들어섰으며, 셋째 송승경(宋承慶: 자는 道徵, 호는 思南) 역시 학술과 문장에 박통하였으나 20여 세의 젊은 나이에 아들 송국림(宋國霖: 1547~1630)을 남겨 둔 채 세상을 뜨고 말았다. 이 송국림이 바로 송응성의 부친이며 자는 여윤汝潤, 호는 거천巨川이다. 그는 2살도 되기 전에 조부 송경과 부친 송승경이 차례로 세상을 등지자 어머니 고씨顧氏가 길렀으며, 얼마 지나지 않아 다시 숙부 송화경宋和慶에게 보내져 양육되었다. 숙부 송화경은 송승경의 아우로 벼슬을 버리고 낙향하여 교육에 즐거움을 찾고 있던 터라 자연스럽게 조카 송국림을 맡아 기르게 되었으며 송국림은 고아로서 그 집에서 40여 년 간 밖으로 나서지 않은 채 칩거하여 집안이 펴보지 못하였다. 송국림은 후사도 얻지 못하다가 31세에 비로소 첫째 송응승(宋應昇: 자는 元孔)을 얻게 되었고 이어서 송응정(宋應鼎, 1582~1629)과 셋째 송응성宋應星, 막내 송응정宋應晶을 낳게 되었다. 이들 중 둘째 응정應鼎은 자는 차구次九, 호는 현옥鉉玉이며 감씨甘氏 소생으로 벼슬길에 오르지 않았고, 막내 응정應晶은 자는 유함幼含으로 왕씨王氏 소생이며 역시 과거에는 뜻이 없었다.

그런데 첫째 응승과 셋째 응성은 함께 위씨魏氏 소생으로 둘 모두 과거에 뜻을 두고 학업에 매진하였다.

《방옥당전집》(8)에 의하면 생모 위씨는 농민의 딸로 송국림에게 출가하여 2년이 되지 않은 해에 집이 화재를 만나 전소되는 아픔을 맛보았으며 그로 인해 송응성 집안의 쇠락해 가는 가정을 힘들게 꾸려 나간 것으로 되어 있다. 그러한 환경 속에서도 송응성의 형 응승은 아우 응성을 보살피며 함께 공부에 열중하였다. 두 사람은 고향에서 숙조부 송화경宋和慶으로부터 몽학기蒙學期를 마치고 다시 족숙 송국조宋國祚에게 배웠으며 어른이 되어서는 신건현新建縣의 학자 정량지(鄭良知: 1558~1635?) 및 남창의 학자 서왈경(徐曰敬: 1558~1636)을 스승으로 모시고 학문을 익혔다. 이들 두 스승은 모두 진사 출신이며 지현知縣 이상의 관직을 역임한 인물들이었다. 그들은 명말 부패한 정치에 불만을 품고 항거하다가 폄직된 자들로서 서원에서 학생을 가르치고 있었으며 그 명성을 듣고 당시 도소규(涂紹煃, 伯聚) 만시화萬時華, 서세부徐世溥, 료방영廖邦英 등이 찾아와 배울 정도였다. 이들 둘은 이러한 분위기 속에 경사자집經史子集을 두루 섭렵하였고, 특히 송응성은 이것 외에도 음악, 바둑, 천문, 의약, 관측, 지리, 산물 등에도 남다른 관심과 흥미를 보였다.

송응성은 18세 되던 해(1604), 형 응승과 함께 분가하여 독립된 생활을 시작하면서 증조부 송경의 업적을 이어받겠노라 벼슬길을 꿈꾸게 되었다.

그리하여 만력萬曆 43년(1615), 두 사람은 함께 향시鄕試에 응시하여 응성은 3등, 응승은 6위로 거인擧人에 합격하였다. 이 해 강서江西의 응시생이 1만 명 이상이었고, 합격자는 109명이었는데 봉신현에서는 오로지 이 두 사람밖에 없어 '봉신이송奉新二宋'이라는 별칭이 생겨날 정도였다. 이에 고무된 두 사람은 그해 가을 내친김에 고향을 떠나 먼 경사京師의 병진회시(丙辰會試, 1616)에 응시하였다. 그러나 결국 실패하였으나 이들은 실망하지 아니하고 계속하여 만력 47년(1619), 천계天啓 3년(1623), 천계 7년(1627), 숭정 4년(1631) 등 다섯 차례나 도전하였으나 모두 실패하고 말았다. 마지막 응시하였을 때 송응성은 이미 45세였고 형 응승은 54세였다. 이들은 당시 엄당(閹黨, 환관 무리)의 우두머리 위충현魏忠賢의 전횡을 직접 체험하고는 더 이상 과거에는 뜻을 두지 않게 되었다.

그러나 그 동안의 고초와 생활은 경제적 어려움으로 다가왔고 가족의 생계까지 현실로 닥치자 송응성은 살길을 찾고자 1634년 강서성 원주부袁州府 분의현分宜縣 교유敎諭라는 말단 교육 담당자가 되어 20여 명의 생원을 가르치는 일을 맡게 되었다. 그 기간도 겨우 4년(1634~1638)에 그치고 말았다.

한편 그의 형 응승도 숭정 4년(1631) 마지막 응시에 낙방하자 곧바로 절강浙江 동향현桐鄕縣 현령縣令에 올랐다. 그러나 어머니의 상을 당하여 일시 귀향하였다가 그 뒤로 다시 광동廣東 조경부肇慶府 은평현恩平縣 현령, 고량부高凉府 동지同知, 광주부廣州府 지부知府 등의 지방 관원의 길을 두루 돌아다녔다. 그러나 갑신(1644)년 명明이 망했다는 소식을 듣자 곧바로 낙향 하여 순치順治 2년(1646)에 생을 마치고 말았다. 이에 그와 교류하였던 친지 들이 숭정 11년(1638) 《방옥당전집》을 발간하여 고인을 기렸다. 이보다 1년

전에는 집안에서 《송씨종보宋氏宗譜》를 발간하였으며, 그 뒤 증손 송근宋瑾이 건륭乾隆 24년(1759) 《방옥당전집》증보판을 출간하였으나, 1772년 「사고전서」를 편찬할 때 이 책에는 반청사상이 들어 있다 하여 수록되지 못한 채 금서로 낙인찍히고 말았다.

한편 송응성은 회시會試 응시로 1616~1631년간 경사를 오가는 길에 북경과 강서, 호북, 안휘, 강소, 산동, 하북, 하남, 절강 등 각지의 도시와 농촌을 직접 살펴볼 수 있었고, 평소 관심을 가졌던 각종 수공업과 농업, 잠업 등을 구체적으로 관찰할 기회를 갖게 된 것이 도리어 뒷날 여러 저술에 절대적인 도움이 되었다. 이에 그는 분의현 교유를 지내던 4년간 시간이 날 때마다 틈틈이 이를 정리하여 드디어 숭정 9년(1636), 50세의 나이에 《화음귀정畫音歸正》, 《원모原耗》, 《야의野議》, 《사련시思憐詩》 등을 정리하여 마무리 짓고, 이듬해(1637), 《천공개물》을 마쳤으며, 아울러 《치언십종卮言十種》까지 내놓게 된 것이다.

이에 그의 오랜 친구 도소규(涂紹煃: 1587?~1645, 자는 伯聚, 호는 映薇, 江西新建人)의 도움으로 출간할 수 있었다.

송응성은 이듬해(崇禎 11년, 1638) 복건福建 정주부汀州府 추관推官이 되었으나 2년 뒤 사직하고 귀향하는 길에 공남贛南을 경유하다가 친구 류동승(劉同升: 1687~1646)을 만났다. 류동승은 자는 효칙孝則이며 강서 길수吉水 사람으로 한림원翰林院 수찬修撰에 올랐으나 탐관 양사창楊嗣昌을 탄핵하다가 도리어 반격을 받아 복건안찰사지사福建按察使知事로 폄직되자 그만 병을 얻어 고향에 돌아와 있었다. 송응성은 일찍부터 그와 교류가 있었으며 30년

만에 만났던 것이다. 당시 명말 조정은 쇠락하였고 천하는 시끄러웠으며
청병淸兵은 이미 북경을 위협하였고 이자성李自成의 반군은 빠른 속도로
세력을 넓혀가고 있었다. 이에 강서 지역도 안정이 무너져 숭정말 1642~
1643년 송응성의 고향 봉신현에서도 이숙십李肅十, 이숙칠李肅七 형제의 홍건
농민군紅巾農民軍의 봉기가 폭발하였다. 송응성은 이에 병비도兵備道 진기룡
陳起龍에게 협조하여 이들 진압에 계책을 바쳐 해결에 나서기도 하였다. 그리
하여 송응성은 숭정 16년(1643) 가을 남직예南直隸 박주(亳州: 지금의 安徽 阜陽)
지주知州로 부임하였으나 이미 명나라는 멸망의 길에 들어서 1년 뒤 망하고
(1644 갑신) 말아 소위 '괘관귀리掛官歸里'의 사직을 당하고 말았다. 명이 망하고
청병이 남하하자 송응성은 10여 년의 은거생활로 일관하였으나 순치 12년
(1655) 다시 《남창군승南昌郡乘》의 편집에 주필로 고향의 군지郡誌를 펴내는
일에 참가하였다. 그리고 친구 진홍서(陳弘緖: 1597~1655)의 요청으로 형
송응승의 전기 〈송응승전宋應昇傳〉을 지었다.

그는 강희康熙 초 대략 80세인 1666년 세상을 떠난 것으로 알려져 있다.
그에게는 두 아들이 있었으며 맏아들은 土慧(자는 靜生), 둘째는 土意(誠生)
이었다. 이들과 그 후손은 모두 조부의 유훈을 받들어 "恪守祖父遺訓, 功名
淡如"를 삶의 지표로 삼아 누구도 과거에 뜻을 두지 않았다고 한다.
한편 송응성의 저작은 지금 전하는 《천공개물》 외에 《야의野議》, 《사련시
思憐詩》, 《담천淡天》, 《기론論氣》, 《화음귀정畫音歸正》, 《원모原耗》, 《춘추융적해
春秋戎狄解》, 《치언십종卮言十種》, 《미리전美利箋》 등이 있었다고 하나 지금은
모두 실전되고 말았다.

3. 중국 과학기술사科學技術史에 있어서의 《천공개물》

　중국의 과학, 기술, 산업 등에 관한 기록은 고대부터 당연히 있어왔다.

　우선 가장 기본이었던 농업에 대해서는 《관자管子》 지원편地員篇, 《여씨춘추呂氏春秋》의 상농上農, 임지任地, 변토辨土, 심시審時편, 그리고 《상군서商君書》의 간령墾令, 산지算地 등에 일부가 언급되어 있었으며 한대漢代 《범승지서氾勝之書》가 있었으나 본격적인 저술은 남북조南北朝 시기 가사협賈思勰의 《제민요술齊民要術》(533~544), 송대宋代 진부(陳旉: 1076~1156)의 《농서農書》(1149), 원대元代 《농상집요農桑輯要》(1273)와 왕정王楨의 《농서農書》(1313) 및 명대 광번鄺璠의 《편민도찬便民圖纂》(1502), 마일룡馬一龍의 《농설農說》(1547) 등이 대표적이다.

　《제민요술》은 현존 가장 오래된 농업 전문서로서 모두 10권 92편, 11만 자의 방대한 저술로 농림어업이 망라되어 있으나 지역적으로는 황하黃河 중하류의 산서, 하남, 산동에 치우쳐 있다. 그리고 진부의 《농서》는 3권 1만여 자의 비교적 적은 양이기는 하나 강남 일대의 도작농업을 중심으로 잠상蠶桑까지 함께 다루고 있으며, 왕정의 《농서》는 역시 11만 자의 방대한 저술로 삽화까지 곁들이고 있으며, 황하 유역의 밭농사와 강남 일대의 벼농사는 물로 원예와 잠상까지도 함께 설명하고 있다. 한편 명대 서광계徐光啓의 《농정전서農政全書》는 농업에 관한 대표적 저술이기는 하나 그가 죽은 뒤인 숭정 12년(1639) 출간되어 《천공개물》보다는 2년 뒤에 나온 것이다.

　한편 공예와 제작 등에 관한 저술로는 이미 전국시대 《고공기考工記》(《周禮》의 冬官을 대체한 것)를 필두로 남북조 시기 도굉경陶宏景의 《고금도검록古今刀劍錄》, 송대 이계(李誡: 약 1060~1100)의 《영조법식營造法式》, 증공량(曾公亮:

998~1078)의 《무경총요武經總要》(1044), 소송(蘇頌: 1020~1101)의 《신의상법요新儀象法要》(1090), 왕작王灼의 《당상보糖霜譜》(1154이전), 주익중朱翼中의 《주경酒經》, 조보지晁補之의 《묵보墨譜》, 원대 진춘陳椿의 《오파도熬波圖》(1330), 비저費著의 《전지보箋紙譜》, 그리고 명대 황성(黃成, 著), 양명(楊明, 注)의 《휴식록髹飾錄》(1625, 漆工藝), 왕징(王徵: 1571~1644)의 《신제제기도설新制諸器圖說》(1627), 모원의茅元儀의 《무비지武備志》(1621) 등이 있다. 그 이전 당대唐代의 《공예육법工藝六法》과 오대五代 주준도朱遵度의 《첨경添經》, 송대 유호喩皓의 《목경木經》, 설경석薛景石의 《재인유제梓人遺制》 등이 있었으나 이들은 모두 실전되고 없으며 송대 심괄(沈括: 1031~1095)의 《몽계필담夢溪筆談》과 이시진李時珍의 《본초강목本草綱目》 등도 기술과 의약 등에 대한 과학사에 있어서 중요한 저술이라 할 수 있다.

그리고 명대 과학 기술에 관한 저술 중에 주숙(朱橚: ?~1425)의 《구황본초救荒本草》(1406), 이시진의 《본초강목》, 모원의의 《무비지》, 서광계의 《농정전서》 등을 대표적으로 거론하고 있지만 이들을 총결산한 것이 바로 《천공개물》이라 할 수 있다.

4.《천공개물》의 영향

《천공개물》은 중국 과학기술의 역사에 있어서 아주 중요한 기록으로 널리 인용되고 있다.

이는 비록 〈사고전서〉에는 수록되지 못하였지만 이를 필요로 하는 자는 여전히 《고금도서집성》과 《수시통고授時通考》를 통해 그 내용을 찾아볼 수 있었다. 이에 가경嘉慶, 도광道光 연간 이후에는 점차 금서에서 해금되는 분위기로 바뀌어 학자들은 자신의 글 속에 이를 공공연하게 인용할 수 있었다. 이를테면 청대 학자 오기준(吳其濬: 1789~1847)은 그의 《전남광창도략滇南廣廠圖略》(1840)과 《식물명실도고植物名實圖考》(1848)에서 여러 차례 이 책을 언급하였고 도광 연간 부야산방付野山房에서 간각刊刻한 병서兵書 《축융좌치진전祝融佐治眞詮》에도 이 책의 내용을 옮겨 적고 있다.

동치 9년(1870) 류악운(劉嶽雲:1849~1919)은 《격물중법格物中法》이라는 저술에서 본격적으로 《천공개물》을 연구하기 시작하였다. 그는 서양 과학에 능통하여 이 책의 주요 내용을 과학적으로 분류하고 증명하여 주석을 덧붙였다. 그 외에 잠육영(岑毓英: 1829~1889)의 《운남통지雲南通志》〈광정편廣政篇〉과 위걸衛杰의 《잠상췌편蠶桑萃編》은 이 책의 근대적 연구에 큰 공을 세운 저작들이다. 위걸은 하북河北 보정保定에 농장을 설립하고 양잠과 날염 등을 직접 실현해 보기도 하였다.

20세기 현대에 이르러서도 이 책은 계속 중시를 받아 중국 과학사, 문화사, 경제사, 사상사를 연구하는 학자에게는 필독서의 참고 자료로 각광을 받았다. 특히 일본의 경우 이미 에도(江戶) 시대 중반의 식물학자 패원

독신(貝原篤信: 1630~1714)의 경우, 자신의 《화보花譜》(1694)라는 책에 이 책의 내용을 거론하였고, 1771년에는 오사카大坂 관생당菅生堂 출판사에서 《천공개물》을 판각하였으며, 1952년에는 수내청藪內淸이 이를 일어로 번역하여 출판하기에 이르렀다.

한편 우리나라에서도 18세기 실학의 대두와 함께 이 책을 중시하여 박지원(朴趾源: 1737~1805)은 중국에 사신으로 왔다가 이 책을 구해본 다음 귀국하여 《열하일기熱河日記》(1780)의 「거제車制」를 쓰면서 이 책과 《농정전서》 등을 아주 높이 평가한 내용이 들어 있고, 이규경李圭景의 《오주연문장전산고五洲衍文長箋散稿》 및 《오주서종박물고변五洲書種博物考辯》(1834)에도 쇠와 구리의 합금에 대한 내용을 소개하면서 아주 높이 평가하고 있다. 그런가 하면 서유구(徐有榘: 1764~1845)는 《임원경제십륙지林園經濟十六志》에서 이 책의 내용을 널리 인용하여 실학자들의 필독서가 될 정도였다.

서구에도 이 책은 일찍 알려졌다. 프랑스 파리의 한학교수漢學敎授 율리앙(Stanislas julien: 1797~1873)은 이 책의 「丹靑」, 「五金」, 「乃服」, 「彰施」, 「殺靑」 등 5편을 불어로 번역하여 프랑스 과학원 원보院報와 《화학연감化學年鑑》에 발표하였다. 그 외에 영국, 독일, 이탈리아 등지에서도 이를 일부 번역하여 알려지자 동양의 과학에 대하여 대단히 큰 흥취와 반향을 일으켰다.

1869년 율리앙은 과학자 폴 상피앙(Paul Champion)과 파리에서 《천공개물》의 「作鹹」, 「陶埏」, 「冶鑄」, 「錘鍛」, 「燔石」, 「殺靑」, 「五金」, 「丹靑」편에서 각 장의 일부를 번역하고 주석하여, 《中華帝國 功業의 어제와 오늘》

(Industries anciennes et modernes de l'Empire Chinois)이라는 책으로 출간하였고 영국의 생물학자 다윈은 《천공개물》과 《수시통고》에서 추려낸 잠상蠶桑 부분을 읽은 후 이를 "권위 있는 저작"이라고 칭송을 아끼지 않았다. 한편 1964년 독일 학자 틸로(Thomas Thilo)는 《천공개물》의 「乃粒」, 「乃服」, 「彰施」, 「粹精」을 독일어로 번역과 주석을 가하였으며, 1966년 미국 펜실베니아 주립대학에서는 이 책 전문을 완역하여 출간하기도 하였다. 그 외에 영국 학자 조셉 니드햄(Joseph Needham)은 《중국과학기술사中國科學技術史》에서 이 《천공개물》을 널리 인용하고 있으며 일본 학자 삼지박음(三枝博音, 사에구사 히로토)은 이를 "중국의 대표적 기술서"라고 극찬을 아끼지 않는 등 그 가치는 아주 광범위하게 인정받고 있다.

(이상 해제는 潘吉星의 두 책 《天工開物導讀》(1988, 巴蜀書社)과 《天工開物》(譯註, 2008, 上海古籍出版社) 및 崔炷(주역)의 《天工開物》 해제 부분을 정리한 것임.)

차 례

《천공개물》세부목차

天工開物 를

卷中

9. 주거 舟車

(1) 전언 前言

(2) 舟

(3) 漕舫

10. 추단錘鍛

(1) 전언前言

11. 번석燔石

(1) 전언前言

(2) 石灰·蠣灰

(3) 매탄煤炭

(4) 礬石·白礬

(5) 청반靑礬, 홍반紅礬, 황반黃礬, 담반膽礬

(6) 硫黃

13. 살청殺靑

(1) 전언前言

(2) 紙料

(3) 죽지竹紙 제조법: 造竹紙

(4) 피지皮紙의 제조법: 造皮紙

卷下

14. 오금五金

(1) 전언前言

17. 국얼 麯蘗

(1) 전언 前言

(2) 주모 酒母

(3) 신국 神麯

(4) 단국 丹麯

18. 주옥 珠玉

(1) 전언 前言

(2) 珠

天工開物 上

卷上

1. 내립乃粒

2. 내복乃服

(1) 전언前言

(2) 누에치기: 蠶種·蠶浴·種忌·種類

(3) 抱養·養忌·葉料·食忌·病症

(4) 老足·結繭·取繭·物害·擇繭

5. 작함作鹹

(1) 전언前言

(2) 鹽産: 소금생산

(3) 해수염海水鹽

(4) 지염池鹽

(5) 정염井鹽

(6) 말염末鹽

(7) 애염崖鹽

6. 감기甘嗜

(1) 전언前言

卷中

7. 도선陶埏

(1) 전언前言

(2) 와瓦

(3) 磚

(4) 옹기그릇: 罌·甕

(5) 白瓷 附: 靑瓷

8. 야주冶鑄

9. 주거舟車

　주거舟車는 배와 수레, 즉 교통공구를 뜻함. 사람과 물자를 실어 나르는 육상 운수 수단인 수레, 그리고 강과 바다의 운송 수단인 배에 관한 제작, 운전, 구조, 종류 등 여러 방면에서 설명하고 있음.

(1) 전언前言

183(9-1)
전언

내 생각으로는 이렇다.

"사람들은 서로 무리를 이루어 각지에 나뉘어 살고 산물産物은 각지에 따라 달라 이들이 왕래하고 물건을 바꾸고 옮기기도 하여 우주를 이루고 있다. 만약 각자 자기 사는 곳에서만 살고 그대로 늙어 죽는다면 어디에 기대어 인류가 있을 수 있겠는가?

사람은 귀한 신분이 되어 반드시 길을 나서야 하는데 먼 길 두루 돌아다니는 것은 두려운 일이다. 물건도 흔한 것이지만 반드시 필요한 것이 있다면 앉아서 궁한 처지에 있을 수 없으므로 짊어지고 와서 파는 자가 있어야 한다.

사해 안에 남쪽은 배를 이용하고 북쪽은 수레를 이용한다. 수레와 배로 온 세상이 두루 통해야 능히 수도로 하여금 원기元氣가 충만한 도시가 되도록 하는 것이다.

그러니 처음 수레와 배를 만든 사람이 어찌 시축尸祝의 보답을 받지 않을 수 있겠는가?

넓은 바다에 몇 년을 두고 항해를 하다 보면 만경萬頃의 물결도 마치 평지처럼 여겨질 것이니 이것이 열자列子가 말한바 '御泠風'과 다르지 않을 것이다.

전해오는 기록대로 해중奚仲이라는 사람이라면 어찌 신인神人이라 일컫지 않을 수 있겠는가?"

宋子曰:「人羣分而物異産, 來往貿遷以成宇宙. 若各居而老死, 何藉有羣類哉? 人有貴而必出, 行畏周行. 物有賤而必須, 坐窮負販. 四海之內, 南資舟而北資車. 梯航萬國, 能使帝京元氣充然. 何其始造舟車者不食尸祝之報也? 浮海長年, 視萬頃波如平地, 此與列子所謂御泠風者無異. 傳所稱奚仲之流, 倘所謂神人者非耶!」

【帝京】도읍을 번창하고 화려하게 활기를 불어넣는 것은 바로 사람과 물건의 왕래와 소통으로 인한 것임을 말한 것.

【尸祝】제사로 모시는 대상. 숭배를 받음을 뜻함.

【御泠風】列子는 泠然(飄然)히 바람을 타고 다니다가 보름 후에 돌아옴.《莊子》逍遙遊篇에 "夫列子御風而行, 泠然善也, 旬有五日而後反"이라 함. 列子는 莊子보다 앞선 戰國時代 道家의 대표적 인물. 이름은 列御寇.《列子》8편이 전함.

【奚仲】《世本》에 의하면 夏나라 때 車正으로 수레를 만들고 담당하던 관리. 그가 처음으로 수레를 만들었다 함.《韓非子》用人篇에 "釋法術而任心治, 堯不能正一國, 去規矩而妄意度, 奚仲不能成一輪"이라 하였고,《管子》形勢篇에도 "奚仲之爲車器也, 方圓曲直皆中規矩"라 함.《淮南子》修務訓에도 "昔者, 蒼頡作書, 容成造曆, 胡曹爲衣, 后稷耕稼, 儀狄作酒. 奚仲爲車, 此六人者, 皆有神明之道, 聖智之跡, 故人作一事而遺後世, 非能一人而獨兼有之"라 함.

(2) 舟

184(9-2)
여러 종류의 배

무릇 배에 대한 명칭은 고대 백 가지, 천 가지였고, 지금 역시 수백, 수천 가지이다.

혹 모양으로 이름을 짓거나(예를 들면 海鰍, 江鯿, 山梭 따위), 또는 싣는 양으로 이름을 부르기도 하며(싣는 양에 따름), 혹은 배를 만드는 재료로 이름을 짓기도 하므로(각종 목재의 이름에 따름) 모두 다 설명할 수는 없다.

해변에 사는 사람들은 양선洋船을 볼 수 있고, 강가에 사는 사람은 조방漕舫을 볼 수 있다.

그러나 산중에 살거나 평원平原에서 늙어 죽는 사람은 단지 일엽편주나 흐르는 물을 가로질러 건너는 벌주筏舟나 볼뿐이다.

여기서는 조략粗略하게 몇 가지 배의 구조와 만드는 방법을 말할 뿐이니 그 나머지는 이러한 예에 맞추어 추측하기를 바랄 뿐이다.

凡舟古名百千, 今名亦百千.

或以形名(如海鰍·江鯿·山梭之類), 或以量名(載物之數), 或以質名(各色木料), 不可殫述.

遊海濱者得見洋船, 居江湄者得見漕舫.

若局趣山國之中, 老死平原之地, 所見者一葉扁舟·截流亂筏而已.

　粗載數舟制度, 其餘可例推云.

【洋船】遠洋船. 먼바다나 해외까지 오가는 배.

【漕舫】漕船. 나라의 물자를 실어나르는 漕運船.

【筏】대나무로 엮어 작은 물이나 내를 건너는 뗏목.

(3) 漕舫

185(9-3)
조선漕船

　무릇 도읍은 군인과 백성이 모이는 지역으로서 전국 각 지방으로부터 수운水運을 통해 물자가 공급되기에 조선漕船이 이 때문에 흥하게 되는 것이다.

　원元나라가 천하를 통일한 후 연경燕京을 도읍으로 정하였다.

　당시 남방에서의 물자 운송 항로의 하나는 소주蘇州 태창현太倉縣의 유가항劉家港을 출발하는 것과 또 하나는 강소성江蘇省 해문현海門縣의 황련사黃蓮沙를 출발하여 바다를 따라 곧장 천진天津에 이르는 항로가 있었으며, 당시 제도로는 차양선遮洋船이 사용되었다.

　명明 영락永樂 연간에도 이 뱃길을 그대로 사용하였으나 바다 풍랑風浪과 파도 등 많은 위험이 있어 뒤에는 조운漕運으로 바꾸었다.

　당시 평강백平江伯이었던 진모陳某가 처음으로 배의 바닥면이 평평한 천선淺船을 만들었는데 이것이 지금의 양선糧船의 규격이 되었다.

　凡京師爲軍民集區, 萬國水運以供儲, 漕舫所由興也.

　元朝混一, 以燕京爲大都.

　南方運道由蘇州劉家港·海門黃連沙開洋, 直抵天津,
制度用遮洋船.

永樂間因之, 以風濤多險, 後改漕運.
平江伯陳某, 始造平底淺船, 則今糧舡之制也.

【蘇州】 당시 蘇州府, 지금의 江蘇省 太倉縣 劉家港에서 출발하였음.

【海門】 역시 지금의 江蘇省 海門縣 黃連沙의 항구.

【永樂】 明 成祖(朱棣)의 연호(1403~1424). 朱棣는 원래 太祖 朱元璋의 넷째 아들로 燕王에 책봉되어 지금의 北京일대를 지키고 있었으나 朱元璋의 長孫 建文帝(朱炆)를 시살하고 나라를 차지한 다음 도읍을 자신의 봉지 北京으로 옮김.

【平江伯】 당시 蘇州府 布政司였던 관리. 성씨만 陳氏로 적었으나 실제 인물은 陳瑄(1365~1433). 자는 彦純, 合肥人으로 1402년에 右軍都督僉事가 되어 明 成祖의 渡江에 공을 세워 平江伯의 봉호를 받고 指揮使에 올랐음. 永樂 연간에 總官兵, 總督漕運 등의 직책을 맡아 平底淺船 2천 척을 만들었음.《明史》에 전이 있음.

【糧舡】 糧船. 곡물을 운반하는 漕運船. 본책의 '船'은 대부분이 '舡'으로 표기하고 있음. 여기서는 바닷길이 아닌 내륙 수로를 이용하였음을 말함.

186(9-4)
배의 구조와 기능

　무릇 배의 바닥은 땅에 해당하고 방枋은 궁궐로 치면 담에 해당하며, 음양죽陰陽竹은 지붕을 덮는 기와에 해당한다.

　사자라 엎드린 모습의 앞쪽 횡목은 벌열(閥閱, 대문)인 셈이며, 뒤쪽 횡목은 침당寢堂인 셈이다.

　외(桅, 돛대)는 궁노弓弩가 되고 현弦과 봉篷은 날개가 되는 셈이다.

　노櫓는 거마車馬가 되며 단견簞縴은 신발이 되는 셈이다.

　밧줄은 매나 수리의 근골筋骨이 된다.

　맨 앞쪽에서 젓는 노는 선봉先鋒이 되며 방향을 잡는 타舵는 지휘하는 주사主帥 역할을 하며 닻은 군대가 주둔하는 진영과 같은 역할을 한다.

(그림66)

凡船制底爲地, 枋爲宮墻, 陰陽竹爲覆瓦.

伏獅前爲閥閱, 後爲寢堂.

桅爲弓弩, 弦篷爲翼.

櫓爲車馬, 簞縴爲履鞋.

緯索爲鷹·雕筋骨.

招爲先鋒, 舵爲指揮主帥, 錨爲劄軍營寨.

【枋】배의 네 벽은 큰 각목을 가지런히 연결하여 만듦.

【陰陽竹】船室의 지붕. 대나무를 반으로 쪼개어 凹凸(陰陽)로 맞추어 빗물이 들어오지 않도록 발처럼 짜서 덮음.

【伏獅】船體의 首尾를 가로로 꿰뚫어 고정한 橫木. 앞쪽은 대문, 뒤쪽은 침실을 꾸밀 수 있도록 힘을 받도록 한 나무.

【閥閲】대문과 같음. 대문 바깥은 좌우 두 기둥 문.

【桅】배 중앙에 곧바로 세워 돛을 달 수 있도록 한 긴 장대. 桅杆이라고도 함.

〈그림66〉 조선(漕船)

187(9-5)
양선糧船

양선糧船은 초기에는 선저船底의 길이가 5자 2척, 그 목판의 두께는 2치이며, 거목을 채취하되 남목楠木이 가장 좋고, 다음이 밤나무를 사용한다.

선수船首의 길이는 9자 5치, 선미의 길이도 9자 5치이다.

그 바닥 너비는 9자 5치이며 바닥 앞쪽의 너비는 6자이며 바닥 선미의 너비는 5자이다.

앞쪽 복사伏獅의 너비는 8자이며, 선미의 복사 너비는 7자, 양두梁頭는 모두 14개이다.

그 중 용구량龍口梁 길이는 1장, 바닥까지의 길이는 4자이다.

사풍량使風梁은 너비가 1장 4척이며, 바닥까지의 길이는 3자 8치이다.

선미의 후단수량後斷水梁의 너비는 9자이며, 바닥까지의 길이는 4자 5치이다.

배 양쪽의 통로는 너비가 똑같이 7자 6치이다.

이상이 초기 양선의 규격이며, 한 척당 약 2천 섬의 쌀을 실을 수 있다 (배 한 척당 한 번에 5백 섬씩 건네줌).

뒤에 수송하는 군軍이 만든 배는 사사롭게 배의 길이를 2장을 늘렸으며, 선수船首와 선미船尾도 너비를 2자 정도 늘려 3천 섬을 실을 수 있도록 하였다.

그러나 운하의 갑문閘門은 너비가 원래 1자 2척이어서 겨우 통과할 수 있었다.

지금 관용官用 객선客船 규격도 이와 완전히 같으나, 단지 선상의 객실 문과 창 사이의 공간을 넓혀 드나들기 쉽게 하였고, 거기에 정교한 장식을 더하였을 뿐이다.

糧舡初制底長五丈二尺, 其板厚二寸, 採巨木, 楠爲上, 栗次之.

頭長九尺五寸, 稍長九尺五寸.

底潤九尺五寸, 底頭潤六尺, 底稍潤五尺.

頭伏獅潤八尺, 稍伏獅潤七尺, 梁頭一十四座.

龍口梁潤一丈, 深四尺.

使風梁潤一丈四尺, 深三尺八寸.

後斷水梁潤九尺, 深四尺五寸.

兩廠共潤七尺六寸.

此其初制, 載米可近二千石(交兌每止足五百石).

後運軍造者私增身長二丈, 首尾潤二尺餘, 其量可受三千石.

而運河閘口原潤一丈二尺, 差可度過.

凡今官坐舡, 其制盡同, 第窓戶之間寬其出徑, 加以精工彩飾而已.

【尺】明代는 1尺은 약 31.1㎝였으며 丈, 尺, 寸은 모두 이를 기준으로 한 10진수였음.

【楠】樟科 大樟屬(Phoebe naamu)의 喬木.

【栗】밤나무. 山毛欅科 栗屬(Castanea mollissima)의 喬木.

【稍】'艄'와 같음. 船尾를 뜻함. 원문에는 '稍'로 잘못되어 있음.

【梁頭】배의 대들보에 해당하는 긴 橫木.

【廠】船艙.

188(9-6)
배 만들기

무릇 배를 만들 때는 우선 바닥부터 만들기 시작하여, 바닥의 곁에 벽을 기대어 위에는 갑판을 깔고 아래쪽은 지면에 닿게 한다.

일정한 간격을 띄워 줄을 지어 걸치는 나무를 양梁이라 하며, 양쪽에는 곧바로 세운 나무를 장檣이라 한다.

뚜껑에 해당하는 큰 나무를 정방正枋이라 하며, 정방 위에는 얹는 긴 목판을 현弦이라 한다.

또 양梁 앞쪽에 돛대를 세우는 위치를 묘단錨檀이라 하며, 묘단 밑에 횡목으로 돛대를 꽉 끼우는 본체를 지룡地龍이라 한다.

배의 앞쪽과 배의 뒤쪽에 묶어 잇는 횡목을 복사伏獅라 하며, 그 아래를 나사拿獅라 하고 복사 아래에 봉두목封頭木을 연삼방蓮三枋이라 한다.

배의 앞쪽 중앙에 네모난 공간을 두는데 이를 수정水井이라 하며(그 아래에 밧줄 등 물건을 보관함), 배 앞쪽에 두 개의 나무를 세워 세워서 밧줄을 매어두는 곳을 장군주將軍柱라 부른다.

배꼬리 아래에 비스듬히 올라 있는 부분을 초혜저草鞋底라 하고, 배 뒷부분 봉두목封頭 아래를 단방短枋이라 하며, 그 단방 밑을 만각량挽脚梁이라 한다.

선창船艙에서 키를 잡는 자가 위치하는 곳의 위를 야계봉野雞篷이라 한다(바람을 탈 때 한 사람이 그 篷의 꼭대기에 앉아 篷의 줄을 잡고 조종함).

凡造舡先從底起, 底面傍靠檣, 上承棧, 下親地面.

隔位列置者曰梁, 兩傍峻立者曰檣.

蓋檣巨木曰正枋, 枋上曰弦.

梁前豎桅位曰錨壇, 壇底橫木夾桅本者曰地龍.

前後維曰伏獅, 其下曰拏獅, 伏獅下封頭木曰連三枋.

舡頭面中缺一方曰水井(其下藏纜索等物), 頭面眥際樹兩木以繫纜者曰將軍柱.

舡尾下斜上者曰草鞋底, 後封頭下曰短枋, 枋下曰挽脚梁.

舡稍掌舵所居, 其上曰野雞篷(使風時, 一人坐篷巔, 收守篷索).

【檣】桅杆을 가리킴. 그러나 배의 벽을 가리키는 것으로 보아 牆과 같은 뜻임.
【野雞篷】'野雞'는 꿩을 뜻함. 꿩의 머리 모습과 같아 이름이 붙여진 것.

189(9-7)
돛

배의 길이가 10장쯤 되면 돛대는 반드시 두 개를 세워야 한다.

가운데 돛대는 배의 중앙에서 앞쪽으로 두 자리 위치쯤에 세우고, 앞 돛대는 그보다 다시 1여 장 앞에 세운다.

양선糧船일 경우 가운데 돛대는 긴 것은 대체로 8장을 기준으로 하며, 짧은 것은 그보다 10분의 1∼2쯤을 짧게 한다.

그 돛대의 밑 부분은 선창 안으로 들어가며 길이는 역시 1장 여이며, 돛을 거는 위치는 돛대의 총 길이의 5∼6장 되는 곳으로 정한다.

앞 돛대의 높이는 가운데 돛대의 반에 미치지 못하고, 돛 가로세로의 길이도 그의 3분의 1에 못 미치지 않도록 한다.

소주蘇州와 호주湖州의 여섯 개 군郡 일대의 쌀을 운반하는 배는 자주 석교石橋나 옹교甕橋 밑을 통과해야 하고, 게다가 장강長江이나 한수漢水처럼 험한 곳도 없으므로 돛이나 돛대가 모두 줄여서 만들어도 된다.

그러나 호광湖廣과 강서江西 등의 배는 호수를 지나 강을 헤치고 가야 하며 때 없는 풍랑을 만날 수 있기 때문에 닻, 밧줄, 돛, 돛대 등은 반드시 규정을 잘 지켜야 뒤에 위험이 없게 된다.

무릇 돛의 크기는 배 전체 길이의 폭과 같아야 하며, 이보다 크면 위험하고, 이보다 작으면 풍력風力을 제대로 받지 못하게 된다.

凡舟身將十丈者, 立桅必兩.

樹中桅之位, 折中過前二位, 頭桅又前丈餘.

糧舡中桅, 長者以八丈爲率, 短者縮十之一·二.

其本入窓內亦丈餘, 懸篷之位約五·六丈.

頭桅尺寸則不及中桅之半, 篷縱橫亦不敵三分之一.

蘇·湖六郡運米, 其舡多過石甕橋下, 且無江·漢之險, 故桅與篷尺寸全殺.

若湖廣·江西等舟, 則過湖衝江, 無端風浪, 故錨·纜· 篷·桅必極盡制度, 而後無患.

凡風篷尺寸, 其則一視全舟橫身, 過則有患, 不及則力軟.

【窓內】艙樓의 꼭대기에서 船艙의 바닥까지를 뜻함.
【湖州】지금의 吳興을 가리킴.
【湖廣】지금의 湖北과 湖南.

190(9-8)
돛대와 돛줄

대체로 배의 돛은 대나무를 쪼개어 엮은 것으로 끈으로 쪼갠 대나무를 엮어 차례로 다발을 만들어 겹쳐 접어놓았다가 돛대에 걸 수 있도록 해두면 된다.

양선糧船의 가운데 돛대의 돛은 열 사람의 힘을 합해야 비로소 꼭대기까지 끌어 올릴 수 있지만, 앞 돛은 단지 두 사람의 힘만으로도 여유가 있다.

무릇 돛 줄을 걸 때는 먼저 공중에 지름이 한 치쯤 되는 둥근 나무 도르래를 만들어 돛대 꼭대기에다 달아맨 연후에 허리에 그 돛 줄을 차고 돛대에 타고 기어 올라가 세 가닥을 교차하게 얽어매어야 한다.

대체로 돛이 받는 풍력은 맨 위의 돛 한 폭은 아래 3폭과 맞먹으므로 조화와 균형을 이루도록 해야 하며, 순풍일 경우 맨 위의 돛대만으로도 그 빠르기가 마치 내닫는 말처럼 달린다.

만약 바람이 점차 강해지면 차례로 돛을 줄여야 하며(갑자기 센바람을 만나 돛을 내릴 수 없을 때는 갈고리로 걸어 잡아당겨 내림), 광풍이 심할 때는 돛 한두 장만 사용해야 한다.

凡舡篷其質乃析篾成片織就, 夾維竹條, 逐塊摺疊, 以俟懸掛.

糧舡中桅篷, 合併十人力方克湊頂, 頭篷則兩人帶之有餘.

凡度篷索, 先係空中寸圓木關捩于桅巔之上, 然後帶索腰間, 緣木而上, 三股交錯而度之.

凡風篷之力, 其末一葉敵其本三葉, 調勻和暢, 順風則絶頂張篷, 行疾奔馬.

若風力洊至, 則以次減下(遇風鼓急不下, 以鈎搭扯), 狂甚則只帶一兩葉而已.

【篾】細竹. 가늘고 긴 대나무.

【關捩】돌 수 있도록 한 滑輪. 도르래와 같이 만들어 줄이 매끄럽게 감고 풀리도록 한 장치.

191(9-9)
돛의 조종

무릇 바람이 옆에서 불어올 경우에 배를 조종하는 것을 창풍搶風이라
한다.

물 흐름을 따라 운행할 경우라면 돛을 올려 '지之'자나 '현玄'자형으로
항해하면 되고, 혹 한 번에 동쪽을 향해 가면서 다만 더 나가지 않는
정도로 멈춰 있기만 하거나 심지어 얼마쯤 뒤로 물러나는 듯이 해야 한다.

그리하여 언덕에 아직 미치지 못했을 때 키와 돛을 돌려 다시 한 번
서쪽을 향해 가야 한다.

그리하여 물을 흐름과 바람의 힘을 서로 작용하게 하면 순식간에
10여 리를 갈 수 있다.

혹 고요한 호수나 물이 흐르지 않는 곳이라면 역시 느린 속도로 비스
듬히 가면 된다.

만약 물 흐름을 거슬러 올라갈 경우라면 한 발짝도 앞으로 갈 수가 없다.

무릇 배는 원래 물의 흐름에 따라가는 것으로 마치 풀이 바람을 따르는
것과 같으므로 키를 제어하여 물의 흐름을 막고 물이 흐르는 방향과는
달리 가도록 하여야 하며 키를 한 번 회전하면 물의 흐름이 그것을 따르는
것이다.

凡風從橫來, 名曰搶風.

順水行舟則掛篷,「之·玄」遊走, 或一搶向東, 止寸平過,甚至却退數十丈.

　未及岸時, 捩舵轉篷, 一搶向西.

　借貸水力兼帶風力軋下, 則頃刻十餘里.

　或湖水平而不流者, 亦可緩軋.

　若上水舟, 則一步不可行也.

　凡船性隨水, 若草從風, 故制舵障水, 使不定向流, 舵板一轉, 一泓從之.

192(9-10)
배의 키

무릇 키의 길이는 선복船腹과 가지런해야 한다.

만약 한 치라도 밑으로 더 길면 수심水深이 얕은 곳을 만났을 때 선복은 이미 지나갔는데 그 선창의 꼬리 부분 키가 걸려 멈추게 되고, 광풍을 만나 힘이 필요할 때 그 몇 치의 길이로는 겪게 되는 어려움은 말로 다할 수 없다.

그리고 키가 한 치라도 짧으면 키는 회전력이 나약하여 뱃머리를 바꿀 때 민첩하게 할 수 없다.

무릇 키의 힘이 물을 막는 것으로서 서로 응하여 그 힘이 선수船首까지 미치게 되는 것이다.

이때 배 바닥 아래의 물은 마치 한 줄기의 세차게 흐르는 순류順流와 같으므로 선수는 약속하지 않아도 바른 방향으로 가게 되니 그 틀의 오묘함은 말로 다할 수 없다.

키 위의 조종하는 손잡이를 일러 관문봉關門棒이라 하며 선수를 북쪽으로 향하고자 하면 이를 남쪽으로 돌려야 하고, 선수를 남쪽으로 향하게 하고자 하면 북쪽으로 돌려야 한다.

배의 몸체는 너무 길거나 바람이 옆으로 세게 불어와 키의 힘을 손으로 대응할 수 없을 경우라면 급히 바람이 불어오는 쪽의 피수판披水板을 내려 바람의 기세에 맞서야 한다.

무릇 키는 곧은 나무 하나로(糧船에 쓰는 것은 둘레
가3자, 길이는 1장여임)만들어야 하며, 위쪽 끝은 가로로 잘라 관문봉을 꽂고 아래쪽은 잘라 맞물리는 구멍을 만들어

타판舵板을 끼우는데 그 모양은 마치 도끼와 같고 쇠못을 박아 고정해 물을 막을 수 있도록 해야 한다.

선창의 후미에 융기된 곳을 역시 타루舵樓라 한다.

凡舵尺寸與船腹切齊.

若長一寸, 則遇淺之時舡腹已過, 其稍尼舵使膠住, 設風狂力勁, 則寸木爲難不可言.

舵短一寸, 則轉運力怯, 回頭不捷.

凡舵力所障水, 相應及船頭而止.

其腹底之下, 儼若一㵎急順流, 故船頭不約而正, 其機妙不可言.

舵上所操柄, 名曰關門棒, 欲船北, 則南向摂轉; 欲船南, 則北向摂轉.

船身太長而風力橫勁, 舵力不甚應手, 則急下一偏披水板, 以抵其勢.

凡舵用直木一根(糧船用者, 圍三尺, 長丈餘)爲身, 上截衡受棒, 下截界開銜口, 納板其中如斧形, 鐵釘固拴以障水.

稍後隆起處, 亦名曰舵樓.

【稍尼】 '梢尾'의 오기.
【披水板】 선두 양쪽에 설치하여 오르내릴 수 있도록 하여 횡풍이 불어올 때 배가 엉뚱한 방향으로 가지 않도록 하는 판자. 劈水板라고도 함.

193(9-11)
닻

무릇 쇠로 만든 닻은 물 밑에 가라앉혀 배를 매달아 두는 것이다.

양선糧船 한 척에는 닻이 모두 5~6개가 사용되며, 가장 큰 것은 간가묘看家錨라 부르며 무게는 5백 근 내외 정도이며, 그 나머지는 선수에 2개, 선미에 2개가 쓰이고 있다.

무릇 배가 운행 중에 역풍逆風을 만나 나아 갈 수도 없고, 해안에 정박할 수도 없으면(이미 해안에 접근하였으나 바닥이 돌뿐이고 모래가 없으면 역시 정박할 수가 없으며, 오직 水深이 깊은 곳에 닻을 내릴 수밖에 없음), 닻을 내려 바닥에 닿게 하여야 한다.

닻줄을 장군주將軍柱에다 감아 단단히 매고, 닻의 갈고리 모양 가지가 일단 질흙이나 모래에 닿으면 고정되어 꽉 쥐고 있게 된다.

아주 위급한 경우라면 간가묘看家錨를 내려야 한다.

이러한 닻을 매단 밧줄을 본신本身이라 하며, 이는 아마 대단히 중요함을 뜻하는 말일 것이다.

혹 같은 방향으로 앞서 가던 배가 멈칫거리는데 자신의 배는 순세를 타고 급히 나아가 충돌할 염려가 있으면, 서둘러 선미의 닻을 내려 속력을 줄이고 멈추어 있다가, 급히 나가지 않도록 조절해야 한다.

바람이 잠잠해져 배가 출발할 때는 운거雲車로 밧줄을 감아 닻을 끌어 올린다.

凡鐵錨所以沉水繫舟.

一糧船計用五·六錨, 最雄者曰看家錨, 重五百斤內外, 其餘頭用二枝, 稍用二枝.

凡中流遇逆風, 不可去又不可泊(或業已近岸, 其下有石非沙, 亦不可泊, 惟打錨深處), 則下錨沉水底.

其所繫緯, 纏繞將軍柱上.

錨爪一遇泥沙, 扣底抓住.

十分危急, 則下看家錨.

繫此錨者名曰「本身」, 蓋重言之也.

或同行前舟阻滯, 恐我舟順勢急去, 有撞傷之禍, 則急下稍錨提住, 使不迅速流行.

風息開舟, 則以雲車絞纜, 提錨使上.

【雲車】닻을 감아올리는 바퀴 모양의 기구.

194(9-12)
닻의 밧줄

무릇 선판船板 사이의 틈을 메우는 데는 백마白麻를 찧어 솜을 넣어 힘줄을 만들어 둔한 끌로 틈에다 박아 넣은 연후에 다시 체로 친 고운 석회石灰를 오동나무 기름과 섞어 절구에 찧어 덩어리를 만들어 배의 틈을 메운다.

절강浙江의 온주溫州, 태주台州, 복건福建, 광동廣東, 광서廣西 등지에는 조개껍데기를 태운 재를 사용한다.

무릇 배의 돛의 밧줄은 마해麻稭(일명 大麻 라고도 함)로 꼬아 만들며, 굵고 거칠어 지름이 한 이상이 되어 만 균의 무게에도 끊어지지 않도록 한다.

만약 닻을 매는 밧줄이라면 이는 푸른 멸죽篾竹을 쪼개어 만든다.

그 대나무는 가는 길이로 만들어 솥에 넣고 푹 삶은 연후에 꼬아 만들어야 한다.

배를 끄는 밧줄도 역시 멸죽을 삶아 꼬아 만든 것으로 10장 이상 되면 그 중간에 테를 만들어 끼워 연결하여 장애물을 만나면 손으로 눌러서도 끊어낼 수 있도록 하기 위한 것이다.

무릇 대의 성질은 곧고 멸죽은 한 선이 천 균을 버틸 수 있다.

삼협三峽에서 강을 거슬러 올라가는 배는 대나무로 꼰 밧줄을 쓰지 않는다.

대를 쪼개어 너비가 한 치 남짓 되도록 하여 그 줄기를 잘 다듬어 차례로 이어 길게 한 것으로 이를 화장火杖이라 한다.

연안 낭떠러지의 돌날이 마치 칼날과 같아서 멸죽을 한 것은 쉽게 손상될 염려 때문이다.

凡船板合隙縫, 以白麻斲絮爲筋, 鈍鑿扱入, 然後篩過
細石灰, 和桐油舂杵成團調艌.

溫·台·閩·廣卽用蠣灰.

凡舟中帶篷索, 以火麻楷(一名大麻)絢絞, 粗成徑寸以外者,
卽係萬鈞不絕.

若繫錨纜, 則破析靑篾爲之.

其篾線入釜煑熟, 然後糾絞.

拽縴篿亦煑熟篾線絞成, 十丈以往, 中作圈爲接彄, 遇阻
礙可以掐斷.

凡竹性直, 篾一線千鈞.

三峽入川上水舟, 不用糾絞篁縴.

卽破竹潤寸許者, 整條以次接長, 名曰火杖.

盖沿崖石稜如刃, 懼破篾易損也.

【三峽】長江 중류의 가장 물살이 센 세 곳. 武峽, 西陵峽, 瞿塘峽을 가리킴.

195(9-13)
여러 가지 목재

　무릇 목재로서의 돛대로는 곧고 반듯한 삼목杉木을 사용하고, 길이가 부족할 경우 이어야 하며 그 이은 부분 표면은 쇠로 테를 만들어 한 치마다 둘러쳐 끼워야 한다.

　선창船窓 앞쪽의 길은 모두 비워 두어 공중으로 돛대를 세우기 편리하도록 한다.

　무릇 가운데 돛대는 몇 척의 큰 배로 이를 실어 와서 끝에 긴 밧줄을 매어 줄을 잡아당겨 일으켜 세운다.

　대들보 역할을 하는 양梁과 배 둘레는 남목楠木, 저목樗木, 장목樟木, 유목楡木, 괴목槐木을 사용한다(장목은 봄이나 여름철에 벤 것이어야 하며 오래 두면 좀이 먹어 가루가 생김).

　배아 갑판甲板은 어떤 목재를 써도 된다.

　타간舵桿은 유목, 낭목榔木, 저목을 사용하고, 관문봉關門棒은 주목橱木, 낭목을 사용하고, 노櫓는 삼목, 회목檜木, 추목楸木을 사용한다.

　이는 대체적인 것을 말한 것일 뿐이다.

　凡木色桅用端直杉木, 長不足則接, 其表鐵箍逐寸包圍.

　舡窓前道, 皆當中空闕, 以便樹桅.

　凡樹中桅, 合倂數巨舟承載, 其末長纜繫表而起.

　梁與枋檣用楠木·樗木·樟木·楡木·槐木(樟木, 春夏伐者,久則粉蛀).

　棧板不拘何木.

　舵桿用榆木·槥木·櫧木, 關門棒用椆木·槥木, 櫓用
杉木·檜木·楸木.

　此其大端云.

【杉木】杉나무과의 常綠 喬木(Cunninghamia lanceolata).

【櫧木】종가시나무. 殼斗科 槲屬 喬木(Quercus glanca).

【樟木】녹나무. 樟科 喬木(Cinnamumomum camphora).

【榆木】느릅나무. 榆科 喬木(Ulmus pumila).

【槐木】홰나무(회화나무). 豆科 喬木(Sophora japonica).

【槥木】너도밤나무과의 여러 종류. 혹 柚木(Tectona grandis)가 아닌가 하며
　주로 광동, 운남 등지에 분포되어 있음.

【椆木】참느릅나무. 榆科 喬木(Ulmus paravilolia).

【檜木】전나무. 圓柏. 柏科 常綠 喬木(Sobina chinensis).

【楸木】가래나무. 紫葳科 喬木(Catalpa bungri).

(4) 해주海舟

196(9-14)
해주海舟

무릇 바닷배는 원대元代나 명초明初에 쌀을 운반하는 것을 차양천선遮洋淺船이라 불렀고, 그보다 작은 것을 찬풍선鑽風船(즉 海鰍)이라 하였다.

그들이 거치는 항로는 겨우 만리장탄萬里長灘, 흑수양黑水洋, 사문도沙門島 등에 그쳤으며, 큰 위험이 없는 곳이었다.

이러한 배는 유구琉球나 일본日本에 사신을 파견하거나 인도네시아 자바 섬과 말레이시아의 파타니 등의 지역과 무역하는 배와 비교하면 만드는 비용은 10분의 1에 미치지 못한다.

무릇 차양선遮洋船의 규모는 조선漕船에 비해 배의 길이는 1장 6자가 더 길고, 너비는 2자 5치가 더 넓을 뿐 그 밖에 갖추어야 할 구조는 모두 같다.

다만 타간舵桿은 반드시 철력목鐵力木을 써야 하며 배의 빈틈을 메울 때 석회에 어유魚油와 오동나무 기름을 섞어야 하는데 무슨 이유인지는 알 수 없다.

무릇 외국의 바닷배 규격도 이와 대동소이하다.

복건福建이나 광동廣東(복건에서는 海澄縣에서 출항하고, 광동에서는 마카오에서 출항함)의 해양선은 대나무를 두 조각으로 쪼개어, 이를 엮어서 방책防柵을 만들어 배의 양 곁에 세워 파도를 막는다.

산동山東의 등주登州와 내주萊州의 바닷배는 그 만드는 방법이 이와 다르다.

일본의 바닷배는 양쪽에 노櫓를 줄지어 세워놓고 사람이 난판欄板을 수작업으로 움직여 파도를 막는다.

조선朝鮮에서 배를 만드는 방법은 이와는 또 다르다.

凡海舟, 元朝與國初運米者曰遮洋淺船, 次者曰鑽風船
(卽海鰍).

所經道里止萬里長灘·黑水洋·沙門島等處, 若無大險.

與出使琉球·日本暨商買瓜哇·篤泥等舶制度, 工費
不及十分之一.

凡遮洋運舡制, 視漕舡長一丈六尺, 濶二尺五寸, 器具
皆同.

唯舵桿必用鐵力木, 艙灰用魚油和桐油, 不知何義.

凡外國海舶制度, 大同小異.

閩·廣(閩由海澄開洋, 廣由香山嶴)洋舡截竹兩破排柵, 樹于
兩傍以抵浪.

登·萊制度又不然.

倭國海舶兩傍列櫓手欄板抵水, 人在其中運力.

朝鮮制度又不然.

【萬里長灘】元明 시대 長江 하구에서 지금의 鹽城 일대에 이르는 얕은 바다
  지역을 말함.
【黑水洋】鹽城 동해안에서 山東半島에 이르는 지역.
【沙門島】지금의 山東 蓬萊縣 서북쪽.
【琉球】지금의 오키나와.
【爪哇】지금의 인도네시아 자바.
【篤尼】지금의 인도네시아 칼리만탄 섬.
【鐵力木】두메밤나무라고 하며 金絲桃科 鐵力木屬(Mesua ferrea). 재질이 아주
  단단하고 질겨 배의 키로 사용함.
【香山嶴】지금의 홍콩(香港) 곁의 마카오(嶴門).

197(9-15)
나침반

배의 앞쪽과 꼬리 쪽에는 나침반羅經盤을 두어 이것으로 방향을 잡으며, 배의 중간 허리쯤의 큰 횡량橫梁은 밖으로 몇 자쯤 밖으로 나오도록 하여 여기에 요타腰舵를 꽂으며, 이는 어느 배나 모두 같다.

요타는 선미의 키와는 모양이 같지 않으며 넓은 판자를 칼의 모양으로 깎아 물속에서 돌지 않게 하는 것으로 아마 선체가 기울지 않도록 하는 뜻일 것이다.

그리고 요타 위에 가로로 손잡이가 있어서 양梁에 꽂혀 있으며, 수심이 얕은 곳을 만나면 이를 들어 배가 지나갈 수 있도록 한 장치이다.

그것이 마치 키와 닮아 그 때문에 이름을 요타腰舵라 하는 것이다.

무릇 바닷배는 죽통竹筒에 몇 섬의 담수淡水를 담으면 선원들에게 이틀분의 물을 공급할 수 있으며, 섬에 닿으면 다시 물을 보충해야 한다.

어느 지방, 어느 섬에 갈 때는 그 방향을 나침반 침이 분명히 가리켜 준다.

이는 사람의 힘으로 되는 바가 아니다.

키를 담당하는 사공들은 이것의 도움을 위주로 하며 그들의 식견이나 힘으로 하다가는 사생死生이 헷갈리는 곳으로 갈 수 있으므로 용기로 해서는 안 될 것이다.

至其首尾各安羅經盤以定方向, 中腰大橫梁出頭數尺, 貫插腰舵, 則皆同也.

腰舵非與稍舵形同, 乃濶板斲成刀形插入水中, 亦不撗轉, 盖夾衛扶傾之義.

其上仍橫柄拴于梁上, 而遇淺則提起.

有似乎舵, 故名腰舵也.

凡海舟以竹筒貯淡水數石, 度供舟內人兩日之需, 遇島又汲.

其何國何島合用何向, 針指示昭然.

恐非人力所祖.

舵工一輩主佐, 直是識力造到死生渾忘地, 非鼓勇之謂也.

【羅經盤】羅針盤. 磁羅盤. 指南針. 고대 중국에서 발명한 것이며 11세기에 이미 항해술에 사용하였다 함.

(5) 雜舟: (기타 여러 종류의 배)

198(9-16)
강江漢의 과선課船

강한江漢의 과선課船:

이 배는 선체가 아주 좁고 길이는 길다.

배 위에는 10개의 선창船倉이 있으며 창마다 겨우 한 사람이 누워서 쉴만한 공간이다.

배 앞뒤에 모두 6개의 노가 있으며 작은 돛대 하나와 돛이 있다.(그림67) 풍랑이 있을 때는 노를 늘여서 저어 갈 수밖에 없다.

역풍逆風을 만나지 않으면 하루에 순류로는 4백여 리를 갈 수 있고, 역류로도 역시 백여 리는 갈 수 있다.

명조明朝 소금을 실어 나르는 배는 회음淮陰, 양주楊州 일대에서 염세가 자못 잦아 그 때문에 이 배로 은을 실어 나르도록 하여 이름에 과선이라 부르게 된 것이다.

여행객 중에 급히 가고자 하는 자들도 역시 이 배를 돈을 주고 사서 타고 가기도 하였다.

그 배는 남으로는 장수章水와 공수貢水로부터, 서쪽으로는 형주荊州와 양양襄陽 등지에서 출발하여 과주瓜州와 의진儀眞까지 이르렀다.

江漢課舡:

身甚狹小而長.

上列十餘倉, 每倉容止一人臥息.

首尾共槳六把, 小桅篷一座.

風濤之中恃有多槳挾持.

不遇逆風, 一晝夜順水行四百餘里, 逆水亦行百餘里.

國朝鹽課, 淮·揚數頗多, 故設此運銀, 名曰課舡.

行人欲速者亦買之.

其舡南自章·貢, 西自荆·襄, 達于瓜·儀而止.

【江漢課舡】 長江과 漢水를 중심으로 하여 나라의 課稅인 銀을 운반하던 배. '舡'은 '船'과 같음.

【貢】 贛水. 물 이름. 江西 長江의 지류.

【荆州】 지금의 湖北 江陵市.

【襄州】 지금의 湖北 襄樊市.

【瓜州】 지금의 南京 동북 瓜埠.

【儀眞】 지금의 江蘇 儀徵.

〈그림67〉육장과선(六槳課船)

199(9-17)
삼오三吳의 낭선浪船

삼오三吳 낭선浪船:

절강浙江 서부에서 강소江蘇의 평강平江까지 종횡의 7백 리 이내에는 온통 깊은 고랑이나 작은 물줄기가 들쭉날쭉 둘러쳐 있어서 낭선浪船(^{가장 작은 것을} _{嫩船이라 함})의 수가 수없이 많이 있다.

그러한 배로 다니는 사람은 귀천이 없이 내왕하고 있으며 이로써 말이나 수레, 보행을 대신하고 있다.

배라고 해야 아주 작지만, 반드시 창문과 방이 마련되어 있으며 배를 만드는 목재는 주로 삼나무가 쓰이고 있다.

사람과 물자를 실어 나르면서 돌 하나만큼이라도 한쪽으로 기울게 실을 수 없으며, 만약 쏠리는 경우에는 배가 기울고 말기 때문에 속칭 천평선 天平船이라 부르는 것이다.

이 배로 내왕하는 뱃길은 7백 리 이내이지만, 혹 편안하게 다니기를 좋아하는 자는 곧바로 배를 빌려 북쪽으로 통현通縣과 천진天津까지 가기도 한다.

그러나 강소의 진강鎭江에서 장강을 가로지를 때는 바람이 잠잠하기를 기다렸다가 건너야 한다.

그리고 또 청강포靑江浦를 건넌 다음 황하黃河의 얕은 물을 거슬러 올라가 2백 리를 가면 갑문閘門으로 들어가 편안한 길을 만나게 된다.

장강長江 상류는 풍랑이 심하여 이러한 평생 피하면서 가지 않는다.

낭선이 가는 힘은 오로지 뒤쪽 선창船倉의 큰 노櫓에 달려 있으므로 두세 사람이 힘을 합하여 앞으로 나가게 하든지 혹 밧줄에 의지할 수밖에 없다.

돛이라 해야 작은 돗자리처럼 손바닥만 하여 이를 의지할 수는 없다.

三吳浪舡:

凡浙西·平江縱橫七百里內, 盡是深溝, 小水灣環, 浪舡(最小者, 名曰塘舡)以萬億計.

其舟行人貴賤來往, 以代馬車·扉履.

舟即小者, 必造窓牖堂房, 質料多用杉木.

人物載其中, 不可偏重一石, 偏即歆側, 故俗名「天平舡」.

此舟來往七百里內, 或好逸便者徑買, 北達通·津.

只有鎮江一橫渡, 俟風靜涉過.

又渡青江浦, 遡黃河淺水二百里, 則入閘河安穩路矣.

至長江上流風浪, 則沒世避而不經也.

浪舡行力在稍後, 巨櫓一枝, 兩三人推軋前走, 或恃繾籃.

至于風篷, 則小席如掌, 所不恃也.

【平江】 平江府. 明나라 때 지금의 江蘇 蘇州에 두었었음.
【扉履】 步行을 뜻함.
【通州】 지금의 北京 通州區.
【津】 지금의 天津市.

200(9-18)
동절東浙의 서안선西安船

동절東浙 서안선西安船:

절강浙江의 동부(서부) 상산常山에서 전당강錢塘江까지 8백 리의 물길은 그대로 바다로 이어졌고 다른 뱃길이 없으므로 이러한 배는 상산, 개화開化縣, 수안遂安 등의 작은 강에서 전당강까지만 다니고 다른 곳은 가지 않는다.

이 배는 약죽箬竹을 항아리를 말아놓은 것과 같은 모양으로 지붕을 만들어 덮고 있다.

그리고 베로 돛을 만들며, 돛의 높이는 약 2장이며, 무명으로 돛 줄을 띠처럼 만든다.

처음 베돛을 쓰게 된 까닭은 원래 전당강에는 조수가 밀려와 솟구치기 때문에 급한 경우 쉽게 거두어들일 수 있기 위한 것이라 한다.

그러나 이 역시 꼭 그렇지는 않다. 이 돛은 멸죽篾竹으로 만드는 것보다 비용이 더 들고 사치로운 데 왜 그렇게 했는지 알 수 없다.

東浙西安舡:

浙東自常山至錢塘八百里, 水徑入海, 不通他道, 故此舟自常山·開化·遂安等小河起, 錢塘而止, 更無他涉.

舟制箬篷如捲甕爲上盖.

縫布爲帆, 高可二丈許, 綿索張帶.

初爲布帆者, 原因錢塘有潮湧, 急時易于收下.

此亦未然, 其費似侈于篾席, 摠不可曉.

【東浙西安船】浙西西安船이어야 함. 西安(衢州府)과 常山, 開化 등은 浙江의
 西部地域임.

【錢塘江】지금의 浙江 杭州灣으로 흐르는 물. 고대 錢塘江, 富春江 등으로
 불렀음.

201(9-19)
복건의 청류선清流船과 초봉선梢篷船

복건福建의 청류선清流船과 초봉선梢篷船:

이 배는 복건福建의 광택현光澤과 숭안崇安의 두 작은 강에서 복주福州의 홍당洪塘까지 운행하며 그 아래쪽 수로는 바로 모두가 바다이다.

청류선은 화물과 상인을 함께 태운다.

초봉선은 이보다 커서 사람이 앉고 누울 수 있으며, 관리나 귀인貴人과 그 가족들이 이용한다.

이러한 배는 모두가 삼나무로 배의 바닥을 만들었기 때문에 여울과 돌이 매우 험한 곳에서는 늘 파손되기 일쑤이며 파손될 경우 급히 배를 기슭에 대어 짐을 내리고 부서진 곳을 수리해야 한다.

배위 뒤쪽에서는 키를 사용하지 않으므로 뱃머리에서 큰 노 하나만으로 젓고 돌려 방향을 바꾸어야 한다.

그리하여 매번 5척의 배가 서로 묶어 방향을 잡고 운행하며, 위험한 여울을 거칠 때면 4척의 배에 탄 사람이 모두 내려 줄로 당겨 끌며 그 속도를 늦추어야 한다.

추운 겨울에도 자주 물을 건너야 하므로 신을 신지 않은 채 운행한다.

돛은 끝까지 달고 다니면서도 거의 사용하지 않는다고 한다.

福建淸流·梢篷舡:

其舡自光澤·崇安兩小河起, 達于福州洪塘而止, 其下水道皆海矣.

清流舡以載貨物·客商.

稍篷制大, 差可坐臥, 官貴家屬用之.

其舡皆以杉木爲地, 灘石甚險, 破損者其常, 遇損則急艤向岸, 搬物掩塞.

舡稍徑不用舵, 舡首列一巨招, 搣頭使轉.

每幫五隻方行, 經一險灘, 則四舟之人皆從尾後曳纜, 以緩其趨勢.

長年卽寒冬不果足, 以便頻濡.

風篷竟懸不用云.

【清流船】福建 서쪽 清流縣의 지명에서 유래된 것이며 화물과 여객을 함께 싣고 운행하는 배.

【梢篷船】원문에는 '稍篷船'으로 잘못 표기되어 있음. 福建 閩江의 화물과 여객을 함께 실어 나르는 고급 선박.

202(9-20)
사천의 팔로등선八櫓等船

사천四川 팔로등선八櫓等船:

사천의 수원水源은 원래 장강長江과 한수漢水가 함께 통해 있지만 사천의 배는 형주荊州까지만 다니고, 그보다 하류는 다른 배들이 다닌다.

상류로 거슬러 올라갈 때는 의창宜昌에서 삼협三峽으로 진입하며, 밧줄을 끄는 사람은 큰 대나무를 네 쪽, 혹은 여섯 쪽으로 쪼개어 이를 삼으로 꼰 밧줄로 단단히 묶어 이은 것을 사용하며, 이를 화장火杖이라 한다.

배 안에서 마치 경주하는 것처럼 북을 치면, 밧줄을 끄는 사람들은 기슭의 바위틈에서 북소리를 듣고 함께 힘을 내어 배를 끈다.

중하中夏에서 중추中秋까지 물이 불어 협곡을 막으면 몇 달 동안 배의 운행이 끊어지며, 이 계절이 지나 물이 조금 줄어들면 비로소 왕래가 이루어진다.

배가 신탄新灘 등과 몇몇 지극히 험한 곳을 지날 때는 사람과 화물을 모두 기슭에 내려 반 리쯤을 기슭을 따라 걷고, 단지 배는 빈 배로 오르내려야 한다.

이 배의 모습은 선복船腹이 둥그렇고, 머리와 꼬리는 뾰족하고 좁은데 이는 센 여울과 물결을 헤쳐나가기 위해서 그렇게 만든 것이다.

四川八櫓等舡:

凡川水源通江・漢, 然川舡達荊州而止, 此下則更舟矣.

逆行而上, 自夷陵入峽, 挽縴者以巨竹破爲四片或六片,
麻繩約接, 名曰火杖.

舟中鳴鼓若競渡, 挽人從山石中聞鼓聲而咸力.

中夏至中秋, 川水封峽, 則斷絶行舟數月.

過此消退, 方通往來.

其新灘等數極險處, 人與貨盡盤岸行半里許, 只餘空舟
上下.

其舟制, 腹圓而首尾尖狹, 所以鬪灘浪云.

【荊州】湖北省의 지명.

【夷陵】지금의 湖北省 宜昌. 고대의 葛州. 三峽의 하류 입구.

【新灘】靑灘이라고도 하며 湖北省 秭歸縣 동쪽. 長江의 가장 험한 곳 중의 하나.

203(9-21)
황하黃河 만봉초滿蓬梢

황하黃河 만봉초滿蓬梢:

이 배는 황하에서 회하淮河로 들어가거나 회하에서 하남河南의 변수汴水로 거슬러 올라가는 데 이용된다.

배는 남목楠木으로 만들며 만드는데 드는 비용은 자못 높다.

배의 크기는 큰 것 작은 것 등 여러 가지가 있으며 큰 것은 3천 섬, 작은 것은 5백 섬을 실을 수 있다.

물을 따라 내려갈 때는 뱃머리 쪽 목 부분에 해당하는 곳에 횡목橫木 하나를 눌러놓고 두 개의 큰 노를 사용하여 양쪽에서 노를 저어 배를 내려간다.

닻과 밧줄, 돛줄과 돛의 규격은 장강이나 한수의 배와 같다고 한다.

黃河滿蓬稍:

其舡自河入淮, 自淮遡汴用之.

質用楠木, 工價頗優.

大小不等, 巨者載三千石, 小者五百石.

下水則首頸之際, 橫壓一梁, 巨櫓兩枝, 兩傍推軋而下.

錨·纜·簹·帆制與江漢相彷云.

【滿篷梢】원문에 '梢'는 '稍'로 잘못되어 있음.
【汴水】河南 開封의 물줄기로 黃河의 지류.

204(9-22)
광동廣東의 흑루선黑樓船과 염선鹽船

광동廣東의 흑루선黑樓船과 염선鹽船:

북으로는 남웅南雄에서, 남으로는 광주廣州에 이르는 배다.

그러나 아래로 광동의 혜양惠陽과 조주潮州를 통해 장주漳州나 천주泉州로 가려면 강에서 바다로 나가는 곳에서 바닷배를 갈아타야 한다.

흑루선은 관리나 귀인이 타는 배이며, 염선은 화물을 싣는 배이다.

배의 형태는 배 양쪽으로 사람이 다닐 수 있다.

돛대는 부들을 엮어 만들었으며, 하나만을 쓰지는 않으며 돛대 두 개에 돛을 매달며 중원中原의 돛배처럼 돛을 마음대로 회전시킬 수는 없다.

물을 거슬러 올라갈 때 밧줄로 끌어 올리는 힘에 의지할 수밖에 없으며 이것은 다른 성省이나 직예直隸의 배와 마찬가지라 한다.

廣東黑樓舡·鹽舡:

北自南雄, 南達會省.

下此惠·潮通漳·泉, 則由海汊乘海舟矣.

黑樓舡爲官貴所乘, 鹽舡以載貨物.

舟制兩傍可行走.

風帆編蒲爲之, 不掛獨竿桅, 雙柱懸帆, 不若中原隨轉.
逆流憑籍縴力, 則與各省直同功云.

【蒲】 부들의 일종. 棕櫚科 蒲葵(Lvistonia chinensis). 福建, 廣東 등지에서는
잎으로 부채를 만들기도 하며 그 줄기와 잎의 섬유를 말려 밧줄을 엮기도 함.

205(9-23)
황하黃河의 진선秦船

황하黃河의 진선秦船(속칭 擺子船 이라고도 함):

이 배는 주로 한성韓城에서 만든다.

큰 배는 수만 근의 돌을 싣고 물을 따라 내려와, 회음淮陰, 서주徐州 일대에 공급하기도 한다.

이 배의 선수와 선미의 너비는 같다.

선창船艙과 양梁은 낮고 평평하며 심하게 융기된 부분이 없다.

급류를 내려올 때는 큰 노를 두 개를 양쪽에서 저어 추진한다.

왕래하는 데 풍력은 이용하지 않으며 되돌아올 때는 많으면 20여 명이 밧줄로 배를 끌어야 하며, 심지어 아예 배를 버리고 빈손으로 돌아가기도 한다.

黃河秦舡(俗名擺子舡):

造作多出韓城.

巨者載石數萬鈞, 順流而下, 供用淮·徐地面.

舟制首尾方濶均等.

倉梁平下, 不甚隆起.

急流順下, 巨櫓兩傍夾推.

來往不憑風力, 歸舟挽縴多至二十餘人, 甚有棄舟空
返者.

【漢城】陝西省 黃河 가의 지명.

(6) 車: (수레)

206(9-24)
수레의 기능

무릇 수레는 평지를 운행하는 데에 이로우며, 고대 진秦, 진晉, 연燕, 제齊의 교통이기도 하였으며, 열국列國의 전투에도 반드시 수레가 사용되어 그 때문에 천승千乘이니, 만승萬乘이니 하는 말이 전국戰國시대부터 생겨난 것이다.

초한楚漢의 혈전血戰이 있었던 후부터 전차의 사용은 날로 줄어들었다.

남방에서는 수전水戰에는 배를 사용하고, 육전陸戰에는 보병步兵과 기병騎兵을 사용하였다.

북방의 호로胡虜에 대응할 때는 서로가 철기鐵騎를 사용하였기 때문에 전차戰車는 드디어 아무런 소용이 없게 되었다.

다만 지금도 말에게 수레에 달아 무거운 물건을 나르거나 노새가 끄는 수레는 저 옛날 전차와 같은 개념이다.

凡車利行平地, 古者, 秦·晉·燕·齊之交, 列國戰爭必用車, 故「千乘」·「萬乘」之號, 起自戰國.

楚·漢血爭而後日闕.

南方則水戰用舟, 陸戰用步·馬.

北厴胡虜, 交使鐵騎, 戰車遂無所用之.

但今服馬駕車以運重載, 則今日騾車卽同彼時戰車之
義也.

【秦】지금의 陝西省에 있던 春秋戰國시대 나라. 뒤에 陝西의 별칭이기도 함.

【晉】지금의 山西省 일대에 있던 春秋시대 나라. 山西의 별칭.

【燕】지금의 北京, 河北 일대에 있던 春秋戰國시대의 나라.

【齊】지금의 山東 지역 일대에 있던 春秋戰國시대의 나라.

【楚漢血爭】楚(項羽)와 漢(劉邦)의 전투.

【鐵騎】騎馬兵을 가리킴.

207(9-25)
노새와 말

무릇 노새가 끄는 수레는 네 바퀴(그림68)와 두 바퀴의 두 종류가 있으며, 그 위에 얹은 몸체는 모두가 축과 꿰어진 부분으로 시작된다.

네 바퀴짜리는 앞뒤 두 바퀴에 각각 하나의 횡축橫軸이 있으며, 축에 세운 짧은 기둥 위에 들보를 걸치고, 들보 위에 수레의 몸체를 얹은 것이다.

말을 멈추어 멍에를 벗겨 낼 때에도 수레의 몸체는 평평히 안정되어 마치 거실에 있는 것처럼 안온하다.

두 바퀴 수레는 말에 멍에를 얹었을 때와 말이 앞에서 끌고 갈 때는 수레 몸체가 지면과 평평함을 이루어 안정된다.

그러나 말을 멈추어 멍에를 벗길 때는 짧은 나무막대가 수레 앞쪽을 지탱하여 평형을 유지하도록 해야 하며 그렇게 하지 않으면 앞으로 기울어지고 만다.

凡騾車之制有四輪者, 有雙輪者, 其上承載支架, 皆從軸上穿鬪而起.

四輪者前後各橫軸一根, 軸上短柱起架直梁, 梁上載箱.

馬止脫駕之時, 其上平整, 如居屋安穩之象.

若兩輪者, 駕馬行時, 馬曳其前, 則箱地平正.
脫馬之時, 則以短木從地支撐而住, 不然則欹卸也.

【箱】 수레의 몸체, 마치 상자처럼 네모나게 만들어져 있음.
【欹卸】 기울어 넘어지거나 물건이 쏟아짐.

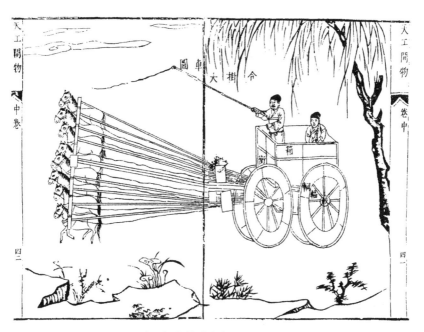

〈그림68〉 합괘대거(合掛大車)

208(9-26)
수레 각 부위의 명칭

무릇 수레의 바퀴를 원轅이라 한다(속칭 車腦라 함).

그 중 큰 수레의 중곡中轂(속칭 車陀라 함)은 길이가 1자 5치(朱熹의 《詩經》 《小戎》 註를 볼 것)이며, 소위 밖으로는 폭輻을 받아 지탱하고 가운데는 축을 관통하고 있는 부분이다.

바퀴살은 모두 30여 개이며, 바퀴살의 안쪽 부분은 바퀴 통에 꽂혀 있고, 바깥쪽은 안쪽 테와 연결되어 있다.

바퀴의 가운데 안쪽에는 바퀴가 둘러져 있고 밖으로는 망輞과 둥근 테 하나가 있어 이를 보輔라 부른다.

망은 모두가 한 덩어리로 되어 있으며 이를 윤원輪轅이라 부른다.

무릇 큰 수레를 벗겨 놓을 때는 여러 물건을 분해하여 갈무리해 두어야 한다.

수레를 탈 때는 먼저 두 축을 끼운 연후에 차례로 그 사이에 얹는다.

무릇 식軾, 형衡, 진軫, 액軛은 모두가 수레의 축을 바탕으로 하여 힘을 받게 되어 있다.

凡車輪, 一曰轅(俗名車腦).

其大車中轂(俗名車陀)長一尺五寸(見〈小戎〉朱註), 所謂外 受輻·中貫軸者.

輻計三十片, 其內插轂, 其外接輔.

車輪之中, 內集輪·外接輞·圓轉一圈者是曰輔也.

輞際盡頭則曰輪轅也.

凡大車脫時, 則諸物星散收藏.

駕則先上兩軸, 然後以次間架.

凡軾·衡·軫·軛, 皆從軸上受基也.

【轅】軸과 연결되어 앞에서 끄는 말이나 나귀에게 연결된 두 개의 긴 나무.
바퀴의 별명이 아닌데도 여기서는 마치 바퀴처럼 설명하고 있음.

【車陀】車輪의 오기가 아닌가 함.

【轂】바퀴 중앙의 圓木. 그 안 둥근 구멍에 車軸이 끼워져 있음.

【朱註】朱熹의 《詩經》秦風 小戎篇 "文茵暢轂"句를 주석한 것. 거기에 "大車輪轂,
長一尺五寸"이라 함.

【輻】바퀴 살이 중앙으로 집중되어 이를 모아들인 나무. 바퀴의 힘을 받아 지탱
하는 작용을 함.

【輔】원래는 바퀴 中央의 轂을 지탱하는 두 개의 나무. 바퀴의 重力을 증강함.

【輞】바퀴 바깥 부분의 테.

【輪轅】輪緣의 오기가 아닌가 함.

【軾】수레 앞의 횡목으로 타고 있는 자가 손으로 잡을 수 있음.

【衡】車轅에 있는 횡목.

【軫】수레 몸체의 바닥 네 면에 세운 橫木.

【軛】말이나 수레의 목에 거는 曲木.

209(9-27)
수레 모는 법

무릇 네 바퀴의 큰 수레는 50섬을 실을 수 있으며, 이를 끄는 노새나 말은 많은 경우, 12마리 또는 10마리이며, 적어도 8마리가 끈다.

채찍을 잡고 말을 모는 자는 수레 앞 상자 중앙에 자리를 잡고 높은 곳에 서서 위치한다.

앞에서 끄는 말은 둘로 나눈다(전차는 네 마리 말이 한 조이며 驂馬와 服馬로 나눔).

황마黃麻로 꼰 긴 끈을 사용하여 두 조의 말 목에 걸고 뒤에서 이 줄을 모아 쥐고 횡렬의 두 조의 말무리를 조종한다.

말을 모는 자는 손으로 긴 채찍을 잡으며, 채찍은 삼으로 만들어 엮은 줄이며 길이는 7자쯤 되며, 채찍을 맨 막대의 길이도 그와 같게 한다.

힘을 내지 않는 말을 살펴 채찍이 그 몸에 닿게 친다.

차상 안에는 두 사람이 함께 서 있으며 모름지기 말의 성질과 줄을 잡을 줄 아는 사람이 이 일을 담당한다.

말이 너무 긴장되게 급히 달리면 급히 고삐를 당긴다.

그렇게 하지 않으면 수레가 엎어질 위험이 여기서 발생한다.

무릇 수레가 운행할 때 앞에 길에 행인이 있으면 마땅히 피해야 하며, 이때에는 말을 모는 자가 급히 소리를 치면 여러 말이 모두 서게 된다.

무릇 말의 고삐를 다발로 묶어 횡목을 거쳐 상자로 들어가는 곳에는 모두 쇠가죽이 묶여 있다.

이것이 《시경詩經》에서 말한 협구脅驅라는 것이다.

凡四輪大車量可載五十石, 騾馬多者或十二掛, 或十掛, 少亦八掛.

執鞭掌御者居箱之中, 立足高處.

前馬分爲兩班(戰車四馬一班, 分驂服).

糾黃麻爲長索, 分係馬項, 後套摠結, 收入衡內兩傍.

掌御者手執長鞭, 鞭以麻爲繩, 長七尺許, 竿身亦相等.

察視不力者, 鞭及其身.

箱內用二人踹繩, 須識馬性與索性者爲之.

馬行太緊, 則急起踹繩.

否則翻車之禍從此起也.

凡車行時, 遇前途行人應避者, 則掌御者急以聲呼, 則羣馬皆止.

凡馬索總係透衡入箱處, 皆以牛皮束縛.

《詩經》所謂「脅驅」是也.

【脅驅】《詩經》秦風 小戎篇에 "游環脅驅"라 하였으며 말의 脅骨을 보호하기 위한 것임.

210(9-28)
큰 수레의 관리

큰 수레를 끄는 말에게 먹이를 줄 때는 말을 마구간으로 들여놓고 주지는 않는다.

수레 위에 버들가지로 엮은 채반을 싣고 다니다가 이를 풀어 들에서 먹이도록 한다.

수레를 타고 내리는 사람은 모두가 작은 사다리로 오르내린다.

교량 중에 가운데는 높고 내려갈 때 비탈진 다리의 경우 10마리 말 중에 가장 힘이 센 말을 선택하여 수레 뒤에 맨다.

내리막길을 만났을 때도 9마리는 앞에서 천천히 끌고, 뒤의 말 1마리는 힘을 다하여 수레를 잡고 버티도록 하여 내닫는 속도를 줄여야 하며, 그렇게 하지 않을 경우 위험을 당하게 된다.

무릇 큰 수레가 다닐 때에는 강을 만나도 멈춰야 하며, 산을 만나도 멈춰야 하며, 굽은 길이나 작은 오솔길도 멈춰야 한다.

서주徐州, 연주兗州, 변량汴梁의 접경 지역은 혹 주위 3백 리를 수레가 닿으며, 이 지역은 물이 없어 수운水運으로 해결할 수 없는 단점은 수레가 해결해 주고 있다.

凡大車飼馬, 不入肆舍.

車上載有柳盤, 解索而野食之.

乘車人上下皆緣小梯.

凡遇橋梁中高邊下者, 則十馬之中, 擇一最強力者, 係于車後.

當其下坂, 則九馬從前緩曳, 一馬從後竭力抓住, 以殺其馳趨之勢, 不然則險道也.

凡大車行程, 遇河亦止, 遇山亦止, 遇曲徑小道亦止.

徐·兗·汴梁之交, 或達三百里者, 無水之國所以濟舟楫之窮也.

【徐州】江蘇의 북부 徐州.
【兗州】山東의 兗州.
【汴梁】河南의 開封.

211(9-29)
수레 각 부위의 목재

　무릇 수레에 쓰이는 재료로는 우선 긴 나무를 골라 축軸을 만들고, 짧은 것으로는 곡轂을 만들며, 그에 쓰이는 나무로는 홰나무, 대추나무, 박달나무, 느릅나무(櫟楡) 등을 가장 훌륭한 것으로 친다.

　그러나 박달나무는 너무 오랫동안 쓰면 열이 나기 때문에 신중한 사람은 대추나무와 홰나무를 합해 포개어 쓰며 이렇게 하는 것이 가장 이상적이다.

　그 나머지의 진軫, 형衡, 상箱, 액軛 등은 여러 가지 목재 모두가 가능하다.

　이밖에 소가 끄는 수레는 주로 사료나 식량을 싣고 다니며 산서山西 지역에 가장 흔하다.

　도중에 좁은 길을 만나면 소의 목에 큰 방울을 다는데 이를 보군지 報君知라 하며 이는 노새가 끄는 수레나 여러 말이 끄는 수레 모두가 방울을 달아 소리를 내는 것과 같다.

　凡車質惟先擇長者爲軸, 短者爲轂, 其木以槐·棗·檀· 楡爲上.

　檀質太久勞則發燒, 有愼用者, 合抱棗·槐, 其至美也.

　其餘軫·衡·箱·軛, 則諸木可爲耳.

　此外, 牛車以載芻糧, 最盛晉地.

路逢隘道, 則牛頸係巨鈴, 名曰「報君知」, 猶之騾車輦
馬盡係鈴聲也.

【檀】박달나무, 檀香科 黃檀(Santaluma album).
【軛】소, 말, 나귀의 목에 거는 '人'자형의 나무.

212(9-30)
독원거獨轅車

또한, 북방의 독원거獨轅車는 사람이 뒤에서 밀고, 당나귀가 앞에서 끄는 것으로서 길을 갈 사람이 말 타는 것을 견디지 못할 경우 돈을 주고 빌려서 사용하는 것이다.

돗자리로 위를 무지개 모양으로 덮고 있어 바람과 햇볕을 막아준다. (그림69)

사람은 반드시 양쪽에서 마주 보고 앉아야 하며, 그렇지 않을 경우 수레가 기울어진다.

이 수레는 북쪽으로는 장안長安, 제녕濟寧에서 곧바로 제경帝京에 이를 수 있다.

사람을 태우지 않을 때는 화물을 실을 수 있으며 대략 4~5섬 정도에 그칠 뿐이다.

소가 끄는 교차轎車라는 것이 있는데 이는 오직 중주中州에 흔할 뿐이다.

양쪽에 두 바퀴가 있으며 중간에 하나의 축軸이 꽂혀 있으며 아주 수평을 이루고 있다.

짧은 횡목을 걸치고 그 위에 가마가 올려져 있어 사람은 편안히 앉을 수 있으며 소의 멍에를 벗겨도 기울어지지 않는다.

남방에는 바퀴가 하나인 추거推車(그림70)라는 것이 있으며, 이는 한 사람의 힘으로 움직일 수 있다.

짐은 2섬 정도를 실을 수 있지만 험한 길을 만나면 갈 수 없고, 가장 먼 길을 간다 해도 백 리 정도일 뿐이다.

그 나머지의 여러 수레에 대해서는 일일이 설명할 수 없다.

단지 남방에서 태어난 사람은 큰 수레를 보지 못하고, 북방에서 늙은 사람은 큰 배를 보지 못하므로 여기에 대강을 설명해두는 것이다.

又北方獨轅車, 人推其後, 驢曳其前, 行人不耐騎坐者,
則雇覓之.

鞠席其上以蔽風日.

人必兩傍對坐, 否則欹倒.

此車北上長安·濟寧, 徑達帝京.

不載人者, 載貨約重四·五石而止.

其駕牛爲轎車者, 獨盛中州.

兩傍雙輪, 中穿一軸, 其分寸平如水.

橫架短衡, 列轎其上, 人可安坐, 脫駕不欹.

其南方獨輪推車, 則一人之力是視.

容載二石, 遇坎卽止, 最遠者止達百里而已.

其餘難以枚述.

但生于南方者不見大車, 老子北方者不見巨艦, 故粗載之.

【轎車】 수레 위에 가마를 실어 사람을 태울 수 있도록 한 것.

【老子】 '老于'의 오기.

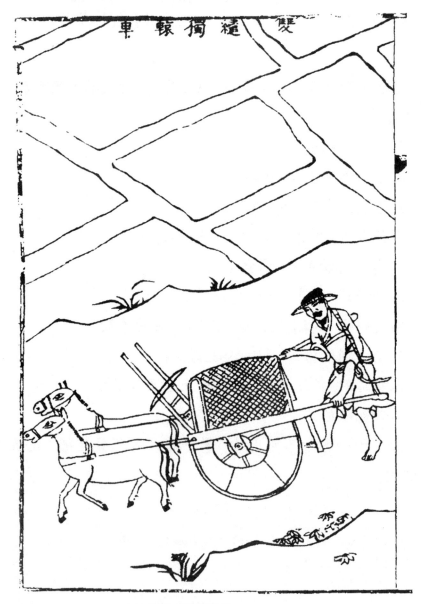

〈그림69〉 쌍추독원거(雙縋獨轅車)

〈그림70〉 남방독추거(南方獨推車)

10. 추단錘鍛

추단錘鍛의 '錘'는 '두드리다', '鍛'은 鍛鍊, 鍛造의 뜻으로 쇠를
다루어 필요한 각종 연장과 악기, 무기 등을 제작함을 뜻함.

(1) 전언前言

213(10-1)
전언

내 생각으로는 이렇다.

"금속이나 목재는 공력攻力을 받아 여러 도구를 만들어낼 수 있다. 세상에 좋은 공구工具가 없다면 공수반公輸般이나 수倕인들 어찌 그 솜씨를 발휘할 수 있겠는가? 여러 가지 병기兵器나 금속 악기樂器라 할지라도 집게와 망치로 단조하지 않으면 그들은 생살生殺의 기능은 발휘할 수 없을 것이다. 하나의 같은 세찬 노爐의 불에서 나와서는 크고 작은 여러 형태를 만들어내고 있다. 무게 천 근이나 되는 닻은 큰 배를 광풍인 깊은 물 속에 붙잡아 매어 두고, 털끝처럼 가벼운 바늘은 예복을 뚫고 들어가 아름다운 무늬를 만들어낸다.

종鐘이나 정鼎이 나오도록 하는 정교한 기술은 손을 묶은 채 신의 뛰어난 조화에 양보할 수밖에 없다.

막야莫邪나 간장干將은 쌍룡雙龍이 펄펄 날아오르는 것 같으니 그러한 전설이 증거가 있다고 말할 수 없겠는가?"

宋子曰:「金木受攻而物象曲成. 世無利器, 卽般·倕安所施其巧哉? 五兵之內·六樂之中, 微鉗錘之奏功也, 生殺之機泯然矣. 同出洪爐烈火, 小大殊形. 重千鈞者繫巨艦于狂淵; 輕一羽者透繡紋于章服. 使冶鍾鑄鼎之巧,

束手而讓神功焉. 莫邪·干將, 雙龍飛躍, 毋其說亦有徵
焉者乎?」

【般】公輸般, 魯班. 春秋시대 전설적인 建築 匠人.

【倕】黃帝, 혹 堯임금 때의 뛰어난 匠人.

【五兵】다섯 가지 병기. 殳, 戟, 戈, 矛, 弓矢를 들고 있으나 여기서는 각종 병기를
뜻함.

【六樂】여섯 가지 악기. 鐘, 鎛, 鐲, 鐃, 鐲을 들고 있으나 여기서는 각종 金屬
樂器를 총칭하여 말한 것. 그러나 古代 여섯 樂曲, 즉 雲門, 大咸, 大韶, 大夏,
大濩, 大武를 가리키는 것이 아닌가 함.

【莫邪·干將】春秋時代 吳나라의 유명한 名劍 製作 夫婦 이름.《搜神記》,《吳越
春秋》,《吳地記》등을 참조할 것.

【雙龍飛躍】《晉書》張華傳에 실려 있는 "初, 吳之未滅也, 斗牛之間常有紫氣,
道術者皆以吳方强盛, 未可圖也, 惟華以爲不然. 及吳平之后, 紫氣愈明. 華聞豫
章人雷煥妙達緯象, 乃要煥宿, 屏人曰:「可共尋天文, 知將來吉凶」因登樓仰觀,
煥曰:「仆察之久矣, 惟斗牛之間頗有異氣.」華曰:「是何祥也?」煥曰:「寶劍之精,
上徹於天耳.」華曰:「君言得之. 吾少時有相者言, 吾年出六十, 位登三事, 當得
寶劍佩之. 斯言豈效與!」因問曰:「在何郡?」煥曰:「在豫章豊城.」華曰:「欲屈
君爲宰, 密共尋之, 可乎?」煥許之. 華大喜, 即補煥爲豊城令. 煥到縣, 掘獄屋基,
入地四丈余, 得一石函, 光氣非常, 中有雙劍, 幷刻題, 一曰龍泉, 一曰太阿. 其夕,
斗牛間氣不復見焉. 煥以南昌西山北岩下土以拭劍, 光芒艶發. 大盆盛水, 置劍
其上, 視之者精芒炫目. 遣使送一劍幷土與華, 留一自佩. 或謂煥曰:「得兩送一,
張公豈可欺乎?」煥曰:「本朝將亂, 張公當受其禍. 此劍當系徐君墓樹耳. 靈異
之物, 終當化去, 不永爲人服也.」華得劍, 寶愛之, 常置坐側. 華以南昌土不如華陰
赤土, 報煥書曰:「詳觀劍文, 乃干將也, 莫邪何復不至? 雖然, 天生神物, 終當合耳.」
因以華陰土一斤致煥. 煥更以拭劍, 倍益精明. 華誅, 失劍所在. 煥卒, 子華爲州
從事, 持劍行經延平津, 劍忽於腰間躍出墮水, 使人沒水取之, 不見劍, 但見兩龍
各長數丈, 蟠縈有文章, 沒者懼而反. 須臾光彩照水, 波浪驚沸, 於是失劍. 華歎曰:
「先君化去之言, 張公終合之論, 此其驗乎!」"의 고사를 말함.

(2) 치철治鐵

214(10-2)
숙철熟鐵

무릇 철을 다루어 물건을 만들 때는 철을 불로 숙철熟鐵로 만들어 사용해야 한다.

우선 쇠를 주물로 하여 작업용 받침대를 만들어 이것으로써 망치로 두드릴 수 있는 받침대로 삼아야 한다.

속담에서 "모든 물건은 쇠집게를 조상으로 한다"라 하였는데 근거 없는 말은 아니다.

무릇 노爐에서 나온 숙철을 모철毛鐵이라 한다.

이를 두드릴 때는 10분의 3은 철화鐵華나 철락鐵落이 되어 사라진다.

만약 이미 폐품廢品이 된 것으로써 아직 녹이 슬지 않았다면 이를 노철勞鐵이라 한다.

노철을 개조하여 다른 물건이나 원래의 그릇을 다시 만든다 해도 다시 추단錘鍛의 과정을 거치면 10분의 1이 사라진다.

무릇 노에서 쇠를 달굴 때 쓰는 연료로는 석탄이 10분의 7을, 숯이 10분의 3을 차지한다.

대체로 석탄이 없는 산중에서는 단공鍛工은 재질이 단단한 나무를 골라 화묵火墨을 만들어(속칭 火矢라 하며, 이를 태우
면 노의 火穴이 막히지 않음) 사용하면 이 불꽃은 석탄보다 더욱 강열하다.

곧바로 석탄을 쓸 때는 또 다른 철탄鐵炭이라는 한 종류가 있으니 이의 속까지 타들어 가면 온도가 높아지되 헛된 불꽃이 적은 점을 취할 수 있으며, 취사용 석탄과 모양은 같으나, 그 종류가 다르다.

凡治鐵成器, 取已炒熟鐵爲之.

先鑄鐵成砧, 以爲受錘之地.

諺云「萬器以鉗爲祖」, 非無稽之說也.

凡出爐熟鐵名曰毛鐵.

受鍛之時, 十耗其三爲鐵華·鐵落.

若已成廢器未鏽爛者, 名曰勞鐵.

改造他器與本器, 再經錘鍛, 十止耗去其一也.

凡爐中熾鐵用炭, 煤炭居十七, 木炭居十三.

凡山林無煤之處, 鍛工先擇堅硬條木燒成火墨(俗名火矢, 揚燒不閉穴火), 其炎更烈于煤.

卽用煤炭, 亦別有鐵炭一種, 取其火性內攻, 焰不虛騰者, 與炊炭同形而分類也.

【熟鐵】철은 炭素의 함유량에 따라 生鐵, 純鐵, 鋼鐵, 銑鐵 등으로 나뉘며 탄소 함유량이 적을수록 延性과 展性이 높아 고품질의 철로 여김. 炒鋼法은 이러한 탄소의 함유량을 줄이기 위한 초보적인 공정이며 이러한 초강을 거친 철을 熟鐵이라 함.

【砧】철 덩어리를 놓고 두드릴 수 있는 받침대.

【鐵華】쇠똥. 쇠찌꺼기.

【鐵落】탄화된 철 덩어리.

【勞鐵】廢鐵. 이미 사용한 쇠.

【火墨】硬炭. 木炭.

【鐵炭】無煙炭의 일종으로 불꽃이 적게 나는 石炭.

215(10-3)
철의 접합

무릇 쇠의 성질은 차례로 접합할 수 있으니, 이음 부분에 누런 진흙을 발라 불에 넣어 빨갛게 달군 후 망치로 두드리면, 진흙 찌꺼기는 못 쓰는 가루가 되어 제거되고 흙의 신기한 기운이 매개가 되어 접합된다.

이렇게 일단 접합되고 나면 빨갛게 달구어 도끼로 자르지 않는 한 영원히 끊을 수 없다.

무릇 숙철이나 강철은 이미 빨갛게 달구어 두들기면 물과 불의 효험이 아직 배합配合되지 않아 그 본질은 아직 단단하지 아니하며 불에서 막 나왔을 때 맑은 물에 넣어 담금질해야 하며 이것을 건강健鋼, 혹 건철健鐵이라 한다.

아직 건健의 단계에 이르지 않았는데도 강鋼이나 철鐵이라 하는 것은 아직도 약한 성질을 그대로 지니고 있음을 말한 것이다.

무릇 한철釬鐵을 하는 방법은 서양의 여러 나라는 달리 특이한 약이 있을 것이지만 중국에서는 작은 것을 접합할 때 백동白銅 가루를 사용하고, 큰 것은 온 힘이 다하여 두드려 억지로 접합시킨다.

그러나 이렇게 접합시킨 것은 시간이 흐르면 결국은 단단함을 그대로 유지하지는 못한다.

따라서 대포와 같이 큰 것은 서양에서는 단접하여 만들 수 있으나 중국은 오직 주조법만을 사용할 뿐이다.

凡鐵性逐節粘合, 塗上黃泥于接口之上, 入火揮槌, 泥滓成柸而去, 取其神氣爲媒合.

膠結之後非灼紅斧斬, 永不可斷也.

凡熟鐵·鋼鐵已經爐錘, 水火未濟, 其質未堅, 乘其出火之時入清水淬之, 名曰健剛·健鐵.

言乎未健之時爲鋼爲鐵, 弱性猶存也.

凡釬鐵之法, 西洋諸國別有奇藥, 中華小釬用白銅末, 大釬則竭力揮錘而强合之.

歷歲之久, 終不可堅.

故大砲西番有鍛成者, 中國則惟事冶鑄也.

【淬】벌겋게 달군 쇳덩이를 갑자기 물에 넣어 강도를 높이는 방법. 중국에서는 전국시대에 이미 이러한 방법을 사용하였다 함. 담금질을 가리킴.

【健剛】철을 굳세게 하기 위해 담금질 등의 공정을 거친 강철. '剛'은 '鋼'의 오기.

【釬鐵之法】철을 접합하는 방법.

【白銅】〈五金〉銅의 부분을 참조할 것.

(3) 도끼류(斤·斧)

216(10-4)
도끼 만들기

무릇 철로 만든 병기로서 얇은 것은 도刀나 검劍이 되고, 등이 두껍고 날이 얇은 것을 도끼가 된다.

도검 중에 가장 뛰어난 것은 백련강百鍊鋼이 밖을 감싼 것으로 그 속도 여전히 강철로 골격으로 삼지는 않는다.

만약 강鋼이 표면이 되고 철(숙철)이 속을 이루고 있지 않으면 힘을 받게 되면 부러지고 만다.

그다음으로 보통의 칼이나 도끼의 날은 그저 표면에다 강을 끼운 것이다.

즉 귀중한 값의 보도寶刀로써 못을 자르고 철을 끊어낼 정도라 해도 수천 번 숫돌에 갈면, 표면의 강이 다 닳아서 속의 숙철이 나타난다.

왜국의 일본도日本刀는 칼등의 폭이 2푼도 되지 않지만, 칼등을 손가락 위에 얹어도 넘어지지 않는데, 어떤 방법으로 단조법을 사용하였는지는 알 수 없으나 중국에서는 그러한 방법이 전수되지 않고 있다.

凡鐵兵薄者爲刀劍, 背厚而面薄者爲斧斤.

刀劍絶美者以百鍊鋼包果其外, 其中仍用無鋼鐵爲骨.

若非鋼表鐵裡, 則勁力所施, 卽成折斷.

其次尋常刀斧, 止嵌鋼于其面.

卽重價寶刀, 可斬釘截凡鐵者, 經數千遭磨礪, 則鋼盡
而鐵現也.

倭國刀背闊不及二分許, 架于手指之上, 不復欹倒, 不知
用何錘法, 中國未得其傳.

【鋼表鐵裡】 여기서의 鐵은 熟鐵을 가리킴.
【斬釘截凡鐵】 '斬釘截鐵'이어야 함. '凡'은 衍字로 보임.

217(10-5)
도구의 날

무릇 칼이나 도끼를 만들 때는 모두가 날에다 강철을 끼우거나, 통째로 감싸서 잘 다듬은 다음 물에 넣어 담금질한 것이며, 그 날을 더욱 예리하게 하려면 다시 숫돌에다 갈아서 만들어낸다.

대체로 철장이 도끼나 쇠망치에 나무 자루를 끼울 구멍을 내려면, 모두가 미리 식힌 쇠를 두드려 기구를 만들며 이를 양두¥頭라 한다.

그다음 숙철을 감는데 냉각시킨 쇠막대는 숙철과 붙지 않으므로 쇠막대를 뽑아내면 저절로 구멍이 생기게 되는 것이다.

무릇 돌을 쪼는 망치는 오래 쓰면 네 면이 모두가 닳아 파여 나가므로 이때에는 녹은 쇳물로 닳고 파인 곳을 평평하게 메우면 다시 사용해도 쓸 문제가 없다.

凡健刀斧皆嵌鋼·包鋼, 整齊而後入水淬之, 其快利則又在礪石成功也.

凡匠斧與椎, 其中空管受柄處, 皆先打冷鐵爲骨, 名曰羊頭.

然後熟鐵包果, 冷者不沾, 自成空隙.

凡攻石椎日久四面皆空, 鎔鐵補滿平塡, 再用無弊.

【包果】감싸서 묶음. '果'는 '裹'의 가차자임.

(4) 호미(괭이), 종, 鋤·鎛·鎈·錐

218(10-6)
괭이鋤·鎛

　무릇 땅에 자라는 작물을 다룰 때는 호미나 괭이 따위를 사용하며 숙철을 단조하여 만든 것이며 생철을 용화하여 날에 입힌 다음, 이를 물에 넣어 담금질하면 곧바로 강하고 굳은 성질의 도구가 된다.

　가래나 소미는 무게 한 근마다 생철 3전씩 입히는 것을 비율로 삼는다.

　생철이 적게 들어가면 견고하지 못하고, 많이 넣으면 지나치게 강직하여 부러진다.

　凡治地生物用鋤·鎛之屬, 熟鐵鍛成, 鎔化生鐵淋口, 入水淬健卽成剛勁.

　每鍬·鋤重一斤者, 淋生鐵三錢爲率.

　少則不堅, 多則過剛而折.

【鋤·鎛】鋤는 호미, 鎛은 괭이. 그러나 중국에는 호미가 잘 쓰이지 않아 둘 모두를 괭이류로 보기도 함.

【鍬】흔히 가래로 번역하지만, 이 역시 괭이류의 일종.

줄鑢

무릇 줄은 순수한 강철로 만들며 담금질하기 전에는 강철의 성질이 아직도 무르다.

미리 담금질하여 단단하게 된 강철을 끌로 금을 그어 세로의 비스듬한 무늬를 넣으며, 금을 그을 때 비스듬히 새겨들어가게 하면 그 무늬가 골이 파여 불꽃의 날이 된다.

이렇게 금을 새긴 후 빨갛게 달구었다가 조금 식으면 물에 넣어 담금질한다.

오래 사용하여 날이 닳아 평평해지면 불에 넣었다가 꺼내어 연한 성질일 때 다시 하게 한 다음 다시 끌로 금을 새겨 넣는다.

무릇 줄로 톱을 갈 때에는 모엽차茅葉鑢로 먼저 간 다음 쾌현차快弦鑢를 사용한다.

동전을 갈 때에는 긴 줄을 당겨서 갈고, 자물쇠나 열쇠 따위를 갈 때에는 방조차方條鑢를 사용한다.

그리고 골각骨角을 갈 때에는 검면차劍面鑢를 사용한다(주희의 주에 말한 鑞錫임).

목재를 가공할 때에는 망치로 둥근 구멍을 낸 것을 사용하며 세로 빗금 무늬의 줄을 사용하지 않는다. 이를 향차香鑢라 한다(줄의 날을 새길 때는 먼저 양 뺨을 간 가루와 소금, 식초를 섞어 바름).

凡鐵鑢純鋼爲之, 未健之時鋼性亦軟.

以已健鋼鏨劃成縱斜文理, 劃時斜向入, 則文方成焰.

劃後燒紅, 退微冷, 入水健.

久用乖平, 入火退去健性, 再用鏨劃.

凡鎈開鋸齒用茅葉鎈, 後用快弦鎈.

治銅錢用方長牽鎈, 鎖鑰之類, 用方條鎈.

治骨角用劍面鎈(朱註所謂鑢錫).

治木末則錐成圓眼, 不用縱斜文者, 名曰香鎈(劃鎈紋時,
用羊角末和鹽醋先塗).

【鏨】끌.

【茅葉鎈】잔디 잎과 같은 형태로 홈을 낸 줄.

【快弦鎈】활줄을 당기듯이 길게 잡아 당길 수 있도록 만든 줄

【鎖鑰】자물쇠와 열쇠.

【方條鎈】네모형 막대로 생긴 줄.

【鑢錫】鑢鐋의 誤記. 朱熹의 《四書集注》 大學 "如切如磋"의 注에 "磋以鑢鐋"
이라 함.

【香磋】나무 향내가 배어나 이름을 이렇게 붙였다 함. 지금의 砂布(샌드 페어퍼)와
같은 작용을 하는 줄.

【羊角末】양 뿔 가루는 회백색이어서 골을 판 곳을 쉽게 알 수 있음.

220(10-8)
송곳錐

무릇 송곳은 숙철을 단조하여 만들며, 강철을 섞지는 않는다.

서적 등을 엮을 때는 원찬圓鑽을 쓰고, 가죽에 구멍을 뚫을 때는 편찬扁鑽을 사용한다.

목공이 줄을 돌려 구멍을 내거나 못을 박아 나무를 합할 때는 사두찬蛇頭鑽을 쓴다.

사두찬의 모양은 날카로운 부분은 길이가 2푼쯤 되며, 한 면은 둥글고 다른 한 면은 파여 들어가 있어, 두 모서리가 곁에서 세워져 있으므로 줄을 돌리기에 편리하게 되어 있다.

구리 조각에 구멍을 낼 때는 계심찬鷄心鑽을 사용하며, 송곳 몸체에 세 모서리가 있는 것을 선찬旋鑽이라 하고, 몸체가 모서리가 넷이면서 그 끝은 날카로운 것은 타찬打鑽이라 한다.

凡錐熟鐵錘成, 不入鋼和.

治書編之類用圓鑽, 攻皮革用扁鑽.

梓人轉索通眼 · 引釘合木者用蛇頭鑽.

其制穎二分許, 一面圓, 二面剜入, 傍起兩稜, 以便轉索.

治銅葉用雞心鑽, 其通身三稜者名旋鑽, 通身四方而末銳者名打鑽.

【圓鑽】 둥그런 일반 송곳.
【扁鑽】 납작하게 만든 송곳.

(5) 鋸·鉋·鑿

221(10-9)
톱鋸

무릇 톱은 숙철을 잘라 얇고 길게 만든 것으로서 강철을 쓰지 않고 또한 담금질도 하지 않는다.

쇠를 불에서 꺼내어 식힌 다음 자주 가열과 냉각을 반복하면서 두드려 강도를 높여 주고 줄을 이용하여 톱니를 낸다.

그리고 양쪽 끝에 나무를 물려 들보처럼 만든 다음 멸죽篾竹을 꼰 줄을 팽팽하게 매어 단단히 당겨 곧게 한다.

긴 톱은 나무를 세로로 켤 때 사용하고 짧은 톱은 나무를 가로로 자르는 데 사용하며 톱날이 가는 것은 대나무를 자르는 데에 사용한다.

톱날이 무디어졌을 때에는 자주 줄로 날카롭게 쓸어 다듬은 다음에 다시 사용한다.

凡鋸熟鐵斷成薄條, 不鋼, 亦不淬健.

出火退燒後, 頻加冷錘堅性, 用鑢開齒.

兩頭銜木爲梁, 糾篾張開, 促緊使直.

長者剖木, 短者截木, 齒最細者截竹.

齒鈍之時頻加鑢銳而後使之.

222(10-10)
대패鉋

대패는 너비가 한 치 되는 강철 조각을 쇳조각에 끼워서 갈아 나무집에 비스듬히 꽂아 대팻날이 약간 나오도록 한 것으로서, 나무에 튀어나온 부분이나 면을 평평하게 하기 위한 것으로 고대에는 준準이라 불렀다.

큰 대패는 거꾸로 눕혀서 날을 드러낸 다음 나무를 잡고 끌어당겨서 깎는 데에 사용하는 것으로서 이를 추포推鉋라 하며, 둥근 통을 만드는 목공이 사용하는 것이다.

일반적으로 쓰는 대패는 가로 막대 하나에 마치 한 쌍의 날개처럼 꽂혀 있으며, 이를 손으로 잡고 앞쪽으로 밀어서 사용한다.

목수가 미세하게 다듬는 데는 사용하는 것으로는 기선포起線鉋라는 것이 있으며, 날의 너비는 2푼쯤 된다.

또 나무를 깎아 극히 광택이 날 정도로 하는 대패로는 오공포蜈蚣鉋라는 것이 있으며 나무 하나에 10여 개의 작은 칼이 꽂혀 있어서 그 모양이 마치 지네의 다리와 같다.

凡鉋磨礪嵌鋼寸鐵, 露刃稍忽, 斜出木口之面, 所以平木, 古名曰「準」.

巨者臥準露刃, 持木抽削, 名曰抽鉋, 圓桶家使之.

尋常用者橫木爲兩翅, 手執前推.

梓人爲細功者, 有起線鉋, 刃潤二分許.

又刮木使極光者名蜈蚣鉋, 一木之上銜十餘小刀, 如蜈蚣之足.

【蜈蚣】지네를 뜻함.

223(10-11)
끌鑿

무릇 끌은 숙철을 단조하여 만들며, 강철을 칼날에다 끼우며, 끌 몸통은 둥글게 공간이 있어 이는 나무 자루를 끼워 넣는 곳이다(먼저 철을 두드려 골격의 모형을 만들며 이를 羊頭라 함. 자루를 만들 때도 이런 틀을 사용함).

끌은 자루를 두드려 나무의 구멍을 파 들어 간다.

그 끝이 거친 것은 너비가 한 치쯤 되며 가는 것은 3푼쯤에 그친다.

둥근 구멍을 파고자 할 때는 완착剜鑿으로 만들어 사용해야 한다.

凡鑿熟鐵鍛成, 嵌鋼于口, 其本空圓以受木柄(先打鐵骨爲模, 名曰羊頭. 杓柄同用).

斧從柄催, 入木透眼.

其末粗者潤寸許, 細者三分而止.

需圓眼者, 則制成剜鑿爲之.

【杓柄】국자처럼 생긴 자루.

【剜鑿】둥글게 파 들어갈 때 사용하는 드릴 형태의 끌.

(6) 닻과 바늘(錨·針)

224(10-12)
닻錨

무릇 배가 운행하다가 바람을 만나 정박하기도 어려울 때라면 안전은 모두가 닻에 매여 있다.

전선戰船이나 바닷배의 닻은 무게가 천 근이나 되는 것이 있으며 이의 단조법은 먼저 네 개의 닻가지를 단조한 후 차례로 닻에 접합시킨다.(그림71)

무게가 3백 근 이내인 것은 지름이 1자쯤 되는 쇠받침대를 노爐 곁에 두고 그 두 끝이 모두 빨갛게 달았을 때 노에서 탄炭을 들어내고, 철판으로 감싼 나무막대로 닻을 쇠받침대 위에 집어 올려놓고 두드려 만들어낸다.

만약 천 근 이내의 것이라면 나무를 걸쳐 선반을 만들어 둘레를 치고 많은 사람이 그 둘레 위에 서서 함께 쇠사슬을 잡아 닻의 양 끝을 매며, 그 쇠사슬 끝은 모두 쇠고리에 매어 닻을 들어 올려 굴리면서 힘을 모아 단조 작업을 한다.

접합시킬 때 진흙을 쓰지 않고 오래 묵은 벽의 흙을 체로 쳐서 미세한 가루로 만든 다음 한 사람이 자주 그 접합 부위에 뿌려주고 나머지 사람들은 힘을 모아 미세한 틈도 없도록 해 준다.

대체로 노에 달구어 단조 작업을 하는 일 중에 이 닻이 가장 큰 물건이다.

凡舟行遇風難泊, 則全身繫命于錨.

戰舡·海舡有重千鈞者, 錘法先成四爪, 以次逐節接身.

其三百斤以內者, 用徑尺潤砧案頓爐傍, 當其兩端皆紅, 掀去爐炭, 鐵包木棍夾持上砧.

若千斤內外者, 則架木爲棚, 多人立其上共持鐵練, 兩接錨身, 其末皆帶居鐵圈練套, 提其扳轉, 咸力錘合.

合藥不用黃泥, 先取陳久壁土篩細, 一人頻撒接口之中, 渾合方無微罅.

盖爐錘之中, 此物最巨者.

〈그림71〉닻 만들기

225(10-13)
바늘針

무릇 바늘은 먼저 쇠를 두드려 가느다란 선으로 만들어 따로 철척鐵尺 하나의 송곳을 만들어 이로써 구멍을 뚫고 철선을 이 구멍에다 통과시켜 철선鐵線을 뽑은 다음 한 치씩 끊어 잘라 바늘을 만든다.(그림72)

우선 한쪽 끝을 줄로 쓸어 뾰족하게 만들며, 다른 쪽 끝은 망치로 두드려 납작하게 한 다음 송곳으로 바늘귀를 뚫고 다시 줄로 그 밖의 것을 다듬는다.

그러고 나서 이를 가마에 넣어 약한 불로 굽는다.

구워낸 다음 흙가루와 소나무 숯, 그리고 된장 등 세 가지 물체를 섞어 그 위를 덮고 아래에서 다시 불로 피운다.

바늘 두세 개를 그 밖에다 이리저리 꽂아 놓고 이로써 불기운을 시험한다.

밖에 꽂아둔 바늘이 손으로 비벼 보아 가루가 되면 속의 바늘은 불기운을 충분히 받은 것이다.

그런 다음 이를 열어서 물에 넣고 담금질을 하면 된다.

무릇 바느질을 하여 옷을 만들거나 수를 놓는 바늘은 그 바탕이 강하다.

오직 마미馬尾의 모자를 만드는 직공들은 유조연침柳條軟針이라는 바늘을 사용한다.

바늘 강도 구별의 묘함이란 물과 불의 담금질에 달려 있다.

凡鐵先錘鐵爲細條, 用鐵尺一根錐成線眼, 抽過條鐵成線, 逐寸剪斷爲針.

先鎈其末成穎, 用槌敲扁其本, 剛錐穿鼻, 復鎈其外.

然後入釜慢火炒煞.

炒後以土末入松木火矢·豆豉三物罨盖, 下用火蒸.

留針二三口插插于其外, 以試火候.

其外針入手捻成粉碎, 則其下針火候皆足.

然後開封, 入水健之.

凡引線成衣與刺繡者, 其質皆剛.

惟馬尾刺工爲冠者, 則用柳條軟針.

分別之妙, 在于水火健法云.

【鐵尺】 生鐵로 만들며 구멍을 내어 가느다란 철선을 뽑아낼 수 있도록 만든 金型.
【豆豉】 원래 메주이나 한의학에서는 발한제 등으로 쓰임. 콩을 찌거나 삶아서
　　　소금과 생강 등을 넣어 메주처럼 띄운 것.
【馬尾】 지금의 福建 福州市 동남쪽 閩江口에 있는 지명으로 明代 자수공업이
　　　발달했던 곳.

〈그림72〉 추선탁침(抽線琢針)

(7) 구리 다루기(治銅)

226(10-14)
구리세공

무릇 홍동紅銅을 승화시켜 황동黃銅으로 만든 후에 이를 용화시켜 각종 기구를 만들어내며, 비승砒升을 사용하여 백동白銅의 기구를 만들어내는 것은 그 공정과 비용이 배나 들 정도로 어렵지만, 사치를 부리는 사람은 이를 마다치 않는다.

대체로 황동은 원래 노감석爐甘石을 넣어 승화시킨 것으로써 녹인 다음 불기운이 사라지기 전에 두드려야 한다.

왜연(아연)을 넣어 승화시킨 것은 노에서 꺼낸 다음 불기운이 사라진 뒤에 식혀서 두드려야 한다.

무릇 향동響銅은 구리에다 주석을 넣어(향동은 《오금》에 실려 있음) 악기로 만든 것으로 반드시 하나의 덩어리를 그대로 사용하여 만들어야 한다.

만약 나머지 방원方圓의 악기를 만들면서 접합하거나 불에 구워 접합하려면 주석 가루는 작은 것을 접합시킬 때 사용하고, 향동 가루는 큰 것을 접합시킬 때 사용한다(구리를 깨어 가루를 만들 때는 밥풀에다 이겨서 빻은 다음 물로 씻어 밥풀을 제거하면 구리가루만 남게 됨. 그렇게 하지 않았을 경우 가루가 모두 흩어져 날아가 버림).

만약 은銀그릇을 접합시킬 때라면 홍동가루를 사용한다.

凡紅銅升黃而後鎔化造器, 用砒升者爲白銅器, 工費倍難, 侈者事之.

凡黃銅原從爐甘石升者, 不退火性受錘.

從倭鉛升者, 出爐退火性, 以受冷錘.

凡響銅入錫參和(法具〈五金〉卷)成樂器者, 必圓成無釬.

其餘方圓用器, 走釬·炙火粘合, 用錫末者爲小釬, 用響銅末者爲大釬(碎銅爲末, 用飯粘和打, 入水洗去飯, 銅末具存, 不然則撒散).

若釬銀器, 則用紅銅末.

【黃銅】구리(自然銅)와 아연의 합금. 紅銅(純銅)에 爐甘石이나 亞鉛을 넣어 합금함.
【砒】砒素. 砒霜을 일컫는 말.
【白銅】구리와 비소, 혹은 구리와 비소, 니켈을 합금하여 흰색이 나도록 함.
【爐甘石】含炭酸鉛.
【倭鉛】亞鉛을 뜻함.

227(10-15)
악기樂器

무릇 악기로 만들 때면 정鉦($^{속칭}_{鑼}$)은 먼저 주조하지 않고, 녹은 덩어리를 단조하여 만든다.

탁鐲($^{속칭}_{銅鼓}$)과 정녕丁寧은 미리 주조하여 둥글게 만든 다음 단조한다.

무릇 정이나 탁은 모두가 지면에 구리 덩어리를 놓고 두드려 만든다. (그림73)

큰 것은 여러 사람이 힘을 합쳐 두드리며, 작은 것은 차츰 펼치면서 넓혀 나가되 그 형상이 되어가는 대로 소리를 내어보면서 차가워지는 정도에 따라 소리를 점검한다.

동고는 가운데에 융기된 원포圓泡를 만들며 그렇게 한 다음 식혀서 소리를 내어보면서 음색에 맞게 조절한다.

소리는 자음雌音과 웅음雄音으로 구분하며 작은 차이에 의해 기복起伏의 묘함이 있다.

무겁게 두드린 소리가 바로 웅성이다.

무릇 구리는 단조를 거친 것은 색깔이 아백색啞白色이지만 줄로 잘 손질하면 다시 노란색의 광택이 난다.

단조할 때의 구리의 손실량은 쇠가 10의 손실량이라면 구리는 그의 하나 정도에 그친다.

구리에서는 그 기氣는 비린내가 나지만, 색깔은 고우므로 단조의 기술도 철을 다루는 장인보다 한 단계 높다고 한다.

凡錘樂器, 錘鉦(俗名鑼)不事先鑄, 鎔團即錘.

錘鐲(俗名銅鼓)與丁寧, 則先鑄成圓片, 然後受錘.

凡錘鉦·鐲皆鋪團于地面.

巨者衆共揮力, 由小潤開, 就身其弦聲, 俱從冷錘點發.

其銅鼓中間突起隆砲, 而後冷錘開聲.

聲分雌與雄, 則在分釐起伏之抄.

重數錘者其聲爲雄.

凡銅經錘之後, 色成啞白, 受鎈復現黃光.

經錘折耗, 鐵損其十者, 銅只去其一.

氣腥而色美, 故錘工亦貴重鐵工一等云.

【鉦】 구리로 만든 타악기 징. 鑼(tamtams)와는 약간 다르다고 함.

【鐲】 역시 징의 일종으로 軍用 樂器였음. 방울처럼 생겼음. 銅鼓라 한 것은 오류임.

【丁寧】 고대 행군 때에 박자를 맞춰주는 군용 악기. 銅鉦이라고도 함.

【聲分雌與雄】 雌聲은 高音調를, 雄聲은 低音調를 뜻함.

〈그림72〉 정(鉦)과 탁(鐲) 만들기

11. 번석燔石

　번석燔石은 소석燒石과 같으며 광물질에 고온을 가하거나 타는 성질을 이용하여 생활에 필요한 건축 재료나 에너지 등을 얻는 것을 말함. 주로 석회, 석탄, 백반, 유황, 비석 등에 대하여 다루고 있음.

(1) 전언前言

228(11-1)
　전언

내 생각으로는 이렇다.

"오행五行 중에 토土는 만물의 어머니이다. 거기에서 태어난 자식 중 귀한 것으로써 어찌 유독 오금五金 뿐이겠는가! 금과 화는 서로 작용하여 흘러 녹으니 이러한 효능은 그보다 더는 뛰어난 것은 없다고 말할 수 있을 것이다.

그러나 돌을 태운 후 나타나는 모든 효능은 거의 생각해볼수록 더욱 기이하다. 물은 물건에 스며들면 그 물건을 부패시키며 틈만 있으면 반드시 파고들어 거의 머리카락만 한 틈도 놓치지 않는다고 말할 수 있다.

그럼에도 하나의 물건을 조화시켜 만든 석회처럼 밖으로부터의 물의 침입을 막아주어 배는 넓은 바다를 마구 떠돌 수 있고, 벽돌을 맞붙이면 견고한 성치城雉가 되기도 한다. 이러한 것들은 멀리 가지 않고도 이처럼 지극한 보물을 얻을 수 있다. 광물을 태워 얻게 되는 공능은 아마 이와 비교하여 더한 것이 없을 것이다. 백반과 같이 오색五色의 형태를 가진 것이나, 유황처럼 모든 광물의 으뜸에 이르는 것은 모두가 세찬 열에 의해 변화를 일으키는 것들이다. 이들은 모두가 연단煉丹에서 지극히 묘한 것들로써 방사方士들이 입술이 타고 입이 마르도록 마구 떠들어 대지만, 하늘의 공교함에 어찌 만에 하나라도 흉내를 낼 수 있는 것들이 겠는가!"

宋子曰:「五行之內, 土爲萬物之母. 子之貴者, 豈惟五金哉! 金與火相守而流, 功用謂莫尙焉矣. 石得燔而咸功, 盖愈出而愈奇焉. 水浸淫而敗物, 有隙必攻, 所謂不遺絲髮者. 調和一物以爲外拒, 漂海則衝洋瀾, 粘甃則固城雉. 不煩歷候遠涉, 而至寶得焉. 燔石之功, 殆莫之與京矣. 至于礬現五色之形, 硫爲羣石之將, 皆變化于烈火, 巧極丹鉛爐火. 方士縱焦勞脣舌, 何嘗肯像天工之萬一哉!」

【五行】 金, 木, 水, 火, 土이며 만물을 이루고 있는 상징적인 다섯 가지 원소.
【五金】 金, 銀, 銅, 鐵, 錫. 금석을 통칭하여 일컫는 말.
【礬】 이는 明礬(白), 靑礬(綠), 紅礬(紅), 黃礬(黃), 膽礬(藍) 등의 색깔을 띠고 있음.
【硫黃群石之將】 硫黃의 毒性을 두고 한 말임.《本草綱目》(11)에는 "硫爲群石之將" 이라 함.
【丹鉛爐火】 고대 도인들의 煉丹術을 가리킴.

(2) 石灰·蠣灰

229(11-2)
석회石灰

석회는 불로 태우는 과정을 거쳐 만들어진다.

이는 석회의 성질을 가진 다음에는 물에 넣어도 영원히 허물어지지 않으며 수많은 배나 수많은 담장의 공간을 메워 물이 스며들지 않도록 하는 데는 반드시 이를 이용하여야 한다.

백 리 안팎의 흙 속에는 반드시 태워서 쓸 수 있는 돌(石灰石)이 있다.

이런 돌은 청색이 가장 좋은 것이며 황백색黃白色이 그다음이다.

석회석은 반드시 땅속 2~3자 되는 깊이에 묻혀 있고 캐내어 태워 쓸 수 있으나, 지표地表에서 이미 풍화風化된 것은 쓸 수가 없다.

석회를 태울 때의 연료는 석탄이 10분의 9, 땔나무나 숯이 10분의 1을 차지한다.

먼저 석탄을 진흙과 이겨서 석탄 떡을 만든다.

이 석탄 떡과 석회석을 한 층씩 교대로 겹겹이 쌓고, 그 밑에 땔나무를 깔아 불을 지펴 태운다.(그림74)

가장 질이 좋은 것을 광회鑛灰라 하고, 가장 낮은 것을 요재회窯滓灰라 부른다.

화력이 닿으면 이것이 석회석의 성질을 푸석푸석하게 태우며 이를 바람이 통하는 곳에 두면 천천히 풍화되어 시간이 지나면 가루가 된다.

급히 쓰고자 하면 물을 끼얹어주면 역시 스스로 풀어져 가루가 된다.

凡石灰經火焚煉爲用.

成質之後, 入水永劫不壞, 億萬舟楫, 億萬垣墻, 窒縫防淫是必由之.

百里內外, 土中必生可燔石.

石以靑色爲上, 黃白次之.

石必掩土內二·三尺, 堀取受燔, 土面見風者不用.

燔灰火料, 煤炭居十九, 薪炭居什一.

先取煤炭·泥, 和做成餅.

每煤炭餅一層, 疊石一層, 鋪薪其底, 灼火燔之.

最佳者曰礦灰, 最惡者曰窯滓灰.

火力到後, 燒酥石性, 置于風中, 久自吹化成粉.

急用者以水沃之, 亦自解散.

【石灰石】 limestone. 석회석($CaCO_3$)이 자연적으로 분해된 것을 生石灰(CaO)라 하며 불을 가한 다음 물을 끼얹어 분해된 것을 燒石灰($Ca(OH)_2$)라 함. 점결성 (粘結成)이 좋아 중요한 건축 재료로 쓰이며, 소석회는 공기 속의 이산화탄소 (CO_2)를 흡수하면 단단하면서 녹지 않는 탄산칼슘($CaCO_3$)으로 변함.

【靑色, 黃白色】 청색은 바탕이 비교적 순수하며, 황백색은 진흙이나 광물질 등 불순물이 들어 있음.

【土面見風者】 석회석은 지표에 드러나기도 하여 이 표현은 오류임. 아마 생석회를 지칭한 것으로 보임.

〈그림74〉석회석(石灰石)과 여방(蠣房)을 태워 만들기

230(11-3)
소석회의 용도

무릇 석회를 써서 배의 틈을 막으려면 오동나무 기름이나 어유魚油에다 석회를 반죽하고, 다시 여기에 두꺼운 명주나 고운 비단을 넣어 방망이로 수천 번 두드려 배의 틈새를 막는다.

석회로 돌담장이나 돌을 층층이 쌓을 때에는 체로 쳐서 석회의 덩어리를 제거하고 물로 이겨 접합시킨다.

벽돌을 쌓거나 땅바닥에 깔 때도 기름과 석회를 사용한다.

석회로 담이나 벽을 희게 칠할 때에는 미리 석회수를 맑게 하여 종이의 섬유질을 넣어서 바른다.

묘나 저수지를 만들 때에는 석회 1에 강모래와 황토 3의 비율로 넣고, 찹쌀풀과 양도등羊桃藤의 즙을 고르게 섞어서 사용하면 가볍게 쌓아도 견고해져서 영원히 무너지지 않으며, 이렇게 만든 것을 삼화토三和土라 부른다.

이 밖에도 석회는 쪽풀의 침전이나 제지製紙에도 쓰이며, 그 용도는 모두 다 설명하기 어려울 정도이다.

무릇 온주溫州, 태주台洲, 복건福建, 광동廣東 등지의 해안에서 석회석을 만들 수 없는 곳에서는 천연의 굴 껍데기로 이를 대신한다.

凡灰用以固舟縫, 則桐油·魚油調, 厚絹·細羅和油杵 千下塞艙.

用以砌墙·石, 則篩去石塊, 水調粘合.

甃墁則仍用油·灰.

用以堊墙壁, 則澄過, 入紙筋塗墁.

用以襄墓及貯水池, 則灰一分入河沙·黃土三分, 用糯
米粳·羊桃藤汁和勻, 輕築堅固, 永不隳壞, 名曰三和土.

其餘造澱·造紙, 功用難以枚述.

凡溫·台·閩·廣海濱, 石不堪灰者, 則天生蠣蠔以代之.

【桐油】기름오동나무 열매로 짠 기름. 乾性油로써 이를 달여 석회와 혼합한
것을 桐油灰라 하며, 固化作用이 극대화됨.

【糯米粳】'粳'은 '糡'의 오자. '糡'은 '糊'의 뜻. 찹쌀풀을 가리킴.

【羊桃藤】楊桃藤의 오류. 楊桃藤은 獼猴桃科의 獼猴桃(Actinidia chinensis
Planch). 그 줄기와 껍질에는 粘液이 풍부하여 접착용으로 쓰임.

【三和土】석회, 진흙, 모래를 섞어 배합한 것. 굳은 다음 시멘트와 같아 건축용
으로 널리 활용되었음.

231(11-4)
여회蠣灰

무릇 바닷가 돌산이 있는 곳 옆에 물이 있는 곳은 짠 바닷물 파도에 밀려 쌓여 압력을 받아 만들어진 여방蠣房이 있으며 복건福建에서는 이를 호방蠔房이라 부른다.

오랜 세월이 장구하게 흘러 그 길이가 여러 장丈에 이르고, 넓이도 여러 무畝나 되며 울퉁불퉁하여 마치 돌로 산을 쌓은 형상이다.

조개의 종류들이 눌려 바위 중에 들어가 오랜 시간이 지나면서 녹아 육단肉團이 된 것으로 이를 여황蠣黃이라 하며 그 맛 또한 지극히 좋다.

무릇 여회蠣灰를 태우려면 망치와 끌을 가지고 발을 적시며 채취해야 하며(약방에서 파는 牡蠣는 바로 이 덩어리를 깬 것임)(그림75), 석탄 떡을 쌓아 이를 태워 만들어내는 것이며 앞에서 말한 석회를 만들어내는 법과 같다.

이것으로 성벽이나 교량을 축조하기도 하고, 오동나무기름과 섞어 배를 만드는 데 이용하기도 하는 등 그 용도는 모두가 석회와 같다.

어떤 이는 현회蜆灰(즉蛤粉)를 여회로 잘못 알고 있는데 사물의 이치를 제대로 알지 못하기 때문이다.

凡海濱石山傍水處, 鹹浪積壓, 生出蠣房, 閩中日蠔房.
經年久者長成數丈, 潤則數畝, 崎嶇如石假山形象.
蛤之類壓入岩中, 久則消化作肉團, 名曰蠣黃, 味極珍美.

凡燔蠣灰者, 執椎與鑿, 濡足取來(藥舖所貨牡礪, 卽此碎塊),
疊煤架火燔成, 與前石灰共法.

粘砌城墙・橋梁, 調和桐油造舟, 功皆相同.

有誤以蜆灰(卽蛤粉)爲蠣灰者, 不格物之故也.

【蠣】굴. '牡蠣', '蚝'라고도 하며 辮腮綱牡蠣科(Ostrea rivularis) 海中 동물.
그 껍질의 주요성분은 석회석과 같은 탄산칼슘($CaCO_3$)이기 때문에 석회를
구할 수 없는 경우 이를 대신 사용함.

【蠣房】혹 蚝房이라고도 하며, 한꺼번에 몰려 群集을 이룬 굴.

【蛤】큰 조개. 大蛤. 辮腮綱蛤蜊科(Mactra quadrangularis).

【蜆】가막조개. 바지락조개. 辮腮綱蜆科(Corbicula).

【格物】《大學》에 "致知在格物"이라 함. 사물의 이치를 체계화하여 인식함.

〈그림75〉 여방(蠣房) 채취

(3) 매탄煤炭

232(11-5)
석탄

무릇 매탄(煤炭, 石炭)은 하늘 아래 어디서나 다 나며, 쇠붙이나 돌을 태우는 데 제공된다.

남방의 초목이 없는 대머리 산은 그 아래에 석탄이 있으며 북방은 더 말할 것도 없다.

석탄에는 세 종류가 있으니, 명매明煤, 쇄매碎煤, 말매末煤가 그것이다.

명매는 큰 덩어리로 대두 한 말의 크기이며 연燕, 제齊, 진秦, 진晉 등지에서 난다.

풀무로 바람을 불어넣을 필요가 없으며 목탄 약간이면 불을 붙일 수 있고, 세찬 불꽃이 밤낮으로 탄다.

명매 곁에 부서진 부스러기나 끼어 있던 것은 깨끗한 황토와 함께 물로 이겨 떡 모양으로 만들어서 태운다.

쇄매에는 두 종류가 있으며, 주로 오吳, 초楚 지역에서 나며, 불꽃이 높이 솟구치는 것을 반탄飯炭이라 부르며 취사용이나 조리용으로 쓰인다. 그리고 풀꽃이 평평하게 일어나는 것은 철탄鐵炭이라 부르며 금속을 녹이거나 단련할 때 사용한다.

쇄매는 미리 물로 적셔서 노에다 넣은 후 반드시 노 속으로 풀무질을 하여 빨갛게 태우고, 그 후 끊임없이 석탄을 더 넣어주면서 사용한다.

말탄은 밀가루와 같으며 자래풍自來風이라 한다.

말매는 진흙과 반죽하여 떡 모양으로 만들어 노에다 넣고 한 번 불이 붙은 다음에는 명매와 사용 방법이 같으며 밤낮으로 태워 불이 꺼지지 않는다.

말매는 반은 취사용으로 사용하고 반은 구리를 녹이거나 광석을 제련하거나 주사朱砂를 승화시키는 데에 쓰인다.

돌을 태워 석회를 만들거나 반礬, 유황硫黃을 얻는 일이라면 세 가지 석탄 어느 것이나 쓸 수 있다.

凡煤炭普天皆生, 以供鍛煉金石之用.

南方禿山無草木者, 下卽有煤, 北方勿論.

煤有三種, 有明煤·碎煤·末煤.

明煤大塊如斗許, 燕·齊·秦·晉生之.

不用風箱鼓扇, 以木炭少許引燃, 熯熾達晝夜.

其傍夾帶碎屑, 則用潔淨黃土調水作餅而燒之.

碎煤有兩種, 多生吳·楚, 炎高者曰飯炭, 用以炊烹;
炎平者曰鐵炭, 用以冶鍛.

入爐先用水沃濕, 必用鼓鞴後紅, 以次增添而用.

末炭如麪者, 名曰自來風.

泥水調成餅, 入于爐內, 旣灼之後, 與明煤相同, 經晝
夜不滅.

半供炊爨, 半供鎔銅·化石·升朱.

至于燔石爲灰與礬·硫, 則三煤皆可用也.

【煤炭】石炭은 춘추전국시대에는 ‘石涅’, 또는 ‘涅石’이라 불렸고, 위진(魏晉),
당송(唐宋) 때에는 ‘石炭’, 明代에는 ‘煤炭’이라 불렸으며 그 분류도 본 책과 달리
현재에는 有煙炭, 無煙炭, 煉炭, 褐炭 및 泥炭 등으로 나눔.
【燕】河北 지역.

【齊】山東 지역.

【秦】陝西 지역.

【晉】山西 지역.

【吳】江蘇 지역.

【楚】安徽, 湖北 지역.

233(11-6)
석탄 캐기

무릇 석탄을 캐본 경험이 오래된 자는 지면의 토질 상태를 보고 지하에 석탄의 유무를 판별하고 난 다음에 파고들어 간다.

깊이가 5길쯤 되어야 비로소 석탄이 있는 곳에 이르게 된다.

첫 탄층炭層의 탄맥이 시작되면 독기毒氣가 사람을 해칠 수 있다.

이에 큰 대나무 속의 마디 부분 막힌 곳을 파 없애고 그 끝을 뾰족하게 깎아 탄층에 박아 독기가 대나무 통을 통해 밖으로 배출되도록 하고, 사람이 밑에서 괭이로 석탄을 캐야 한다.(그림76)

혹 탄광 아래에 탄층이 가로세로에 널리 있으면 그를 따라 좌우로 넓게 파면서 캐나간다.

갱도 위는 지지대와 목판으로 덮어 무너져 눌리는 것을 방비해야 한다.

凡取煤經歷久者, 從土面能辨有無之色, 然後堀窨.

深至五丈許, 方始得煤.

初見煤端時, 毒氣灼人.

有將巨竹鑿去中節, 尖銳其末, 插入炭中, 其毒烟從竹中透上, 人從其下施钁拾取者.

或一井而下, 炭縱橫廣有, 則隨其左右潤取.
其上枝板, 以防壓崩耳.

【毒氣】炭層에 압축된 여러 종류의 가스로 有害性과 爆發性이 있음.

〈그림76〉 남방의 석탄 채굴

234(11-7)
석탄의 용도

무릇 석탄을 캐내고 나서 그 공간이 생긴 후에는 흙으로 메워 놓는다. 그렇게 되면 20~30년 후에는 석탄이 다시 생겨 아무리 캐내어도 다함이 없다.

그 밑과 네 주위에는 석란石卵이 있는데 현지 사람들은 이를 동탄銅炭이라 부르며, 이를 캐서 태워 조반皂礬과 유황을 얻는다(아래 항목에서 상술함).

석란으로 다만 유황만을 얻은 경우, 그 냄새가 심하여 그 때문에 이를 취매臭煤라 하며, 연경燕京의 방산房山, 고안固安, 호북湖北의 형주荊州 등지에서 간혹 채취할 수 있다.

무릇 석탄은 태우고 나면 그 본질이 불의 기운을 따라 사라져 재나 찌꺼기가 남지 않는다.

아마 이는 금속金屬과 토석土石 중간에 해당하는 물체를 조화造化가 따로 만들어 이러한 종류를 드러낸 것이리라.

무릇 석탄이 초목이 무성한 곳에서 나지 않는 것은 천심天心의 오묘한 원리이다.

석탄이 취사의 기능에 미치지 못하는 부분이 있다면 그것은 오직 두부를 만들 때 한 가지뿐이다(두부를 응결시킬 때 석탄불을 이용하여 끓인 것은 타는 맛과 쓴맛이 남).

凡煤炭取空而後, 以土塡實其井.

經二·三十年後, 其下煤復生長, 取之不盡.

其底及四周石卵, 土人名曰銅炭者, 取出燒皂礬與硫黃 (詳後款).

凡石卵單取硫黃者, 其氣薰甚, 名曰臭煤, 燕京房山· 固安, 湖廣荊州等處間亦有之.

凡煤炭經焚而後, 質隨火神化去, 摠無灰滓.

盖金與土石之間, 造化別現此種云.

凡煤炭不生茂草盛木之鄉, 以見天心之妙.

其炊爨功用所不及者, 唯結腐一種而已 (結豆腐者, 用煤炉 則焦苦).

【煤復生長】 이는 잘못된 표현임. 석탄은 수시로 생성되는 것이 아님.
【石卵】 탄층 속이나 탄층 상하에 형성된 黃鐵鑛(FeS_2). 유황이 10~30% 함유되어 있음.
【臭煤】 銅炭에는 유황 등 황화물이 많이 함유되어 있어서 탈 때 황화수소와 이산화황 등이 있어 냄새가 심함.
【摠無灰滓】 잘못된 표현임. 탄화 정도가 아주 높은 무연탄일지라도 재가 남음.

(4) 礬石·白礬

235(11-8)
명반석明礬

무릇 명반明礬은 반석礬石을 태워서 얻는다.

백반白礬은 역시 어디에나 있으나 가장 많이 나는 곳은 산서山西의 진주晉州와 남직예南直隸의 무위주無爲州 등지이다.

값은 저렴하며 한수석寒水石과 비슷하다.

그러나 물을 데워 충분히 끓었을 때 명반을 넣어 녹인 다음 이로써 염색을 하면 염색한 표면이 단단히 굳어서 영원히 밖으로부터 물이 스며들지 않는다.

그러므로 설탕을 만들거나 전과餞菓를 만들거나 도화지나 홍지紅紙를 물들일 때 이것이 필요하다.

명반의 가루를 말려 상처에 뿌리면 나쁜 물기로 인한 치료에 효능이 있어, 이 때문에 습진이나 창상創傷을 고치는 데도 긴요하게 필요로 한다.

凡礬, 燔石而成.

白礬一種亦所在有之, 最盛者山西晉·南直無爲等州.

値價低賤, 與寒水石相彷.

然煎水極沸, 投礬化之, 以之染物, 則固結膚膜之間, 外水永不入.

故製糖餳與染畫紙·紅紙者需之.

其末乾撒, 又能治浸淫惡水, 故濕創家亦急需之也.

【礬】明礬石. 황산알루미늄과 황산칼륨의 복염(復鹽) KAL₃(OH)₆(SO₄)₂의 성분이 있으며, 흰색, 회색, 연한 남색, 분홍색 등을 띰. 황화칼륨이나 산화알루미늄의 원료로 쓰임. 약재로도 쓰이며《本草綱目》(11)에 "酸寒無毒"이라 함.

【白礬】明礬. 황산알루미늄-황산칼륨 수화물 KAL(SO₄)₂ 12H₂O 또는 K₂SO₄ AL₂(SO₄)₃ 24H₂O의 성분이며, 淨水劑나 媒染劑로 쓰임. 열을 받으면 결정수가 없어져 흰 가루가 되며 이를 枯礬이라 함.

【寒水石】白色의 투명한 결정체의 광물로 石膏를 가리킴. 地鹽層 밑에서 나며, 解熱, 鎭靜, 止渴 등의 약효가 있음.

236(11-9)
백반白礬

무릇 백반은 땅을 파고 백반석의 돌무리가 깔린 덩어리를 채취하여 석탄 떡과 그 돌을 층층이 쌓고 마치 석회석을 구울 때처럼 하여 태운다. 불기가 충분히 돌면 이를 식힌 후 물에 넣는다.

그 물을 끓이되 펄펄 끓을 때에 솥 주위에 무언가 넘치면서 퍼지되 마치 물건이 날아오르는 것과 같은 것이 있으면, 이것이 속칭 호접반蝴蝶礬이라는 것이며 그렇게 되면 명반이 생성되는 것이다.

이를 달여서 농축시킨 후에 물을 담은 항아리에 넣어 맑아지도록 한다.

그리하여 그 위에 결정체가 솟아오르면 이를 조반弔礬이라 하며 아주 희어 이상할 정도이며, 그 아래 침전된 것은 항반缸礬이라 한다.

그리고 가볍고 허虛하기가 마치 솜과 같은 것을 유서반柳絮礬이라 하며, 용액의 즙을 끝까지 태워 희기가 마치 눈과 같은 것을 파석巴石이라 한다.

방약가方藥家에서 단련을 거쳐 사용하는 것은 고반枯礬이라 한다.

凡白礬, 堀土取磊塊石, 層疊煤炭餅鍛煉, 如燒石灰樣. 火候而足, 冷定入水.

煎水極沸時, 盤中有濺溢, 如物飛出, 俗名蝴蝶礬者, 則礬成矣.

煎濃之後, 入水缸內澄.

其上隆結曰弔礬, 潔白異常, 其沉下者曰缸礬.

輕虛如棉絮者曰柳絮礬, 燒汁至盡, 白如雪者謂之巴石.

方藥家煆過用者曰枯礬云.

【蝴蝶礬】 나비처럼 날아서 결정체를 이룬 것.

【柳絮礬】 버들꽃과 같아 이름이 붙여진 것.

【枯礬】 明礬이 열을 받아 수분이 완전히 제거되고 이룬 결정체. 이상은 《本草綱目》(11)에 모두 자세히 실려 있음.

(5) 청반靑礬, 홍반紅礬, 황반黃礬, 담반膽礬

237(11-10)
청반靑礬

무릇 조반皀礬, 홍반紅礬, 황반黃礬은 같은 물질에서 나와 생긴 것이며, 그 본질이 변화한 것이다.

석탄 주위를 둘러싼 광석(속칭 銅炭
이라 함)으로 5백 근씩 노에 넣고, 노 안에는 석탄 떡(自來風이라 하며, 풀무
를 쓸 필요가 없는 것) 1천여 근을 넣고 이 광석 주위에 둘러싼다.

노 밖은 흙담을 쌓아 둘러막고 노 꼭대기에는 둥근 구멍 하나를 뚫는데, 그 크기는 찻잔의 입구만큼 크게 하며, 그를 통해 불꽃이 곧바르게 위로 올라가도록 한다. 이 구멍 곁에는 반礬을 태운 찌꺼기로 두껍게 덮는다(이 찌꺼기를 언제부터 사용한 지 알 수 없으나 새로 노를 축조하고자
하면 이런 오래된 찌꺼기로 덮지 않으면 만들어 낼 수가 없음).(그림77)

그런 연후에 노 바닥에서 불을 지피며, 이렇게 열흘을 불은 태운 후에야 끈다.

탈 때 구멍으로는 때때로 황금색의 불꽃이 곧바로 위로 솟을 때가 있다(유황을 얻는 방법은
뒤에 상세히 다룸).

凡皀・紅・黃礬, 皆出一種而成, 變化其質.

取煤炭外礦石(俗名銅炭)子, 每五百斤入炉, 炉內用煤炭餅(自來風, 不用鼓鞴者)千餘斤, 周圍包果此石.

炉外砌築土墻圈圍, 炉顚空一圓孔, 如茶碗口大, 透炎

直上, 孔傍以礬滓厚罨(此滓不知起自何世, 欲作新爐者, 非舊滓罨盖則不成).

然後從底發火, 此火度經十日方熄.

其孔眼時有金色光直上(取硫詳後款).

【皀礬】 '皀'는 '검다'는 뜻이며 혹 푸른색이 함께 들어 있어 靑礬이라고도 함. 이는 황산철7수화물($FeSO_4 \cdot 7H_2O$)이며 모두가 철의 화합물임.

【紅礬】 홍색의 안료. 3산화2철수화물($Fe_2O_3 \cdot mH_2O$)임.

【黃礬】 3황산2철9수화물($Fe(SO_4)_3 \cdot 9H_2O$)로써 황색의 수용성 염료.

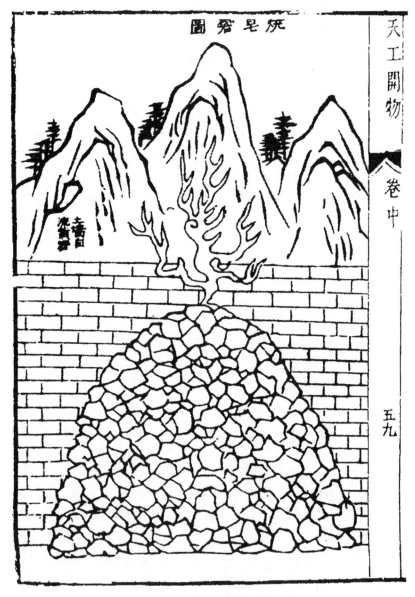

〈그림77〉 조반(皂礬) 태우기

238(11-11)
홍반紅礬

이렇게 열흘간 태운 후 완전히 식힌 다음 이를 꺼낸다.

그 반은 잘 부서지는 부스러기로 따로 골라내어야 하며, 이를 시반時礬이라 한다. 이는 홍반을 달여서 만들 때 사용한다.

그중 알맹이로써 마치 광회礦灰와 같은 것은 항아리에 넣고 6시간 정도 담가두었다가 걸러내어 솥에 넣고 달인다.

물 10섬이 1섬이 될 때까지 졸여야 불기운이 충분한 것이다.

물이 다 마르면 위에 엉기는 것은 모두가 좋은 조반이며 아래에 있는 것은 반의 찌꺼기이다(다음에 노를 만들 때 이를 묽은 것으로 사용함).

이러한 조반은 염색하는 집에서는 필수적인 염료이며 중국에서 반을 만드는 집은 단지 대여섯 곳에 불과하다.

대체로 원석 5백 근에서 조반 2백 근을 얻을 수 있는 것이 대체적인 비율이다.

따로 골라 두었던 시반時礬(속칭 鷄屎반이라 함)은 한 근 마다, 황토 4냥을 섞어 도가니에 넣고 끓여서 정련하면 홍반紅礬이 되며, 이는 미장이와 칠장이들이 주로 사용한다.

煅經十日後, 冷定取出.

半酥雜碎者另揀出, 名曰時礬, 爲煎礬紅用.

其中精粹如礦灰形者, 取入缸中, 浸三個時, 漉入釜中煎煉.

每水十石, 煎至一石, 火候方足.

煎乾之後, 上結者, 皆佳好皂礬, 下者爲礬滓(後炉用此盖).

此皂礬染家必需用, 中國煎者亦惟五·六所.

原石五百斤, 成皂礬二百斤, 其大端也.

其揀出時礬(俗又名雞屎礬), 每斤入黃土四兩, 入礶煞煉, 則成礬紅, 圬墁及油漆家用之.

【皂礬】靑礬이라고도 하며 염색할 때 媒染劑로 쓰이며, 혹 쪽물감을 만들 때 석회와 함께 넣어 助劑로 활용함.

239(11-12)
황반黃礬

황반黃礬이 만들어지는 현상은 또한 아주 기이하다.

조반을 만들 때 노의 곁에 쌓은 흙담에 봄 여름 불기운을 받은 원석의 정기가 상강霜降, 입동立冬이 되어 냉각되었을 때 그 토담에 저절로 이 황반이 떠나 나오는데 마치 회북淮北 지역의 벽돌담에서 염초熖硝가 나는 것과 같다.

이를 긁어모은 것을 황반黃礬이라 하며 염색집에서 사용한다.

금색金色으로 담박하여 이를 발라 불에 쬐면 곧바로 자적색紫赤色으로 변한다.

황반 중에 외국에서 들여온 것은 이를 깨뜨려 보면 그 속에 금사金絲가 있는데 이를 파사반波斯礬이라 하며 또 다른 별개의 종류이다.

其黃礬所出又奇甚.

乃卽煉皂礬炉側土墻, 春夏經受火石精氣, 至霜降·立冬之交, 冷靜之時, 其墻上自然爆出此種, 如淮北磚墻生熖硝樣.

刮取下來, 名曰黃礬, 染家用之.

金色淡者塗炙, 立成紫赤也.

其黃礬自外國來, 打破中有金絲者, 名曰波斯礬, 別是
一種.

【霜降】24절기의 하나로 대체로 10월 23일쯤에 해당함.
【立冬】역시 24절기의 하나로 11월 7일쯤에 해당함.
【硝】焰硝를 가리키며 질산칼륨(KNO₃).
【波斯礬】波斯는 페르시아의 중국식 표기이며 지금의 이란 지역임. 이는 속에
　金絲무늬가 있음. 《本草綱目》(11)에 "波斯又出金絲礬, 打破內有金絲紋者爲上"
　이라 함.

240(11-13)
담반膽礬

또한 산서山西, 섬서陝西 등지에서는 산 위에서 유황硫黄을 태운 찌꺼기를 버린 곳에 2~3년 후가 되면 빗물이 스며들어 명반의 정액이 녹아 계곡에 이르러 저절로 조반이 결정체를 이룬다.

이것을 가져다 팔기도 하는데 이런 조반은 다시 정련할 필요가 없다.

그중에 빛깔이 좋은 것을 가져다 석담石膽이라 혼동시키기도 한다.

석담은 일명 담반膽礬이라고도 하며, 산서山西 습현隰縣 등지에서도 나며 산이 석굴에서 저절로 결정체가 된 것이며 그 때문에 녹색을 띤 보석과 같은 광채가 난다.

불에 달군 철기鐵器를 담반수膽礬水에 넣으면 즉시 구리색으로 변한다.

《본초강목本草綱目》에는 비록 5종류의 명반이 실려 있지만, 근원을 분별하지 않고 있다.

곤륜반崑崙礬은 모습이 흑니黑泥와 같고, 철반鐵礬은 상태가 적석지赤石脂와 같은데 모두가 서역西域의 산품이다.

又山·陝燒取硫黄山上, 其滓棄地二·三年後, 雨水浸淋, 精液流入溝麓之中, 自然結成皀礬.

取而貨用, 不假煎煉.

其中色佳者, 人取以混石膽云.

石膽一名膽礬者, 亦出晉隰等州, 乃山石穴中自結成者,
故綠色帶寶光.

燒鐵器淬于膽礬水中, 卽成銅色也.

《本草》載礬雖五種, 並未分別原委.

其崑崙礬狀如黑泥, 鐵礬狀如赤石脂者, 皆西域産也.

【淬】유황을 정련하고 남은 찌꺼기. 여기에는 3산화2철(Fe_2O_3) 이외에 유황 등이
들어 있어 오랜 풍화작용을 거치면 산화와 환원 작용이 일어나 청반이 됨.

【石膽】膽礬(chalcanthite). 남색이며 성분는 5水硫酸銅($CuSO_4 \cdot 5H_2O$)으로 외견상
皂礬과 비슷함.

【隰州】지금의 山西 隰縣.

【本草綱目】이 책 권11에《新修本草》를 인용하여 5종의 礬을 설명하고 "不止
於五種耶"라 함.

【赤石脂】주요성분은 규산알루미늄. 분홍색을 띰. 약용으로도 활용함.

(6) 硫黃

241(11-14)
유황

　무릇 유황硫黃은 광석을 태울 때 생기는 액체를 받아 결정체를 이룬 것이다.

　이를 기록한 자들이 잘못 알고 분석焚石을 반석礬石인 줄로 알고 드디어 반액설礬液說이 나오게 된 것이다.

　그러나 태워서 유황석을 얻을 수 있는 것은 반은 특이한 백석白石이며, 반은 석탄 광산에서 나온 반석礬石으로 이 반액설은 여기에서 혼동을 일으킨 것이다.

　또 중국에서는 온천이 있는 곳이면 반드시 유황이 있다고 말하는 사람도 있다.

　지금 동해東海과 광동廣東 남쪽에 유황이 나는 곳이 있지만, 그곳이 온천이 있는 곳은 아닌 것으로 보아 이는 온천물의 냄새가 유황 냄새와 비슷하여 억측에서 나온 말이다.

　凡硫黃乃燒石承液而結就.

　著書者誤以焚石爲礬石, 遂有礬液之說.

　然燒取硫黃石, 半出特生白石, 半出煤礦燒礬石, 此礬液之說所由混也.

　又言中國有溫泉處必有硫黃.

今東海・廣南産硫黃處又無溫泉, 此因溫泉水氣似硫黃, 故意度言之也.

【硫黃】硫黃(S)은 산소 질소 염소와 대부분 금속과 화합하며, 폭약, 製紙, 製糖, 고무, 농약, 製酸, 석유 정련 등 매우 다양하게 쓰임.
【礬液說】이는 본초강목(11) 石硫黃에 인용된《名醫別錄》의 "石硫黃生東海牧 牛山谷中及太行河西山, 礬石液也"라 한 것을 가리킴.
【白石】黃鐵鑛(FeS_2)은 결정 구조에 따라 黃鐵鑛과 白鐵鑛으로 나뉘며, 여기에서 白石은 유황의 함량이 낮아 색이 연한 백철광을 가리키는 듯함.
【溫泉】이 역시《本草綱目》(11)에 "凡産硫黃之處, 必有溫泉作硫黃氣"라 한 것을 가리킴.

242(11-15)
유황 추출하기

무릇 유황석硫黃石을 제련하고 나면 매광석(煤礦石, 含炭黃鐵鑛石)과 같은 모습이다.

광석을 캐 석탄 떡으로 그 광석을 감싼 다음 시렁에 쌓아 올리고, 그 밖은 흙으로 노를 축조한다.

광석과 석탄은 모두 합하여 천 근을 넣어야 하며 노 위에는 지난날 유황을 태운 묵은 찌꺼기로 덮고, 노 꼭대기 가운데를 볼록하게 한 다음 그 중앙에 하나의 둥근 구멍을 뚫는다.(그림78)

화력이 노 안에 일어나면 구멍에서 황금색의 누런 불꽃이 솟아오른다.

먼저 도장陶匠으로 하나의 발우鉢盂를 만들도록 하되, 그 발우는 가운데는 볼록하고, 가의 테두리는 속으로 감겨 있어 마치 통발 자루 모양이어야 하며 이를 그 구멍 위에 덮어둔다.

석정石精이 불기운을 받아 황색 광선으로 변해 날아오르다가 덮여 있는 발우를 만나면 더는 날아갈 수가 없어 즙액이 그 발우 바닥에 달라붙게 되며 그 액이 흘러 통발 자루와 같은 곳으로 흘러들어 가게 된다.

그 테두리에는 다시 작은 구멍을 뚫고 그 액이 식으면서 작은 구유 안으로 들어가게 되면 이것이 응결하여 유황이 되는 것이다.

凡燒硫黃石, 與煤礦石同形.

堀取其石, 用煤炭餅包果叢架, 外築土作爐.

炭與石皆載千斤于內, 炉上用燒硫舊滓罨盖, 中頂隆起,
透一圓孔其中.

火力到時, 孔內透出黃焰金光.

先教陶家燒一鉢盂, 其盂當中隆起, 邊弦捲成魚袋樣,
覆于孔上.

石精感受火神, 化出黃光飛走, 遇盂掩住, 不能上飛,
則化成汁液靠著盂底, 其液流入弦袋之中.

其弦又透小眼, 流入冷道灰槽小池, 則凝結而成硫黃矣.

【魚袋】통발 형태의 자루.

〈그림78〉유황(硫黃) 얻는 법

243(11-16)
석탄에서 조반皂礬 얻기

탄매광석(炭煤礦石, 함탄황철광석)을 태워 조반皂礬을 얻는 경우도 황색의 증기가 올라오면 여전히 이러한 방법으로 뚜껑을 덮어 유황을 채취한다.

유황 한 근을 채취하는 데 조반은 30여 근이 줄어든다.

그 반礬의 정화精華가 이미 유황으로 바뀌고 나면 맑은 찌꺼기는 버리는 물건이 되고 만다.

무릇 화약은 유황의 순양純陽과 초硝의 순음純陰으로 만들며, 이 두 물질이 서로 핍합逼合하여 소리를 일으키고 변화를 일으키는 것이니 이는 건곤乾坤의 환상적이고 신기한 물건이다.

유황은 북녘의 이민족에서는 나지 않으며, 혹 나기는 해도 제련하는 방법을 모르고 있는지는 알 수 없다.

기이한 대포가 서양이나 네덜란드에도 있으니 우리 동쪽과 서쪽은 수만 리 격해 있음에도 모두가 유황이 나는 땅이 있음을 알 수 있다.

유구琉球의 토유황土硫黃이나 광동 남쪽의 수유황水硫黃에 대한 것은 모두가 잘못 알려진 것이다.

其炭煤礦石燒取皂礬者, 當其黃光上走時, 仍用此法掩盖, 以取硫黃.

得硫一斤, 則減去皂礬三十餘斤.

其礬精華已結硫黃, 則枯滓遂爲棄物.

凡火藥, 硫爲純陽, 硝爲純陰, 兩精逼合, 成聲成變, 此乾坤幻出神物也.

硫黃不産北狄, 或産而不知煉取, 亦不可知.

至奇砲出于西洋與紅夷, 則東徂西數萬里, 皆産硫黃之地也.

其琉球土硫黃·廣南水硫黃, 皆誤紀也.

【紅夷】네덜란드(和蘭)를 가리킴.
【土硫黃, 水硫黃】《本草綱目》(11)에 廣南의 水硫黃과 石硫黃, 그리고 南海 琉球의 土硫黃이 있다 하였으며 이는 사실에 부합됨.

(7) 비석砒石

244(11-17)
비상砒霜

무릇 태워서 비상砒霜을 만들어 낼 수 있는 원료는 진흙과 비슷하나 훨씬 단단하고, 돌과 비슷하나 그보다는 잘 부서지며, 땅을 파고 몇 자 들어가야 채취할 수 있다.

강서江西의 신군信郡, 하남河南의 신양信陽에는 모두 비석 광산이 있어 그 때문에 이를 신석信石이라고도 한다.

근래에 생산이 가장 많은 곳은 형양衡陽이며, 한 공장에서 수만 근이나 만들어내고 있다.

무릇 비석 광산이 있는 곳은 그 위에 늘 탁한 녹색의 물이 있어 먼저 그 물을 모두 퍼내어 없앤 다음 아래로 파 내려가야 한다.

비상에는 붉은색과 흰색 두 가지가 있으며, 이들은 각각 그 원색의 색깔에 따라 태우고 나서도 그 색 그대로인 것이다.

凡燒砒霜質料, 似土而堅, 似石而碎, 穴土數尺而取之.

江西信郡·河南信陽州皆有砒井, 故名信石.

近則出産獨盛衡陽, 一廠有造至萬鈞者.

凡砒石井中, 其上常有濁綠水, 先絞水盡, 然後下鑿.

砒有紅·白兩種, 各因所出原石色燒成.

【砒石】砒素 광석으로는 수십 종이 있으나 자주 사용하는 것으로는 白砒石
(FeAsS)과 紅砒石(雌黃 As_2S_3 및 雄黃 As_2S_2) 그리고 과산화 광석인 스코로 다이트
등 3종류가 있음.
【砒霜】황화물 광물로부터 2차로 생성된 광물. 비화인 3산화2비소의 속칭임.
비상은 열을 받으면 쉽게 승화하고 물에 약간 녹음. 극독물이며 흔히 농약
재료로 사용됨.
【信郡】지금의 江西 上饒.

245(11-18)
분금로分金爐

무릇 태워서 비상을 만들 때에는 땅을 파고 그 속에 흙으로 요窯를 만들고 그 위에 굽은 구들을 놓고 쇠 가마솥을 거꾸로 매달아 구멍을 덮어 막는다.(그림79)

그리고 그 아래 석탄에 불을 지펴 태우면 연기가 구들을 타고 올라와 그름이 솥에 붙는다.

한 겹 정도 이미 붙어 그 두께가 1치쯤 되었을 때 밑에 피웠던 불을 끈다.

앞서 피어올랐던 연기가 식기를 기다렸다가 다시 앞서 했던 것처럼 차례로 반복해서 불을 지피며 연기가 달라붙으면 앞서 했던 과정을 반복한다.

이렇게 하여 솥 하나에 여러 층으로 이미 가득 차고 나면 이를 내려 솥을 깨고 비상을 채취한다.

이 때문에 지금의 비상 밑에는 쇠 부스러기가 남아 있는데 이는 솥을 부술 때 그의 쇠 부스러기이다.

무릇 백비白砒를 제법하는 방법은 오직 이 한 가지뿐이며, 홍비紅砒는 비소를 함유한 은銀과 동銅 광석을 제련할 때 분금로分金炉에서 번쩍거리며 나온 증기가 결정체를 이룬 것이다.

凡燒砒, 下鞠土窯, 納石其上, 上砌曲突, 以鐵釜倒懸
覆突口.

其下灼炭擧火, 其烟氣從曲突內熏貼釜上.

度其已貼一層, 厚結寸許, 下復熄火.

待前烟冷定, 又擧次火, 熏貼如前.

一釜之內數層已滿, 然後提下, 毀釜而取砒.

故今砒底有鐵沙, 卽破釜滓也.

凡白砒止此一法, 紅砒則分金炉內銀銅惱氣有閃成者.

【白砒, 紅砒】제조된 후의 색깔에 의한 구분임.

〈그림79〉 비소(砒素) 만들기

246(11-19)
비상의 독성

무릇 비석을 태우고 있을 때 서 있는 사람은 반드시 바람의 반대쪽 10여 장 밖에 있어야 한다.

바람을 맞이하는 쪽의 초목은 모두가 죽어버린다.

이에 비석을 태우는 사람은 2년이 지나면 하는 일을 바꾸어 옮겨가야 하며, 그렇지 않을 경우 수염이나 머리카락이 모두 빠져버리고 만다.

이 물건은 살아 있는 사람이 1푼分 1리厘만 먹어도 즉시 죽고 말지만, 그럼에도 매년 천만 금 어치가 즉시 팔리고 남지 않은 것은 산서山西 등지에서 콩이나 보리를 심을 때 반드시 씨앗에 이를 섞어 파종하면 밭에서 해를 끼치는 황서黃鼠를 몰아내는 데에 효과가 있기 때문이다.

영파寧波나 소흥紹興에서는 논의 벼 모종 뿌리에 이를 뿌려주면 풍성하게 수확할 수 있다고 한다.

그렇게 하는 것 외에도 화약과 염동染銅에도 그 수요가 얼마나 되는지 알 수 없을 정도임에랴!

凡燒砒時, 立者必于上風十餘丈外.

下風所近, 草木皆死.

燒砒之人, 經兩載卽改徙, 否則鬚髮盡落.

此物生人食過分厘立死, 然每歲千萬金錢速售不滯者,以晉地菽·麥必用拌種, 且驅田中黃鼠害.

寧·紹郡稻田必用蘸秧根, 則豐收也.

不然, 火藥與染銅需用能幾何哉!

【火藥】宋代 이래 중국에서는 화약을 제조할 때 소량의 砒霜을 넣어 毒性火藥을
만들었다 함.

【染銅】砒霜을 純銅에 넣어 白銅을 만드는 방법. 〈五金〉 부분을 볼 것.

12. 고액膏液

　　고액膏液은 기름油을 가리킴. '膏'는 살찐 기름. '液'은 액체형의
기름. 밤에 등불을 밝히는 용도도 있으며, 음식재료에 활용하기도
하고, 또는 혹 각종 기물에 윤활유로 쓰이기도 하는 등, 여러
방면에 두루 사용되고 있음. 이러한 각종 기름에 대한 제조법
등에 대하여 기술하고 있음.

247(12-1)
전언

내 생각으로는 이렇다.

"하늘의 이치는 낮과 밤이 똑같이 나누어져 있는데, 사람들은 불을 밝히고 낮에 하던 일을 계속해서 하기도 한다. 이것이 어찌 일하기를 좋아하고, 편안히 지내기를 싫어해서 그런 것이겠는가?

직녀織女는 땔나무를 태워 그 불빛으로 베를 짜고, 서생書生은 눈빛을 비추면서 글을 읽었다고 하니 이렇게 해서 해낼 수 있는 일이 성과가 어찌 많을 수 있겠는가?

초목은 열매 속에 고액膏液을 저장하고 있으나 제 스스로 흘러나오지는 못한다. 물과 불의 도움을 받고 나무와 돌의 힘에 의지한 이후에야 그 기름을 쏟아내어 흘러나오는 것이다. 이처럼 사람의 교묘함과 총명함은 어디에서 받아 생각해 낸 것인지는 알 수 없다.

사람 세상에서 무거운 짐을 멀리 옮기려면 배나 수레에 의지해야 한다. 그러나 수레는 그 작은 양의 기름이 있으면 원활하게 돌고, 수레는 한 섬의 기름을 써야 빈틈을 메울 수 있으니 이 기름이라는 물건의 역할이 없으면 운행할 수가 없다. 그런가 하면 저혜菹醯나 채소가 솥을 거쳐 음식이 될 때도 혹 기름이 없다면 마치 우는 아이가 젖을 잃은 것과 같을 것이다. 이는 그 여러 역할 중의 하나만 거론했을 뿐임에랴!"

宋子曰:「天道平分晝夜, 而人工繼晷以襄(曩)事, 豈好勞而惡逸哉? 使織女燃薪·書生映雪, 所濟成何事也?

草木之實, 其中韞藏膏液, 而不能自流. 假媒水火, (馮藉)
木石, 而後傾注而出焉. 此人巧聰明, 不知于何稟度也.
人間負重致遠, 恃有舟車. 乃車得一銖而轄轉, 舟得一石
而罅完, 非此物之功也不可行矣. 至菹蔬之登釜也, 莫或
膏之, 猶啼兒之失乳焉. 斯其功用一端而已哉!」

【繼晷以襄(曩)事】 '晷'는 그림자가 져서 불빛이 필요한 때. 밤을 뜻함. '曩事'는
조금 전에 하던 일.

【織女燃薪】 '織女'는 전설상의 織女라기보다는 베를 짜는 여인을 가리킴.

【書生映雪】 螢雪之功의 고사를 말함. 晉나라 때 孫康이 겨울에 등을 밝힐 기름이
없어 내린 눈에 비춰 책을 읽었다는 고사. 《文選》注에 인용된 《孫氏世祿》에
실려 있음. 《蒙求》에도 "《孫氏世錄》曰: 「康家貧無油, 常映雪讀書. 少小淸介,
交遊不雜. 後至御史大夫.」"라 함.

【韞藏】 '蘊藏'과 같음. 속에 품고 있음.

【馮藉】 '憑借'와 같음.

【稟度】 稟賦 받아 생각해 냄. 白話本에는 '廩度'로 되어 있으나 이는 오류로
여겨짐.

(2) 기름 품목油品

248(12-2)
기름의 종류

무릇 음식 반찬에 사용되는 기름으로는 호마胡麻(일명 脂麻라고도 한다), 무 씨, 누런 콩, 송채菘菜(일명 白菜라 함)의 씨에서 짠 기름을 최상으로 친다.

소마蘇麻(모양은 紫蘇를 닮았으나 낟알은 호마보다 큼), 운대芸薹씨(강남에서는 菜子라 함)의 기름을 그다음으로 친다.

차樣나무 씨(그 나무 높이는 1장 남짓이며, 씨는 金罌子와 비슷하며 果肉을 제거하고 속 씨를 채취함)가 그다음이며, 현채莧菜의 씨에서 짜낸 기름이 그다음이다.

대마大麻의 속씨(낟알은 胡荽 씨만 하며 삼 껍질은 벗겨 밧줄을 꼬는 데 사용함)에서 짜낸 기름을 가장 낮게 친다.

凡油供饌食用者, 胡麻(一名脂麻)·萊菔子·黃豆·菘菜子(一名白菜)爲上.

蘇麻(形似紫蘇, 粒大于胡麻)·芸薹子(江南名菜子)次之.

樣子(其樹高丈餘, 子如金罌子, 去肉取仁)次之, 莧菜子次之.

大麻仁(粒如胡荽子, 剝取其皮, 爲絆索用者)爲下.

【胡麻】참깨. 脂麻, 芝麻, 白脂麻(白芝麻)라고도 함. 胡麻科의 油科(Sesamum orientale) 식물.

【萊菔子】무씨. 나박무의 씨. 萊菔은 蘆萠, 蘆菔, 蘿茯, 蘿卜 등으로도 표기하며 무에 해당함. 十字花科(Raphanus sativus L.)의 葉菜 및 根菜 식물. 그 씨를 모아 기름을 짬.

【菘菜子】菘菜는 배추. 白菜로도 부름. 역시 十字花科 芸薹屬(Brassica chinen sis)의 엽채 식물.

【蘇荏】들깨. 荏, 白蘇라고도 부르며 脣形科(Perilla Frutescens) 一年生 草本植物.

【紫蘇】차조기. 역시 脣形科 一年生 草本植物(Perilla Frutescens var arguta).

【芸薹】油菜. 十字花科(Brassica campestris L.)의 일년생 초본식물. 엽채는 나물로, 씨는 기름을 짜는 데에 사용함.

【樣】油茶木. 열매를 채취하여 속씨를 사용, 기름을 짜는 데에 사용함. 기름을 짤 수 있는 동백나무의 한 종류. 茶科(Camellia oleifera)의 木本 灌木 植物.

【金罌子】金櫻子로도 표기하며 薔薇科(Rosa Laevigata)의 늘푸른좀나무.

【莧菜】색비름. 莧科(Amaranthus tricolor L.) 식물.

【大麻】중국 원산의 大麻科(Cannabis sativa) 식물.

【胡荽】고수. 傘形科(Coriandrum sativa) 식물. 미나릿과에 속함.

【緯索】이 대마의 껍질은 동아줄을 꼬는 데 사용함.

249(12-3) 등불용 기름과 초

등불을 켜는 데는 구橋나무 속씨에서 짜낸 수유水油가 가장 상품이며, 유채씨 기름이 그다음, 아마자亞麻子(陝西에서 심으며 속명은 壁虱脂麻라 하고 냄새가 심해 먹을 수 없음) 기름이 그다음, 면화 씨 기름이 그다음, 참기름이 그다음이며(등불로 쓰면 가장 쉽게 닳아버림), 기름오동나무 기름과 구나무 기름을 혼합한 것이 가장 하품이다(기름 오동나무 기름의 독기는 사람에게 고통을 주며 구나무 기름은 피막과 함께 짠 것일 경우 응결되어 맑지 못함).

초를 만드는 데는 구나무의 피유皮油를 상품으로 치며 피마자기름으로 한 것이 그 다음이며, 구나무 혼유에 매 한 근씩마다 백랍白蠟을 넣어 응력 시킨 것이 그 다음이며, 백랍과 여러 종류의 청유를 혼합하여 응결 시킨 것이 그 다음이며, 장수 열매로 짠 기름이 그다음(그 불빛은 차이가 나지 않으나 그 향내를 기피하는 사람이 있음)이며, 동청자冬靑子 기름이 그 다음이다(이는 韶郡에서만 사용하며 그 기름 함유량이 적은 것이 흠이어서 이런 차례를 삼은 것임).

북방에서는 쇠기름을 널리 사용하고 있으나 이는 하등급이다.

燃燈則橋仁內水油爲上, 芸薹次之, 亞麻子(陝西所種, 俗名壁虱脂麻, 氣惡不堪食)次之, 棉花子次之, 胡麻次之(燃燈最易竭), 桐油與橋混油爲下(桐油毒氣熏人, 橋油連皮膜則凍結不清).

造燭則橋皮油爲上, 蓖麻子次之, 橋混油每斤入白蠟凍結次之, 白蠟結凍諸清油又次之, 樟樹子油又次之(其光不減, 但有避香氣者), 冬青子油又次之(韶郡專用, 嫌其油少, 故列次).

北土廣用牛油, 則爲下矣.

【樗】烏樗나무. 大戟科(Sapium sebiferum) 버들잎과에 딸린 갈잎큰키나무. 씨에는 백색 蠟質層이 있으며 이로써 짜낸 기름을 皮油라 하며, 속씨(仁)와 이 납질층을 함께 짠 것을 混油라 한다 함.

【亞麻】亞麻科(Linum usitatissimum)의 초본 식물.

【蓖麻子】아주까리 씨. 피마자 씨. 大戟科(Ricinus communis).

【白蠟】꿀벌집의 蜜蠟을 볕에 말린 것.

【樟樹】樟科 喬木(cinnamomum camphora). 녹나무.

【冬靑】冬靑科(Ilex rotunda) 식물.

【韶郡】지금의 廣東 韶關 지역.

【牛油】쇠기름. 牛脂.

250(12-4)
재료에 따른 여러 가지 기름

무릇 참깨와 아주까리, 그리고 장수樟樹 열매에서는 한 섬마다 40근의 기름을 얻을 수 있다.

무씨는 한 섬마다 27근을 얻는다(맛이 아주 특이하게 좋으며
인체의 五臟에 유익함).

유채씨에서는 한 섬마다 30근의 기름을 얻을 수 있으나 부지런히 김을 매고 땅이 비옥하며, 기름 짜는 법이 정밀할 경우 40근까지 얻을 수 있다(1년을 묵히면 씨 속이 비어
기름이 나오지 않음).

유차목의 열매는 한 섬마다 15근의 기름을 얻을 수 있다(기름 맛이 돼지기름과 비슷하여
매우 좋으며 기름을 짜고 난
찌꺼기는 그저 불쏘시개로 쓸 수도 있고
혹 생선 독을 제거하는데 쓰기도 함).

오동나무 열매의 속씨로는 한 섬마다 33근의 기름을 짤 수 있다.

구수樞樹 열매로 기름을 짤 때는 피유皮油로는 20근을, 수유水油는 15근을 짤 수 있으며, 이를 혼합할 경우 33근의 기름을 짤 수 있다(이 경우 반드시 아주
깨끗이 씻어서 해야 함).

동청자冬靑子로는 한 섬마다 12근의 기름을 얻을 수 있다.

황두黃豆는 한 섬에 9근의 기름을 짤 수 있다(吳下 지역에서는 이로써 먹는 기름을 짠 뒤 그
찌꺼기를 뭉치로 만들어 돼지의 먹이로 사용함).

송채菘菜의 씨로는 한 섬에 30근의 기름을 얻는다(기름이 맑아서
푸른 물과 같음).

면화씨는 백 근 마다, 7근의 기름을 얻는다(바로 짜냈을 때는 아주 검고 탁하지만,
반달을 그대로 두면 대단히 맑아짐).

현채莧菜의 씨는 한 섬마다 30근을 짤 수 있다(맛은 아주 좋으나 찬 성질이
있어 설사가 날 염려가 있음).

아마亞麻와 대마의 속씨는 한 섬에 20여 근의 기름을 얻을 수 있다.

여기서는 그 대강을 말한 것이며 그 밖에 깊이 따져보거나 시험해 보지 않은 것과 이미 시험을 하였지만 다른 방법으로 했을 때는 어떠한지를 알지 못하는 것은 나중에 일러주기로 한다.

凡胡麻與萆麻子·樟樹子, 每石得油四十斤.

萊菔子每石得油二十七斤(甘美異常, 益人五臟).

芸薹子每石得有三十斤, 其耨勤而地沃·榨法精到者, 仍得四十斤(陳歷一年, 則空內而無油).

桵子每石得一十五斤(油味似猪脂, 甚美, 其枯則止可種火及毒魚用).

桐子仁每石得有三十三斤.

樟子分打時, 皮有得二十斤·水油得十五斤; 混打時共得三十三斤(此須絶淨者).

冬青子每石得有十二斤.

黃豆每石得有九斤(吳下取油食後, 以其餅充豕糧).

菘菜子每石得有三十斤(油出清如綠水).

棉花子每百斤得油七斤(初出甚黑濁, 澄半月清甚).

莧菜子每石得油三十斤(味甚甘美, 嫌性冷滑).

亞麻·大麻仁每石得油二十斤.

此其大端, 其他未窮究試驗, 與夫一方已試而他方未知者, 尚有待云.

【種火】불씨나 처음 불을 붙일 때 사용함.
【毒魚用】독을 가진 생선에서 독을 제거해 주는 기능을 말함.
【吳下】지금의 江蘇 남부와 浙江 북부 일대를 가리킴.
【豕糧】돼지 먹이로 사용함.
【冷滑】찬 성질을 가지고 있어 설사를 일으키기도 함.

(3) 法具

251(12-5)
기름틀

무릇 기름을 얻는 방법으로는 짜는 방식 이외에 두 가마로 쪄서 기름을 얻는 방법이 있으며 아주까리와 들깨를 이렇게 한다.

북경北京에서는 갈아서 기름을 얻으며, 조선朝鮮에서는 절구에 참깨를 넣어 찧어서 기름을 얻는 방법을 쓰고 있으며 그 나머지는 모두가 짜서 기름을 얻는 방법을 따르고 있다.

기름틀은 나무가 큰 것은 둘레가 반드시 한 아름은 되어야 하며 그 속은 비어 있어야 한다.(그림80)

그 나무 재질은 장목樟木이 가장 좋고 박달나무나 기류杞柳를 그다음으로 친다(기류 나무로 만들 경우 땅의 습기에 의해 급히 썩는 단점이 있음).

이들 세 가지 목재는 나무의 결이 둥글고 길게 얽혀 있으며 세로의 곧은 결은 없다.

그 때문에 힘껏 망치질하여 그 속에 쐐기를 박아도 양쪽 끝이 터지거나 갈라질 염려가 없다.

다른 목재는 세로결이 있어서 쓸 수가 없다.

중국 강북 지역에는 두 팔로 안을 정도의 큰 나무가 적어 네 개의 나무를 함께 하여 철로 테를 만들어 단단히 묶어 고정하고 가로로 마개를 끼워 합한 다음 그 속에 공간을 만들어 재료가 들어가도록 하면 각기 다른 나무였지만 하나의 완전한 통나무처럼 사용할 수 있다.

凡取油, 榨法而外, 有兩鑊煮取法以治蓖麻與蘇麻.

北京有磨法·朝鮮有舂法, 以治胡麻.

其餘則皆從榨出也.

凡榨, 木巨者圍必合抱, 而中空之.

其木樟爲上, 檀與杞次之(杞木爲者妨地濕, 則速朽).

此三木者脉理循環結長, 非有縱直文.

故竭力揮椎, 實尖其中, 而兩頭無釁柝之患.

他木有縱文者不可爲也.

中土江北少合抱木者, 則取四根合併爲之, 鐵箍裹定,
橫栓串合而空其中, 以受諸質.

則散木有完木之用也.

【檀】박달나무. 재질이 단단하고 무거워 기름틀로 사용하기에 아주 좋음. 黃檀
이라고도 하며 豆科 落葉喬木(Dalbergia hupeana).

【杞】杞柳. 고리버들이라 함. 杞柳科 喬木(Salix Purpurea).

【樟】樟木. 흔히 녹나무로 번역함. 녹나무과의 교목.

【釁柝】금이 가거나 터짐.

【實尖其中】그 속에 뾰족한 쐐기를 박음.

【鐵箍裹定】쇠로 테를 만들어 이를 묶어 고정함.

〈그림80〉 남방의 기름틀

252(12-6)
기름틀 속 만들기

무릇 기름틀의 속을 팔 때는 그 나무의 크기에 따라 맞추되 큰 것은 수십 섬을 넣어도 여유가 있을 정도이며 작은 것은 5말도 들어가지 못하는 것도 있다.

대체로 틀의 속을 파낼 때는 끌로 평탄한 통 안에 작은 홈을 파내며 굽은 끌로 그 속으로 파고 들어가 위아래를 둥글게 깎아낸다. 그 아래로 따라가며 작은 구멍 하나를 파서 작은 통을 잔손질하여 기름이 흘러나올 때 그 통으로 흘러들게 한다.

그 평평한 통은 길이는 약 서너 자, 너비는 서너 치가 되도록 하며 그 목재의 크기에 맞추면 될 뿐이며 정해진 격식은 없다.

그 통에 박아 넣는 뾰족한 쐐기나 네모의 나무토막은 오직 박달나무나 작자목柞子木 두 종류가 맞으며 다른 목재는 좋지 못하다.

그 쐐기는 도끼로 다듬으며 대패로 깎아서는 안 된다. 이는 그 면을 거칠게 하여 매끄럽지 않게 함으로써 그것이 따라서 회전하는 것을 염려해서이다.

치는 데 사용하는 나무망치와 그 힘을 받아내는 쐐기 부분은 모두 쇠고리를 그 머리에 끼워 고정하는데 이는 그것이 벗겨지거나 터질까 염려해서이다.

凡開榨空中, 其量樹木大小, 大者數十石有餘, 小者數
五斗不足.

凡開榨闉中鑿劃平槽一條, 以宛鑿入中, 削圓上下, 下沿
鑿一小孔, 刷一小槽, 使油出之時流入承藉器中.

其平槽約長三·四尺, 闊三·四寸, 視其身而爲之, 無定
式也.

實槽尖與枋唯檀木·柞子木兩者宜爲之, 他木無望焉.

其尖過斤斧而不過鉋, 盖欲其澀, 不欲其滑, 懼報轉也.

撞木與受撞之尖, 皆以鐵圈裹首, 懼披散也.

【枋】틈이나 구멍이 네모일 경우 거기에 맞도록 네모지게 깎은 나무. 이것이
네모 통에 맞게 들어가면서 기름을 壓搾하여 짜내는 구실을 함.
【柞子木】大風子科의 나무(Xylosma japonicum). 도토리나무. 갈잎큰기나무.
【鉋】대패. 목재의 면을 매끄럽게 깎는 목공용 도구.

253(12-7)
기름짜기

기름을 짜는 도구가 이미 갖추어졌다면 깨나 채소의 씨를 솥에 넣고 약한 불로 천천히 볶는다(구나무나 오동나무 씨와 같은 나무 씨앗이 생긴 경우 모두 볶지 않고 연자에 갈아서 찜). 향기가 스며 나온 이후에는 이를 잘게 갈아서 찐다.

무릇 여러 가지 깨나 채소 씨를 볶을 때는 마땅히 바닥이 평평하고 깊이가 6치 정도 되는 솥을 주조하여 속씨를 그 속에 넣고 젓고 뒤집기를 부지런히 하여야 한다.(그림81)

만약 솥이 너무 깊거나 젓고 뒤집기를 게을리하면 열을 고루 받지 못하고 서로 상해를 입혀 기름의 양과 질이 떨어지고 줄어든다.

볶는 솥은 부뚜막에 비스듬히 얹어야 하며 쪄서 할 때와는 아주 다르다.

무릇 연자 맷돌은 구유를 땅에다 묻고(나무로 만든 것은 철판을 씌워 입힘), 그 위에 긴 장대의 손잡이를 철타鐵陀에 끼워 두 사람이 마주 보고 이를 들어 민다.

밑천이 많은 사람이라면 연자방아를 이용하여 소를 부릴 수 있으며 소 한 마리의 힘은 사람 힘의 열 곱절이나 된다.

역시 연자방아를 사용하지 않고 맷돌을 써야 할 경우라면 목화씨와 같은 것으로 기름을 짤 때이다.

이윽고 잘 갈고 나서는 채로 쳐서 거친 것은 골라내어 다시 맷돌에 넣고 가는 것은 솥의 시루에 넣어 찐다.

김을 충분히 쐬고 나서 이를 꺼내어 볏짚이나 밀짚으로 싸는데 그때의 떡과 같은 모양을 만들며 그 떡처럼 만든 것의 바깥은 둥근 체의 모습을

하거나 혹 철로 두드려 만들며 혹 대나무 쪼갠 것으로 마주 엮어 모양을
만들어 기름틀의 속에 들어갈 수 있는 공간과 딱 맞도록 한다.

榨具已整理, 則取諸麻·菜子入釜, 文火慢炒(凡柏·桐之
類屬樹木生者, 皆不炒而碾蒸), 透出香氣然後碾碎受蒸.

凡炒諸麻·菜子, 宜鑄平底鍋, 深止六寸者, 投子仁于內,
飜拌最勤.

若釜太深, 飜拌疏慢, 則火候交傷, 減喪油質.

炒鍋亦斜安竈上, 與蒸鍋大異.

凡碾埋槽土內(木爲者以鐵片掩之), 其上以木竿銜鐵陀, 兩人
對擧而推之.

資本廣者則砌石爲牛碾, 一牛之力可敵十人.

亦有不受碾而受磨者, 則棉子之類是也.

旣碾而篩, 擇粗者在碾, 細者則入釜甑受蒸.

蒸氣騰足取出, 以稻稭與麥稭包裹如餅形, 其餅外圈
箍或用鐵打成, 或破篾絞刺而成, 與榨中則寸相穩合.

【鐵陀】 볶고 젓고 뒤집을 수 있도록 철로 만든 주걱과 같은 것. 볶는 도구.
【稻稭】 볏짚.

〈그림81〉 기름 재료 찌거나 볶기

254(12-8)
기름 짤 때의 유의 사항

무릇 기름이란 원래 기氣에 근거하여 채취한 것으로 무無에서 유有가 생겨나도록 한 것이다.

시루에서 꺼낼 때 이를 싸기에 태만하거나 느리면 물과 불의 엉긴 증기가 떠서 사라지기 때문에 기름이 줄어드는 것이다.

능숙한 사람은 서둘러 붓고 서둘러 싸서 서둘러 체로 테두리를 씌우기에 많은 기름을 얻어내는 것이니 비결이란 바로 여기에서 말미암는 것이다.

기름 짜는 작업을 어릴 때부터 늙도록 한 사람도 이를 모르는 자가 있다.

포장하고 싸매기가 끝나면 이를 기름틀에 넣고 그 양이 가득 차는 데에 따라 나무로 쐐기를 박아 누르고 압착시키면 그에 따라 기름이 샘물처럼 흘러나오게 된다.

싸맸던 원료 속에서 기름이 다 빠지고 나면 찌꺼기가 남는데 이를 고병枯餠이라 한다.

무릇 참깨, 무, 유채 등의 고병은 어떤 것이나 모두 다시 한 번 더 갈아서 체로 친 다음 짚과 까끄라기를 제거하고 다시 찌고, 싸매어 다시 기름을 짜낸다.

처음 짠 기름이 2푼이라면 두 번째 짠 기름은 1푼이 된다.

만약 구나무, 오동나무 등의 기름이라면 한 번 짤 때 기름이 모두 흘러나오기 때문에 다시 짤 필요는 없다.

凡油原因氣取, 有生于無.

出甑之時包裹怠緩, 則水火鬱蒸之氣遊走, 爲此損油.

能者疾傾疾裹而疾箍之, 得油之多, 訣由于此.

榨工有自少至老而不知者.

包裹旣定, 裝入榨中, 隨其量滿, 揮撞擠軋, 而流泉出焉矣.

包內油出淬存, 名曰枯餅.

凡胡麻·萊菔·芸薹諸餅, 皆重新碾碎, 篩去稭芒, 再蒸·再裹而再榨之.

初次得油二分, 二次得油一分.

若柏·桐諸物, 則一榨而盡流, 不必再也.

【氣】만물 속에 들어 있는 무형의 에너지.

【鬱蒸】빽빽이 서린 遊蒸 형태의 기.

【萊菔】무, 蘿菖, 蘿菔.

【芸薹】油菜의 씨.

255(12-9)
수자법水煮法

수자법水煮法으로 한다면 두 개의 솥을 함께 사용한다.

아주까리와 들깨는 연자매로 갈아서 솥 하나에 넣고, 물을 부어 끓이면 포말이 위에 뜨게 되는데 그것이 바로 기름이다.

이를 국자로 퍼내어 물기가 없는 가마에 넣고 밑에 천천히 불로 물기를 건조하면 기름이 만들어진다.

그러나 그렇게 해서 얻어지는 기름은 결국 많이 감쇄되고 만다.

북쪽 지역에서는 참깨를 갈아서 짜는 방법으로, 거친 삼베 자루에 넣어 뒤틀어서 짜낸다.

그렇게 하는 방법에는 다시 자세히 설명하겠다.

若水煮法, 則並用兩釜.

將蓖麻·蘇麻子碾碎, 入一釜中注水滾煎, 其上浮沫卽油.

以杓掠取, 傾于乾釜內, 其下慢火熬乾水氣, 油卽成矣.

然得油之數畢竟減殺.

北磨麻油法, 以粗麻布袋捩絞.

其法再詳.

【水煮法】 이는 壓搾法과 달리 포말을 띄워 이를 건져내어 다시 느리게 건조하는 방법임.

(4) 皮油

256(12-10)
피유皮油

피유皮油로 초를 만드는 방법은 광신군廣信郡에서 비롯되었다.

그 방법은 깨끗한 오구나무의 씨를 통째로 시루솥에 넣어 찌되, 찐 이후에 이를 확에 넣고 빻는다.(그림82)

확의 깊이는 약 1척 5치이며, 방아는 돌로 만들어야 하며 쇠를 끼우지 않는다.

그 석재는 깊은 산중에서 결이 있으면서 매끄러운 것으로 하며 그 무게는 40근을 넘지 않도록 하고 위에 횡목橫木 한쪽 끝에 위에 끼워서 빻는다.

그 피막에서 기름기를 가진 부분이 모두 벗겨져 분쇄되어 떨어지면 이를 퍼내어 소반을 바치고 체로 친 다음 다시 찌고 싸매어 묶고 이를 기름틀에 넣어 짜내는 방법은 앞에서와 같다.

씨껍질의 기름 성분이 모두 떨어져 나가고 남은 골격이 바로 흑자黑子이다.

그 차면서도 매끄럽고 불에 탈 염려가 없는 작은 맷돌(이런 맷돌에 쓰는 돌 역시 광신군의 깊은 산중에서 찾아 사용함)을 사용하며 둘레를 빨갛게 타는 숯불을 써서 열기를 가하면서 흑자黑子를 한 줌씩 차례로 퍼내어 이를 빠른 속도로 돌리고 있는 맷돌에 넣어서 간다.

이를 갈아 분쇄할 때는 풍선風扇으로 검은 껍질을 날려 제거하면 그 안에 완전히 하얀 속씨仁만 남게 되어 오동梧桐의 속씨와 같다.

이를 연자매에 갈아 찌고, 묶어 기름틀에 넣는 과정은 앞에서 설명한 순서와 같다.

이렇게 해서 짜낸 수유水油는 맑고 빛이 나기가 비길 데 없으며 이를 작은 등잔에 넣어 한 줄기 풀로만 심지를 만들어도 이튿날 날이 밝을 때까지 불을 밝힐 수 있으며 그 어떤 다른 청유淸油도 그에 미치지 못한다.

음식 조리에 사용하더라도 인체에 해롭지 않으나 단지 싫어하는 사람이 이를 쓰지 않을 뿐이다.

凡皮油造燭, 法起廣信郡.

其法取潔淨柏子, 囮圖入釜甑蒸, 蒸後傾于臼內受舂.

其臼深約尺五寸, 碓以石爲身, 不用鐵嘴.

石取深山結而膩者, 輕重斵成限四十斤, 上嵌衡木之上而舂之.

其皮膜上油盡脫骨而粉落, 挖起, 篩于盤內, 再蒸, 包裹 · 入榨皆同前法.

皮油而落盡, 其骨爲黑子.

用冷膩小石磨不懼火煅者(此磨亦從信郡深山覓取), 以紅火矢圍甕煅熱, 將黑子逐把灌入疾磨.

磨破之時, 風扇去其黑殼, 則其內完全白仁, 與梧桐子無異.

將此碾 · 蒸, 包裹 · 入榨與前法同.

榨出水油淸亮無比, 貯小盞之中, 獨根心草燃至天明, 蓋諸淸油所不及者.

入食饌卽不傷人, 恐有忌者寧不用耳.

【皮油】 등잔 기름으로 사용하기 위한 기름으로 나무 열매의 속씨에서 짜낸 것.

【廣信郡】 지금의 江西省에 있던 지명.

【囫圇】 '홀륜'으로 읽으며 '거친 그대로, 통째로'의 뜻.

【包褁】 원전에는 '褁'가 '果'로 되어 있음.

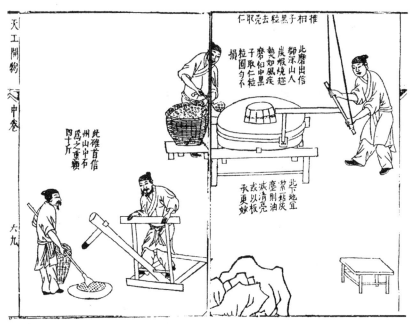

〈그림82〉 구자의 검은 씨껍질 제거

257(12-11)
피유로 초 만들기

한편 그렇게 만들어진 피유로 초를 만들 때는 고죽苦竹을 반으로 쪼개어 물에 삶아 부풀리고(그렇게 하지 않으면 점성 때문에 만들던 초가 붙어버림) 이를 작은 대나무 쪼갠 끈으로 테를 만들어 둘레를 고정한 다음, 새매 주둥이 같은 철 국자로 기름 원료를 저어 퍼서 그 속에 주입하면 곧 초 하나가 만들어진다.

그리고 그 속에 심을 박아 곧바로 응고시키고 나서 대나무 끈을 벗겨내고 대나무 통을 열어 초를 꺼낸다.

혹 작은 나무 막대를 잘 깎아 초의 틀을 만들어 종이를 잘라 그 위를 감고 종이를 통으로 삼아 피유를 부어 넣는 방법으로 초를 만들어내기도 한다.

이렇게 만들어진 초는 바람, 먼지에 두거나 다시 추위, 더위를 겪더라도 변질하거나 부서지지 않는다.

其皮油造燭, 截苦竹筒兩破, 水中煮漲(不然則粘帶), 小篾箍勒定, 用鷹嘴鐵杓挽油灌入, 卽成一枝.

插心于內, 頃刻凍結, 抒箍開筒而取之.

或削棍爲模, 裁紙一方, 捲于其上而成紙筒, 灌入亦成一燭.

此燭任置風塵中, 再經寒暑, 不㪍壞也.

【苦竹】 대나무의 일종, 圓筒形을 잘 유지하고 있으며 맛이 써서 苦竹이라 함.
 禾本科 竹類(Pleioblastus amarus).
【篾籠】 대나무를 잘게 쪼개어 실처럼 쓸 수 있도록 한 것.

13. 살청殺靑

　　살청殺靑은 제지製紙를 뜻함. 이는 《後漢書》吳祐傳의 "祐父恢 欲殺靑簡, 以寫經傳"에서 취한 말로 고대 竹簡에 글씨를 썼으며 이 경우 대나무의 푸른색을 제거하기 위해 약한 불에 지지는 것을 殺靑, 혹은 汗靑이라 하는 데에서 유래됨. 뒤에 필기용 簡木을 만드는 것을 일컫다가 의미가 넓어져 종이를 만드는 것을 殺靑이라 함.

(1) 전언前言

258(13-1)
전언

내 생각으로는 이렇다.

"사물事物의 정화精華와 천지의 오묘奧妙함은 예로부터 지금에 전해왔고 중원에서 먼 이민족에게로 전달되어 뒤에 태어난 사람들로 하여금 눈으로 보고 마음으로 이를 알 수 있도록 하였으니 이를 기록하여 계승된 것은 어떤 물건에 실어놓은 것이겠는가?

임금이 신하에게 소통하고, 스승이 제자에게 가르치되 다만 입으로 중얼거리는 말에만 의지했다면 전해질 수 있는 것이 얼마나 되겠는가?

한 치의 간책이나 반 권의 책을 쥐고 있다면 하는 일이나 전해주고자 하는 뜻이 바람을 타듯, 얼음이 녹듯 쉽게 이루어질 것이다.

하늘과 땅 사이에 이처럼 저선생楮先生을 의지함으로써 성인이건 완고한 사람이건 누구나 모두 이에 혜택을 받고 있다.

종이 그 자신은 죽골竹骨이나 목피木皮로써 만들며 그 푸른빛을 없애고 나면 흰색이 드러나니 만 권의 책이나 백가百家의 주장들은 모두 그 기초가 여기에서 시작된 것이다. 그중 잘 만들어진 종이는 이러한 기록에 쓰이고 거친 것은 바람을 막거나 물건을 싸서 보호하는 데에 쓰이고 있다.

종이를 만드는 일은 이미 상고시대에 시작되었건만 한漢, 진晉 때 사람들은 자신들이 이에 뛰어났노라 하고 있으니 어찌 그리 비루한가!"

宋子曰:「物象精華, 乾坤微妙, 古傳今而華達夷, 使後起含生目授而心識之, 承載者以何物哉? 君與臣通, 師將弟命, 馮藉呫呫口語, 其與幾何? 持寸符·握半卷, 從事詮旨, 風行而冰釋焉. 覆載之間之藉有褚先生也, 聖頑咸嘉賴之矣. 身爲竹骨與木皮, 殺其青而白乃見, 萬卷百家, 基從此起, 其精在此, 而其粗效于障風·護物之間. 事已開于上古, 而使漢·晉時人擅名記者, 何其陋哉!」

【馮藉】憑藉와 같음. 의지함. 기댐.

【覆載】天覆地載의 줄인 말. 천하만물을 뜻함.

【褚先生】종이의 원료가 되는 닥나무를 擬人化하여 부른 것. 당 韓愈가 붓을 의인화하여 「毛穎傳」이라 한 데에서 같은 修辭法을 사용한 것.

【聖頑】성현이나 완고한 사람. 누구나 모두의 뜻.

【障風】거친 종이로는 문을 바르거나 병풍을 만드는 등에 사용함.

【護物】종이로 물건을 싸거나 겉포장 등에 사용함. 종이의 활용도에 대해 설명한 것임.

【上古】저자는 상고시대에 이미 종이가 있었다고는 하나 이는 넓은 의미의 竹簡, 帛書 등 기록용 자료를 함께하여 말한 것이며 종이는 서한 때에 비로소 발명되었음.

【漢晉】《後漢書》蔡倫傳에 "自古書契多編以竹簡, 其用縑帛者謂之爲紙. 縑貴而簡重, 并不便於人. 倫乃造意, 用樹膚·麻頭及敝布·魚網以爲紙. 元興元年奏上之, 帝善其能, 自是莫不從用焉, 故天下咸稱「蔡侯紙」"라 하여 채륜(63~121)이 처음 발명한 것으로 되어 있음.

(2) 紙料

259(13-2)
종이의 원료

무릇 종이의 원료로써 닥나무(일명 황(곡)라 함), 부용 껍질과 상양桑穰, 부용막芙蓉膜 등 여러 가지 물질을 재료로 한 것은 피지皮紙라 하고, 대나무나 삼을 원료로 만든 것을 죽지竹紙라 한다.

잘 만들어진 종이는 극히 희어서 글을 쓰거나, 글의 인쇄, 서신, 계문啓文 등에 쓰이며, 거친 것은 화지火紙는 종이나 물건을 싸매는 용도로 쓰인다.

소외 살청殺青이란 대나무를 자르는 데서 이런 이름이 생긴 것이고, 한청汗青이란 대나무를 삶는 데서 생긴 이름이며, 간簡이란 이미 만들어진 종이를 일컫는 말이며, 이에 대나무를 삶아 간을 만든 것이다.

후세 사람들은 대나무를 깎고 쪼개어 편片으로 만들어 사건을 기록한 것으로 오해하였고, 또한 위편韋編은 가죽끈으로 죽간竹簡에 구멍을 뚫어 꿰맨 것으로 잘못 알게 되었다.

진시황秦始皇의 분서焚書 이전에는 서적이 너무 번다한데 대나무를 깎아 쓴들 그 몇이나 저장할 수 있었겠는가?

이를테면 서역西域 일대에서는 패엽수貝葉樹로 잎을 종이로 사용하였기에 중국도 패엽에 경전經典을 썼을 것으로 잘못 알기도 하였다.

이는 나무의 잎이란 뿌리를 떠나면 곧 마른다는 것을 알지 못한 것이며, 대나무를 깎아 글을 썼다는 것과 함께 가히 빙긋이 웃음을 자아내는 일이다.

凡紙質用楮樹(一名穀樹)·芙蓉皮與桑穰·芙蓉膜等諸物者爲皮紙; 用竹蔴者爲竹紙.

精者極其潔白, 供書文·印文·柬·啓用; 粗者爲火紙·包果紙.

所謂殺靑, 以斬竹得名; 汗靑, 以煮瀝得名; 簡, 卽已成紙名, 乃煮竹成簡.

後人遂疑削竹片以紀事, 而又誤疑'韋編'爲皮條穿竹札也.

秦火未經時, 書籍繁甚, 削竹能藏幾何?

如西番用貝樹造成紙葉, 中華又疑以貝葉書經典.

不知樹葉離根卽焦, 與削竹同一可哂也.

【楮樹】穀樹라고도 하며, 닥나무의 일종. 桑科 닥나무(Broussonetia papyrifera).

【桑穰】뽕나무(Morus alba)의 질긴 속껍질. 桑白皮라고도 함.

【芙蓉膜】木芙蓉의 질긴 속껍질. 芙蓉은 錦葵科 木本 木芙蓉(Hibiscus mutabilis).

【柬】'簡'과 같음. 書簡, 편지글. 쪽지글. 公文書, 柬牒, 請牒 등에 활용함.

【火紙】저승길 종이돈. 중국인은 제사를 지내고 나서 가짜 종이돈을 태우는 풍습이 지금도 전승되고 있음.

【包果紙】'果'는 '裹'를 줄여서 표기한 것. 포장하여 묶는 종이.

【殺靑】원문에 "대나무를 자르는 일에서 얻어진 명칭(以斬竹得名)"이라 하였으나 대나무의 청색을 제거하는 工程의 하나로 종이가 아니라 竹簡을 만드는 과정임. 따라서 설명이 부적절함. 원문의 설명은 거의 죽간과 종이를 혼동하고 있음.

【汗靑】대나무를 삶거나 불에 쬘 때 나무속의 수분이 흘러나오는 상태를 두고 붙여진 이름.

【韋編】 '韋'는 무두질한 가죽. 이를 끈으로 만들어 죽간에 구멍을 뚫고 엮음. 그러나 저자는 명주실로 묶은 것이며 가죽으로 묶은 것은 아닐 것이라 주장하고 있음.《史記》孔子世家에 "孔子晚而喜易, 序象·繫·象·說卦·文言. 讀易, 韋編三絕. 曰:「假我數年, 若是, 我於易則彬彬矣.」"라 함.

【秦火】 秦始皇이 B.C.212년 咸陽에서 法家와 技術書 외의 諸子百家書를 모두 태워 없앤 사건.

【西番】 西域, 지금의 新疆 위구르 및 중앙아시아 일대를 가리킴.

【貝樹】 인도의 Pattra 나무의 잎. 貝樹는 貝多羅樹, 또는 貝葉樹라고도 하며 棕櫚科 闊葉喬木 扇椰(Borassus flabelliformis)의 넓은 잎. 이를 말려 두드린 다음 佛經을 기록하였으며 이를 貝葉經이라 함. 이는 종이는 아님. 저자는 이에 경을 기록한 것을 부정하고 있으나 貝葉經은 지금도 있음.

(3) 죽지竹紙 제조법: 造竹紙

260(13-3)
죽지竹紙 만들기

죽지竹紙 제조는 남방에서 비롯되며, 민성閩省에서 홀로 성행하고 있다.

죽순이 돋은 후에 산의 외진 곳으로 가서 지형의 심천深淺 정도를 살펴보되 대나무가 장차 잎이 돋아 오르는 것을 최상의 재료로 삼는다.

절기로 망종芒種이 되면 산에 올라 대나무를 베어 이를 5~7자 정도 길이로 잘라 그 산에 구덩이 하나를 파고 물을 채운 다음 담가둔다.(그림83)

그 구덩이의 물이 마를까 걱정되면 대나무로 홈통을 만들어 물을 끌어들이되 끊임없이 물을 쏟아지도록 넣어주어야 하며 이렇게 담근 지 1백일이 지나면 다시 나무망치로 두드리며 씻어, 거친 각피殼皮와 푸른색을 제거한다(이를 살청
이라 함).

그 속의 대나무 속껍질은 마치 저마苧蔴처럼 된다.

거기에 가장 양질의 석회를 즙으로 만들어 함께 넣고 섞은 다음, 황통煌桶에 넣고 밑에 불을 지펴 삶되 불은 여드레 밤낮 동안 때는 것을 비율로 한다.(그림84)

凡造竹紙, 事出南方, 而閩省獨專其盛.

當筍生之後, 看視山窩深淺, 其竹以將生枝葉者爲上料.

節界芒種則登山砍伐, 截斷五·七尺長, 就于本山開塘一口, 注水其中漂浸.

恐塘水有涸時, 則用竹梘通引, 不斷瀑流注入, 浸至百日之外, 加功工槌洗, 洗去粗殼與靑皮(是名殺靑).

其中竹穰形同苧蔴樣.

用上好石灰化汁塗漿, 入楻桶下煮, 火以八日八夜爲率.

【竹紙】대나무 속껍질을 섬유질로 하여 만드는 종이.
【閩省】지금의 福建省.
【芒種】24절기의 하나로 대체로 양력 6월 5일 전후.
【竹梘】대나무로 물을 흐르게 하는 홈통.
【槌洗】나무망치로 두드리며 洗滌함.
【竹穰】'穰'은 속껍질을 가리키는 말.
【苧蔴】모시나 삼의 섬유질. '蔴'는 '麻'와 같음.
【楻桶】둥글게 판자를 대어 만든 통. 그림 참조.

〈그림83〉 대나무 자르기와 물에 불리기

〈그림84〉 대나무 찌기

261(13-4)
대나무 삶기

무릇 대를 삶을 때는 아래의 솥은 지름이 4자인 것을 쓰며 솥 위는 진흙과 석회를 이겨 둥글게 바르되 높이와 폭은 광동廣東에서 소금을 만들 때의 뇌분牢盆과 같은 모양이며, 그렇게 하면 그 안에 10여 섬의 물을 넣을 수 있다. 그리고 위에 황통揘桶을 올려놓으며 그 둘레는 한 길 5자 정도, 그 지름은 넉 자 남짓 된다.

뚜껑을 덮고 대나무를 담은 다음 삶되 8일 정도면 이미 충분하다.

그리고 하루 정도 불 때기를 쉬고 황통을 열어 그 속의 죽마竹蔴를 꺼낸 다음 이를 맑은 물을 넣은 웅덩이에 넣고 깨끗이 씻는다.

그 웅덩이는 바닥과 사방 둘레에 목판으로 단단히 깔고 맞추어 짜서 더러운 것이 스며들지 않도록 하여(거친 종이를 만들 때는 꼭 이렇게 할 필요는 없음) 잘 씻은 다음, 나무를 태운 잿물에 담갔다가 다시 솥에 넣고 그 안을 평평하게 하며 볏짚을 태운 재를 한 치 두께쯤 간다.

황통 안의 물이 펄펄 끓으면 곧바로 이를 꺼내어 다른 통으로 옮겨 넣은 다음에 여전히 잿물을 부어 적셔 물이 빠져 흐르게 한다.

잿물이 식으면 다시 끓여 나가게 역시 같은 방법으로 부어 그 잿물이 빠져 흘러내리게 한다.

이렇게 열흘 남짓 하게 되면 저절로 냄새가 날 정도로 흐물거리게 된다.

그때 이를 꺼내어 확에 넣어 절구질하여 빻는다(산간 지방에서는 물레방아를 사용함).

절구질하여 형태가 마치 밀가루 반죽처럼 되면 이를 종이를 뜨는 통에 넣는다.

凡煮竹, 下鍋用徑四尺者, 鍋上泥與石灰捏弦, 高闊如廣中煮鹽牢盆樣, 中可載水十餘石; 上盖楻桶, 其圍丈五尺, 其徑四尺餘.

盖定受煮, 八日已足.

歇火一日, 揭楻取出竹蔴, 入淸水漂塘之內洗淨.

其塘底面·四維皆用木板合縫砌完, 以防泥汚(造粗紙者, 不須爲此)洗淨, 用柴灰漿過, 再入釜中, 其中按平, 平鋪稻草灰寸許.

桶內水滾沸, 卽取出別桶之中, 仍以灰汁淋下.

倘水冷, 燒滾再淋.

如是十餘日, 自然臭爛.

取出入臼受舂(山國皆有水碓).

舂至形同泥麵, 傾入槽內.

【四尺】원전에는 '二尺'으로 되어 있음.
【捏弦】활처럼 둥글게 눌러 때움.
【廣中煮鹽牢盆】廣東 지역에서 소금을 달여내는 위에 덮인 큰 통.
【楻桶】둥글게 판자를 짜 맞추어 만든 나무통.
【竹蔴】대나무를 삶아 삼처럼 된 상태.
【柴灰漿】나무를 태운 재를 섞어 만든 걸쭉한 잿물.
【水碓】물레방아.
【泥麵】밀가루를 엷게 풀어 흐린 죽처럼 된 상태.
【槽】종이를 뜨는 통. 紙槽. 紙桶.

262(13-5)
종이 떠서 말리기

무릇 종이를 뽑아내는 통은 네모난 말斗과 아주 같으며 그 길이와 너비는 통 크기는 발의 크기와 같고 발의 크기는 종이의 크기와 같게 한다.

죽마竹蔴가 이윽고 마련되고 나서 통 안에 맑은 물을 넣어 수면에서 3치쯤 뜨게 한 다음 지약수紙藥水의 즙을 그 속에 넣으면(형태는 桃竹잎과 같으며 지방마다 달라 따로 정해진 이름은 없음) 물이 마르고 나서는 저절로 아주 흰 색깔이 된다.

무릇 종이를 뜨는 발은 대나무를 가늘게 쪼개고 갈아 실처럼 만든 다음 채로 만든 것이다.

무릇 이를 말아두었다가 펼 때에는 밑에 종횡으로 나무 테를 만들어 그 위에 얹어놓는다.

두 손으로 이 발을 잡고 물에 넣고 휘저어 죽마를 떠올려 발 안으로 들어가게 한다.(그림85)

두껍고 얇게 하는 것은 사람의 손에 달려 있어 가볍게 휘저어 뜨면 얇게 되고 무겁게 휘저어 뜨면 두꺼운 종이가 되는 것이다.

주마의 종이 재료가 떠올라 발에 받쳐질 즈음 물은 사방에서 흘러 다시 통 안으로 흘러내리게 된다.

그런 다음 발을 뒤집어 널빤지에 쏟아 떼어내어 천만 장이 되도록 첩첩이 쌓는다.(그림86)

수량이 차면 그 위에 판자를 올려 눌러놓고 밧줄로 감고 막대를 끼워 짜내며 이는 마치 술을 짜는 방법과 같아 물기로 하여금 흘러내리면서 깨끗이 짜내어 마르도록 한다.

그 다음 가볍고 가는 구리 족집게로 한 장씩 걷어 내어 불에 쬐어 말린다.

무릇 종이를 불에 쬐어 말릴 때에는 먼저 흙벽돌을 담으로 쌓아 좁은 골목처럼 갱도를 만들고 그 바닥 지면도 벽돌로 덮되 몇 개씩 건너뛰면서 벽돌 하나씩을 비워 불길이 통하도록 공간을 만들어 놓는다.

불을 피우되 한쪽 끝 구멍에 불을 붙이면 화기가 벽돌 틈을 통해 갱도를 거쳐 빠져나오고 바깥 벽돌까지 모두 뜨거워지게 된다. 이렇게 되면 한 장씩 붙여놓았던 젖은 종이가 차례로 매 장마다 열기에 마르게 되며 차례로 종이를 떼어 걷으면서 한 질帙씩 맞추면 되는 것이다.(그림87)

凡抄紙槽, 上合方斗, 尺寸潤狹, 槽視簾, 簾視紙.

竹蔴已成, 槽內清水沈浮其面三寸許, 入紙藥水汁于其中(形同桃竹葉, 方語無定名), 則水乾自成潔白.

凡抄紙簾, 用刮磨絶細竹絲編成.

展卷張開時, 下有縱橫架框.

兩手持簾入水, 蕩起竹蔴入于簾內.

厚薄由人手法, 輕蕩則薄, 重蕩則厚.

竹料浮簾之頃, 水從四際淋下槽內.

然後覆簾, 落紙于板上, 疊積千萬張.

數滿則上以板壓, 俏繩入棍, 如榨酒法, 使水氣淨盡流乾.

然後以輕細銅鑷逐張揭起焙乾.

凡焙紙, 先以土磚砌成夾巷, 下以磚盖巷地面, 數塊以往卽空一磚.

火薪從頭穴燒發, 火氣從磚隙透巷, 外磚盡熱, 濕紙逐張貼上焙乾, 揭起成帙.

【尺寸闊狹】 길이와 너비.

【視】 그에 맞춤.

【紙藥】 식물의 粘液으로 紙槽에 이를 넣어 종이 재료인 竹蔴(紙粥)를 물에 떠 오르도록 하는 藥劑.

【桃竹葉】 桃竹은 식물 이름. 여기서 사용하는 紙藥은 桃葉藤(Actinidia chinensis)의 줄기에 추출한 浸出液임.

【簾】 대나무를 잘게 쪼개어 만든 발로 뜰채에 해당함. 그림 참조.

【鑷】 족집게. 구리로 만들어 겹쳐진 종이를 하나씩 떼어내는 기구.

【夾巷】 양쪽을 벽돌로 쌓아 마치 좁은 골목처럼 만든 굴이나 갱도. 그림 참조.

〈그림85〉 종이 뜨기

〈그림86〉 종이 누르기

〈그림87〉 종이 말리기

263(13-6)
환혼지還魂紙

근래에 폭이 넓은 대사련大四連이라는 종이가 생산되어 일시에 글을 쓰는 이들에게 귀중한 대접을 받고 있다.

이 종이의 폐지는 다시 주묵朱墨과 더러운 때를 제거하고 물에 담가 불린 다음 통에 넣어 다시 종이로 만들어내고 있다.

이는 종전 이를 만드는 일의 노력을 줄여주면서도 여전히 다시 종이로 만들어지며 종이의 손상도 그리 심하지 않다.

그러나 남방에서는 대나무가 흔하여 그렇게 하지 않으나 북방에서는 작은 종이 조각이라도 땅에 떨어져 있으면 손에 닿는 대로 주워서 다시 만들고 있으며 이렇게 만든 종이를 환혼지還魂紙라 한다.

그것은 죽지竹紙이거나 피지皮紙이거나, 혹은 정밀하게 만든 것이거나 거칠게 만든 것이거나 모두가 이렇게 다시 만들 수 있다.

그러나 화지火紙나 거친 종이라 해도 대나무를 잘라 죽마를 만들고 석회를 갠 물을 넣어 걸러내는 방법은 모두 앞서의 제조법과 같지만, 다만 발에서 떼어 낸 뒤 다시 불에 쬐어 말리는 일은 할 필요가 없으며, 눌러서 물기와 습기를 제거하고 햇볕에 쬐어 말리면 그뿐이다.

近世濶幅者名大四連, 一時書文貴重.

其廢紙洗去朱墨·汚穢, 浸爛入槽再造.

全省從前煮浸之力, 依然成紙, 耗亦不多.

南方竹賤之國, 不以爲然; 北方卽寸條片角在地, 隨手拾起再造, 名曰還魂紙.

竹與皮·精與粗, 皆同之也.

若火紙·糙紙, 斬竹煮蔴·灰漿水淋, 皆同前法.

唯脫簾之後不用烘焙, 壓水去濕, 日晒成乾而已.

【大四連】당시 유행하던 폭이 큰 종이의 이름.
【還魂紙】본래의 종이 성질을 그대로 되살려 만든 종이라는 뜻.

264(13-7)
간지束紙

성당盛唐 때에 귀신을 섬기는 일이 빈번하여 비단 태우는 것을 종이로 가짜 돈을 만들어 대신하였다(북방에서는 가늘게 자른 것을 사용하였으며 이를 板錢이라 함). 그러므로 이렇게 만든 것을 화지火紙라 하였다.

형초荊楚 지역에서는 근래의 풍속에 한 번 이를 태우는데 무려 천 근이나 사용하는 사치를 부리고 있다.

이러한 종이는 10분의 7은 귀신을 위해 태우는 데에 공급되고 10분의 3이 일상생활에 쓰일 뿐이다.

그중 가장 거칠면서 두꺼운 종이를 포과지包裹紙라 하며 이는 죽마竹蔴와 격년 경작의 논에서 나는 늦벼 볏짚을 섞어서 만든 것이다.

그러나 연산鉛山의 여러 고을에서 만든 간지束紙는 모두가 가느다란 대나무를 재질로 하여 두껍게 만든 것으로 비싼 값에 팔리고 있다.

그중 가장 상품의 종이를 간관官束이라 하며 부귀한 집안에서 흔히 명함으로 사용하고 있다.

그 종이는 두꺼우면서 근막筋膜이 없으며 붉은색을 물들인 것을 길간吉束이라 하며 이는 백반白礬을 탄 물에 염색을 거쳐 그 뒤 다시 상품을 홍화즙紅花汁을 물들인 것이라 한다.

盛唐時鬼神事繁, 以紙錢代焚帛(北方用切條, 名曰板錢), 故造此者名曰火紙.

荊楚近俗有一焚侈至千斤者.

此紙十七供冥燒, 十三供日用.

其最粗而厚者名曰包果紙, 則竹麻和宿田晚稻藁所爲也.

若鉛山諸邑所造柬紙, 則全用細竹料厚質蕩成, 以射重價.

最上者曰官柬, 富貴之家通刺用之.

其紙敦厚而無筋膜, 染紅爲吉柬, 則以白礬水染過, 後上紅花汁云.

【盛唐】唐나라 중기 開元, 天寶 연간(713~766). 가장 흥성하고 화려했던 시기였으며 종교, 문학, 경제 등이 발전하여 귀신을 섬기는 것이 유행이었으며 이때 비단을 태워 돈으로 삼아 귀신이나 조상신이 저승을 오갈 수 있는 노자를 드린다는 미신을 가지고 있었음.

【荊楚】고대 楚나라 지역이었던 湖北과 湖南 일대. 지금의 荊州와 長沙 지역.

【冥燒】冥界의 귀신이나 죽은 조상을 위해 제사 때 태움.

【包果紙】'果'는 '裹'와 같음. 포장용 종이.

【竹麻】대나무를 잘라 삶아 베처럼 만든 종이 원료. 竹粥.

【宿田】地力을 높이기 위해 隔年으로 농사를 짓는 농토.

【鉛山】지금의 江西 鉛山縣. 좋은 종이를 생산하던 곳.

【柬紙】書簡, 편지글. 쪽지글. 公文書, 柬牒, 請牒, 名銜 등으로 활용하는 종이.

【官柬】관청에서 사용할 정도의 품질이 좋은 柬紙.

【刺】고대 명함을 말함.

【筋膜】종이게 굵은 섬유가 섞여 고르지 못한 것. 줄기나 막이 있음.

【吉柬】吉帖. 請牒. 招請狀. 招待狀. 吉事에 쓰이는 문서 등.

(4) 피지皮紙의 제조법: 造皮紙

265(13-8)
여러 종류의 종이

닥나무는 늦봄이나 초여름에 그 껍질을 벗겨 채취한다.

나무가 이미 늙었으면 곧 뿌리 일부를 잘라 내고, 흙으로 덮어 두면 다음 해 다시 새 가지가 자라게 되며 그 껍질은 더욱 품질이 좋게 된다.

무릇 피지는 닥나무 껍질 60근에 아주 부드럽고 연한 죽마竹蔴 40근을 똑같이 웅덩이에 넣어 담가 두었다가 역시 같은 방법으로 석회를 넣어 갠 물을 발라 가마에 넣고 미란糜爛하게 될 때까지 삶는다.

근래 제조법은 재료를 아끼고자 닥나무 껍질과 죽마를 10분의 7에, 혹 격년으로 경작한 논의 볏짚 10분의 3을 넣기도 하며 이때 약제를 넣으면 여전히 흰색을 얻을 수 있다.

무릇 닥나무 껍질로 만든 종이는 질기고 견고하여 세로로 찢으면 무명실처럼 가느다란 가닥이 되어 그 때문에 면지綿紙라 하며, 가로로 찢으려면 많은 힘이 든다.

최상의 일 등급 종이는 대궐의 창문 격자를 붙이는 데에 공급되어 이를 영사지櫺紗紙라 부른다.

이런 종이는 광신군廣信郡에서 만들며 길이는 7척을 넘고, 너비는 4척을 넘는다.

만들 때 오색五色의 물감을 먼저 지조紙槽에 방울로 떨어뜨려 혼합해서 만들며 종이를 만든 다음 물을 들이는 것은 아니다.

그다음 품질을 연사지連四紙라 하며, 이 연사지 중에 가장 흰 것은 홍상지紅上紙라 한다.

닥나무 껍질과 대나무, 그리고 볏짚을 고루 섞어 원료로 만든 피지를
계첩정문지揭帖呈文紙라 한다.

凡楮樹取皮, 于春末·夏初剝取.

樹已老者, 就根伐去, 以土盖之, 來年再長新條, 其皮更美.

凡皮紙, 楮皮六十斤, 仍入絶嫩竹蔴四十斤, 同塘漂浸,
同用石灰漿塗, 入釜煮糜.

近法省嗇者, 皮·竹十七而外, 或入宿田稻藁十三, 用藥
得方, 仍成潔白.

凡皮料堅固紙, 其縱文扯斷如綿絲, 故曰綿紙. 衡斷且費力.

其最上一等供用大內糊窓格者, 曰櫺紗紙.

此紙自廣信郡造, 長過七尺, 濶過四尺.

五色顏料, 先滴色汁槽內和成, 不由後染.

其次曰連四紙, 連四中最白者曰紅上紙.

皮名而竹與稻藁摻和而成料者, 曰揭帖呈文紙.

【糜】糜爛. 완전히 용해되어 죽처럼 되는 상태.

【大內】황제의 궁궐을 가리킴.

【櫺紗紙】'欞紗紙'로도 표기하며 궁중 문과 창호 등을 바르는 창호지. '櫺'은
格子窓을 뜻함.

【連四紙】색이 희고 질이 세밀한 종이.《費氏紙譜》에 "凡紙皆有連二, 連三, 連四"
라 하였고,《江西通志》에 "凡造紙者二十八色, 曰結連三紙, 綿連三紙, 白連七紙,
結連四紙, 綿連四紙"라 함.

【皮名而竹】'名而'는 衍文으로 '皮竹'이어야 함. 닥나무 楮皮와 대나무 竹蔴를 뜻함.

【揭帖呈文紙】揭帖은 明나라 때 제도로 內閣 부서에서 皇帝에게 직접 올리는
기밀문서 呈文을 가리킴.

266(13-9)
소피지小皮紙

부용芙蓉 등의 껍질로 만든 것을 통틀어 소피지小皮紙라 하며, 강서江西에서는 이를 중협지中夾紙라 부른다.

하남河南에서 만든 것은 무슨 초목을 원료로 썼는지 알 수 없으나 북쪽 조정이 있는 서울에 공급되며 그 생산량 역시 매우 많다.

또 뽕나무 껍질로 만든 것으로 상양지桑穰紙라 하며 이는 지극히 두껍다.

동쪽 절강浙江 일대에서 생산되며 삼오三吳 지역의 누에씨를 거두는 집에서는 반드시 이 종이를 사용한다.

무릇 우산이나 유선油扇에 바르는 종이는 모두 이 소피지를 사용한다.

무릇 피지를 만들되 길고 넓은 것은 물을 담는 수조水槽가 매우 넓고 큰 발을 쓰기 때문에 한 사람 손의 힘으로는 이를 감당해 내지 못하며 두 사람에 마주하여 휘저어 떠야 한다.

영사지欞紗紙를 만들 경우라면 몇 사람이 함께 나서야 겨우 그 임무를 해낼 수 있다.

무릇 피지는 그림을 그리는 데에 사용할 경우 먼저 백반白礬을 탄 물에 담그면 잔털이 일어나지 않는다.

피지는 발에 붙었던 쪽을 정면으로 하며 대체로 원료가 비록 진흙처럼 곱게 만들었다 해도 물에 떠오른 것은 거친 성질이 그대로 남아 있기 때문일 것이다.

芙蓉等皮造者, 統曰小皮紙, 在江西則曰中夾紙.

河南所造, 未詳何草木爲質, 北供帝京, 産亦甚廣.

又桑皮造者曰桑穰紙, 極其敦厚.

東浙所産, 三吳收蠶種者必用之.

凡糊雨傘與油扇, 皆用小皮紙.

凡造皮紙長潤者, 其盛水槽甚寬; 巨簾非一人手力所勝, 兩人對擧蕩成.

若欞紗紙則數人方勝其任.

凡皮紙供用畫幅, 先用礬水蕩過, 則毛茨不起.

紙以逼簾者爲正面, 盖料卽成泥浮其上者, 粗意猶存也.

【三吳】 혹 蘇州, 常州, 湖州를 일컫기도 하며, 또는 蘇州(東吳), 潤州(中吳), 湖州(西吳)를 묶어 三吳라 함.

【礬水】 明礬($Al_2(SO_4)_3 \cdot 24H_2O$)으로 처리하면 종이의 표면이 좋아져 그림을 그릴 때 색깔 처리가 훌륭해짐. 이를 熟紙라 함.

【正面】 오히려 거칠어 그림을 그릴 때 겉으로 여겨 裏面을 사용함.

267(13-10)
조선朝鮮 백추지白硾紙

조선朝鮮의 백추지白硾紙는 무슨 원료를 써서 만들었는지 알 수 없다.

일본에서는 종이를 만드는 데 발로 떠서 하지 않고 종이 원료를 끓여 죽처럼 되었을 때 크고 넓은 청석靑石을 아궁이 위에 깔아놓고 그 아래 불을 때어 돌이 데워지도록 한 다음, 죽과 같은 원료를 솔로 칠하듯이 바르되 얇게 그 위에 바르면 거연居然스럽게 잠깐 사이에 종이 한 장이 완성되어 이를 들어 올리면 된다.

조선에서의 종이 제조법도 이와 같은지의 여부는 알 수 없고 중국에서는 이와 같은 방법을 쓰는지도 역시 알 수 없다.

영가永嘉에서 나는 견강지蠲穅紙는 뽕나무 속껍질로 만들며, 사천四川의 설도전薛濤牋은 부용芙蓉의 껍질을 원료로 하여 죽이 되도록 삶은 다음 거기에 부용꽃의 꽃가루를 즙으로 만들어 넣는다.

이 방법은 혹시 옛날 설도가 일러준 것으로서 지금까지 그 이름이 전해올 수도 있으나 이는 그 색깔을 아름답게 여긴 것이지 재료에 있는 것은 아니다.

朝鮮白硾紙不知用何質料.

倭國有造紙不用簾抄者, 煮料成糜時, 以巨潤青石覆于炕面, 其下蒸火, 使石發燒, 然後用糊刷醮糜, 薄刷石面,居然傾刻成紙一張, 一揭而起.

其朝鮮用此法與否, 不可得知; 中國有用此法者, 亦不可得知也.

永嘉蠲糨紙亦桑穰造, 四川薛濤牋亦芙蓉皮爲料煮糜, 入芙蓉花末汁.

或當時薛濤所指, 遂留名至今, 其美在色, 不在質料也.

【白硾紙】'白錘紙'로도 표기하며 楮皮(닥나무 껍질)나 桑皮(뽕나무 껍질)을 찧어서 잘게 부순 다음 이를 원료로 하여 희게 만든 종이. 조선한지. '硾'는 '찧다'의 뜻. 《鷄林遺事》에도 기록이 있으며 고려시대부터 중국에 널리 알려진 우리나라 종이.

【永嘉】지금의 浙江 溫州 지역의 옛 이름.

【蠲糨紙】永嘉에서 생산되는 희고 매끄러운 桑皮紙. 宋 程棨의 《三柳軒雜識》 에 "溫州作蠲紙, 潔白堅滑. ……至和(1054~1055)以來方入貢, ……吳越錢氏時, 供此紙者蠲其賦役, 故號蠲紙云"이라 하여 錢鏐의 吳越 때 賦役을 면제받기 위해 바쳤던 종이에서 이름이 유래되었다 함.

【薛濤】당나라 때의 유명한 女流詩人이며 樂妓(768~831). 字는 洪度. 글씨에도 뛰어나 《宣和書譜》(10)에 "作字無女子氣, 筆力峻激, 其行書妙處, 頗得王羲之法, 少加以學, 亦衛夫人之流也"라 하였으며, 그의 文集은 《郡齋讀書志》(4)에 薛濤의 《錦江集》(5), 그리고 《直齋書錄解題》(19)에 《薛濤集》(1)이 著錄되어 있음. 《全唐詩》(803)에 그의 詩가 1卷으로 편집되어 있고 《全唐詩續拾》에 詩 1首와 斷句 1句가 補入되어 있음. 《唐詩紀事》(79)에 관련 기록이 실려 있음.

【薛濤紙】薛濤가 四川 成都 浣花溪에 살면서 분홍색의 긴 종이, 즉 彩箋을 만들어 거기에 시를 써서 유래된 종이. 明淸대에도 이를 모방하여 풍류로 삼았음. 《唐才子傳》(6)에 "濤工爲小詩, 惜成都牋幅大, 遂皆裂狹之, 人以爲便, 名曰 「薛濤箋」"라 함.

卷下

14. 오금五金

　오금五金은 흔히 金, 銀, 銅, 鐵 錫을 지칭하지만 실제로는 모든 금속을 통틀어 하는 말임. 본편은 이들 금속의 채광, 제련, 용해, 주물, 합금 등 여러 방면에 걸쳐 사람이 활용하는 용도에 대한 설명하고 있음.

(1) 전언前言

268(14-1)
전언

내 생각으로는 이렇다.

"사람에게는 10등급이 있어, 왕王과 공公으로부터 천한 여輿와 대臺에 이르기까지 하나라도 결핍되면 사람의 기강紀綱이 설 수가 없다. 대지大地는 다섯 가지의 금속을 낳아 천하의 사람과 후세의 자손들이 사용하도록 해 주고 있으니 이러한 원리는 오히려 사람의 등급과 같다.

금속 중에 귀한 것은 천 리에 겨우 한 곳에서 날 정도이고, 가까이라 해도 5~6백 리가 되어야 난다. 그런가 하면 흔한 것은 배나 수레가 쉽게 닿을 수 없는 지역에는 그 땅에 틀림없이 아주 널리 나고 있다. 황금처럼 좋은 것은 그 값이 검은 철보다 1만 6천 배나 비싸지만 그럼에도 이런 쇠로 만든 솥이나 도끼와 같은 일상생활에 쓰이는 도구의 힘을 빌리지 않고는 비록 황금이 있다고 한들 이는 마치 고관高官만 있고 백성이 없는 것과 같을 따름이다.

무역으로 물자를 옮겨 있고 없는 것을 바꾸고자 할 때를 위해《주관周官》에는 천부泉府를 두었으니 만물이 모두 여기에 목숨을 맡겨 매어져 있는 것과 같다.

그러니 금속의 좋고 나쁜 구별을 둔다 해도 어디에 경중을 둘 것이며, 어느 것에 선후를 두어, 그들로 하여금 서로 필요로 하는 관계를 썩어 사라지지 않도록 할 수 있겠는가?"

宋子曰:「人有十等, 自王·公至于輿·臺, 缺一焉而人紀不立矣. 大地生五金以利用天下與後世, 其義亦猶是也. 貴者千里而生, 促亦五·六百里而生. 賤者舟車稍艱之國, 其土必廣生焉. 黃金美者, 其值去黑鐵一萬六千倍, 然使釜鬵·斤斧不呈效于日用之間, 卽得黃金, 值高而無民耳. 貿遷有無, 貸居《周官》泉府, 萬物司命繫焉. 其分別美惡而指點重輕, 孰開其先, 而使相須于不朽焉?」

【人有十等】《左傳》昭公 7년에 "天有十日, 人有十等. 下所以事上, 上所以共神也. 故王臣公, 公臣大夫, 大夫臣士, 士臣皂, 皂臣輿, 輿臣隷, 隷臣僚, 僚臣僕, 僕臣臺. 馬有圉, 牛有牧, 以待百事"라 한 것을 말함.

【貿遷有無】있고 없는 것을 유통해 서로 교환하고 거래하여 조달함. 이는 화폐의 기능을 강조한 말임.

【周官】《周禮》를 가리킴. 三禮의 하나이며 周나라 때 각 관직의 업무와 사무 분담을 天地春夏秋冬 등 여섯으로 나누어 정리한 책. 十三經의 하나.

【泉府】'泉'은 貨幣를 뜻함.《周禮》地官에 "以泉府同貨而斂賒. 泉府掌以市之征布"라 하여 금융, 무역, 화폐의 유통, 물품 구매, 저장, 수급 등을 관장한 부서.

(2) 黃金

269(14-2)
금의 여러 종류

무릇 황금은 오금五金의 으뜸이며, 녹여서 모양을 갖추고 나면 영원히 변하지 않고 그대로 머문다.

백은의 경우, 큰 용광로에 넣어 녹이면 비록 줄지는 않는다 해도 온도가 적당히 높을 때 풀무질하면 금색 불똥이 일어났다가 곧 사라지며, 다시 풀무질하면 가라앉아 더는 그런 현상이 나타나지 않는다.

그러나 오직 황금만은 힘을 다하여 풀무질해도 한 번 밀어 넣을 때마다 한 번씩 꽃이 피며 열기가 더할수록 더욱 그러한 현상이 나타나니 그 본질이 귀한 것이기 때문이다.

무릇 중국에서 금이 산출되는 지역은 대체로 백여 곳이나 되어 일일이 모두 열거할 수 없다.

산의 돌 속에서 나는 것으로 큰 것을 마제금馬蹄金, 중간 크기를 감람금橄欖金, 또는 대과금帶胯金, 작은 것을 과자금瓜子金이라 한다.

물속 모래에서 나는 것으로, 큰 것을 구두금狗頭金, 작은 것을 부맥금麩麥金, 또는 강금糠金이라 한다.

평지에 구덩이를 파서 캐낸 금을 면사금麪沙金이라 하며, 큰 것을 두립금豆粒金이라 한다.

이들 모두는 먼저 물로 이려 씻은 뒤 야련冶煉하여 덩어리로 만든다.

凡黃金爲五金之長, 鎔化成形之後, 住世永無變更.

白銀入洪爐雖無折耗, 但火候足時, 鼓鞴而金花閃爍, 一現卽沒, 再鼓則沉而不現.

惟黃金則竭力鼓鞴, 一扇一花, 愈烈愈現, 其質所以貴也.

凡中國產金之區大約百餘處, 難以枚擧.

山石中所出, 大者名馬蹄金, 中者名橄欖金·帶胯金, 小者名瓜子金.

水沙中所出, 大者名狗頭金, 小者名麩麥金·糠金.

平地堀井得者名麪沙金, 大者名豆粒金.

皆待先淘洗後·冶煉而成顆塊.

【金花】 금을 불에 녹일 때 나타나는 불꽃. 금은 산화가 적어 고온에서도 변질이 되지 않음.

【帶胯金】 허리띠에 장식하는 금이라 함.

【瓜子金】 참외씨처럼 생겨 이러한 명칭이 사용됨.

【麩麥金】 마치 밀기울처럼 형태를 이룬 금덩어리.

【麪沙金】 밀가루 같은 형태를 이룬 것.

270(14-3)
금사강金沙江

금은 주로 중국 서남 지역에서 많이 나며, 이를 채취하는 자는 산에 10여 장 깊이의 굴을 파고 들어가 반금석伴金石이 보이면 금을 찾을 수 있다.

이러한 돌은 갈색이며, 한쪽 끝은 마치 불에 그을린 것처럼 검은 상태이다.

물에서 나는 금은 주로 운남雲南의 금사강金沙江(옛 이름은 麗水)에서 많이 나며, 이 강의 발원지는 토번吐藩으로 여강부麗江府를 굽이굽이 감돌아 북승주北勝州에 이르기까지 5백여 리나 돌게 되지만 그 사이 금이 나는 곳은 몇 곳일 뿐이다.

그 외에도 사천四川 중부의 동천潼川 등의 주읍과 호광湖廣의 원릉沅陵, 서포漵浦 등지에서도 모두 강모래를 이려서 금을 채취하고 있다.

수 천백의 작업 중 간혹 구두금 한 덩어리를 얻을 수 있는데 이를 금모金母라 하며, 나머지는 모두가 부맥금이다.

金多出西南, 取者穴山至十餘丈見伴金石, 即可見金.

其石褐色, 一頭如火燒黑狀.

水金多者出雲南金沙江(古名麗水), 此水源出吐藩, 遶流麗江府, 至于北勝州, 廻還五百餘里, 出金者有數截.

又川中潼川等州邑與湖廣沅陵·漵浦等, 皆于江沙水
中淘沃取金.

千百中間有獲狗頭金一塊者, 名曰金母, 其餘皆麩麥形.

【雲南】雲南에는 麗江(金沙江), 怒江, 瀾滄江이 있으며 그 중 金沙江에서만
　사금이 나며 이 강은 長江(揚子江)의 상류에 해당함. 麗江은 고대 麗水라 불렀
　으며 이 때문에 《千字文》에 "金生麗水"라 한 것임.
【吐藩】티베트 고원. 長江의 발원지.
【麗江府】명대 두었던 지방 행정부. 지금의 雲南 麗江市.
【北勝州】지금의 雲南 永勝縣.
【潼川】지금의 四川 梓潼縣.
【沅陵】지금의 湖南 沅江 상류의 지명.

271(14-4)
금 녹이기

야로冶爐에 넣어 녹이면, 처음 꺼냈을 때는 색이 옅은 노란색이지만 다시 제련한 후에는 붉은색으로 변한다.

담주儋州와 애주崖州의 금광에서는 금이 모래 속에 섞여 있어 땅을 깊이 파지 않아도 캘 수 있다.

그러나 너무 자주 채취하면 더이상 나지 않기 때문에 한 해 걸러 이리고 제련하지만 이처럼 하는데도 역시 한계가 있다.

그러나 영남嶺南의 소수민족 요족獠族이 사는 동굴 속에서 캐는 금은 처음 나올 때는 마치 검은 철의 부스러기와 같으므로 몇 길 깊이 파고 들어 가 흑초석黑焦石 밑에서 캐낸다.

처음 캐내어 깨물어보면 유연하며, 어떤 광부는 이를 삼켜서 몰래 뱃속에 숨기기도 하는데, 그래도 사람에게 상해를 입히지는 않는다.

하남河南의 채현蔡縣과 공현鞏縣 등지와 강서江西의 악평樂平, 신건新建 등지에서는 모두가 평지에다 깊은 구덩이를 파고 고운 모래를 채취하여 이러서 제련하여 금을 얻고 있는데 사람의 노력에 따른 비용을 주고 나면 실제 소득은 얼마 되지 않는다.

대체로 중국에서는 천 리에 한 곳 금이 날 뿐이다.

《영표록嶺表錄》에 "그곳 주민들은 거위나 오리의 똥을 씻어 금조각이나 부스러기를 얻는데 혹 하루에 한 냥을 얻기도 하고 혹 전혀 얻지 못할 때도 있다"라고 했는데 이는 아마 터무니없는 기록일 것이다.

入冶煎煉, 初出色淺黃, 再煉而後轉赤也.

儋·崖有金田, 金襟沙土之中, 不必深求而得.

取太頻則不復產, 經年淘·煉, 若有則限.

然嶺南夷獠洞穴中, 金初出如黑鐵落, 深窅數丈得之黑焦石下.

初得時咬之柔軟, 夫匠有吞竊腹中者, 亦不傷人.

河南蔡·鞏等州邑, 江西樂平·新建等邑, 皆平地堀深井取細沙淘煉成, 但酬答人功, 所獲亦無幾耳.

大抵赤縣之內, 隔千里而一生.

《嶺表錄》云:「居民有從鵝鴨屎中淘出片屑者, 或日得一兩, 或空無所獲.」此恐妄記也.

【儋·崖】 지금의 海南島 新州와 崖縣.

【嶺表錄】 원제목은 《嶺表錄異》이며 唐 劉恂이 嶺南(廣東, 廣西)의 風俗과 특산물 등을 적은 책.

272(14-5)
함량에 따른 금의 구분

무릇 금의 질량은 지극히 무겁다.

구리의 경우 매 방촌方寸 크기의 무게를 한 냥이라고 하면, 은을 이 기준으로 할 때 매 방촌의 무게는 3전이 증가한다.

다시 은을 매 방촌 당 무게를 한 냥이라고 하면 금의 경우 이를 기준으로 매 방촌의 무게는 2전이 증가한다.

무릇 금의 성질은 그 외에도 연해서 버들가지처럼 휘거나 꺾을 수 있다.

그 색깔도 고하를 나눈다면 함량이 7할일 경우 청색이며, 8할이면 황색, 9할이면 보라색이며, 10할 전부이면 적색이 된다.

이를 시금석試金石에다(이런 돌은 江西 廣信郡 물에서 많이 나며, 큰 것은 한 말 크기이고, 작은 것은 주먹만 함. 거위를 끓인 탕에 한 번 삶으면 옻처럼 검어짐) 시험해 흠을 내어보면 곧바로 분명히 나타난다.

무릇 색깔이 분명한 순금에다 다른 금속을 섞어 속여 팔고자 해도 오직 은만 섞을 수 있으나, 다른 금속은 뜻대로 되지 않는다.

금 속에 함유된 은을 제거하려면 그 금을 두드려 얇은 조각으로 잘라 부순 다음, 조각마다 진흙을 바르거나 싸서, 도가니에 넣고 붕사硼砂와 함께 녹이면 은은 곧 흙 속으로 흡수되어, 금만이 흘러나와 순금이 되도록 할 수 있다.

그렇게 한 다음 여기에 약간의 납을 넣고 다른 도가니에 넣어 흙 속의 은을 추출하면 털끝만큼의 은도 모두 되살려 낼 수 있다.

凡金質至重.

每銅方寸重一兩者, 銀照依其則, 寸增重三錢.

銀方寸重一兩者, 金照依其則, 寸增重二錢.

凡金性又柔, 可屈折如枝柳.

其高下色分七靑·八黃·九紫·十赤.

登試金石, 上(此石廣信郡河中甚多, 大者如斗, 小者如拳. 入鵝湯中一煠, 光黑如漆)立見分明.

凡足色金參和僞售者, 唯銀可入, 餘物無望焉.

欲去銀存金, 則將其金打成薄片剪碎, 每塊以土泥果塗, 入坩鍋中鵬砂鎔化, 其銀則吸入土內, 讓金流出以成足色.

然後入鉛少許, 另入坩鍋內, 勾出土內銀, 亦毫釐具在也.

【方寸】立方寸. 금, 은, 동의 현재 質量 比重値는 금 19.3, 은 10.5, 동 8.9임.

【試金石】黑色의 硅巖石. 거위탕에 넣어 끓이면 광택이 나고, 검은 빛깔이 진해짐.

【硼砂】4붕산 2나트륨 10수화물($Na_2B_4O_7$, $10H_2O$)로서 비등점이 낮으며, 금이나 은을 녹일 때 넣으면 불순물을 제거할 수 있음.

273(14-6)
금박金箔

무릇 금은 빛깔이 아름다워 인간 세상에서 사람들로부터 가장 귀한 대접을 받고 있으며, 그 때문에 사람이 다시 가공하여 금박金箔을 만들어 장식에 사용하고 있다.

무릇 금박은 매 7푼分의 금을 사용하면 1방촌의 금편金片 천 장을 만들 수 있고, 다른 물건 표면에다 이를 붙이면 가히 가로세로 3척의 면적을 덮을 수 있다.

무릇 금박을 만들 때는 이미 박편을 만들어놓은 다음, 다시 이를 오금지 烏金紙에 싸서 쇠망치로 온 힘을 다하여 쳐서 펼친다(금을 쳐서 펼치는 망치는 자루가 짧으며 무게는 8근임).

오금지는 소주蘇州, 항주抗州에서 만들며, 동해東海에서 나는 큰 대나무의 속껍질 피막을 원료로 쓴다.

여기에 콩기름으로 등잔불을 밝혀 주위를 완전히 폐쇄하고, 단지 바늘 구멍만 한 작은 통풍구를 만들어 등잔불의 연기로 물을 들이면 이러한 종이가 완성되는 것이다.

매 오금지 한 장마다 금박을 50차례 치고 난 연후에 이를 제거하며 이는 약방에서 주사朱砂를 포장하는 데에 사용하며 그렇게 해도 아직 찢어지거나 파손되지 않는다.

대체로 사람의 교묘한 솜씨는 이와 같은 괴이한 물건을 만들어낼 수 있다.

凡色至于金, 爲人間華美貴重, 故人工成箔而後施之.

凡金箔每金七厘造方寸金一千片, 粘鋪物面可盖縱橫三尺.

凡造金箔, 旣成薄片後, 包入烏金紙內, 竭力揮推打成 (打金推短柄, 約重捌觔).

凡烏金紙由蘇·杭造成, 其紙用東海巨竹膜爲質.

用豆油點燈, 閉塞周圍, 只留針孔通氣, 熏染烟光而成此紙.

每紙一張打金箔五十度, 然後棄去, 爲藥舖包朱用, 尚未破損.

盖人巧造成異物也.

【七厘】그러나 명대의 尺度法에 따라 계산하면 금 7푼(2.61㎎) 정도 되어야 1천 편의 금편을 만들어낼 수 있다 함.

【巨竹膜】巨竹의 피막. 그러나 대나무의 얇은 섬유질을 의미함.

274(14-7)
금박 만들기

무릇 오금지로 싸고 쳐서 금박을 만든 후에는 먼저 초석硝石으로 무두질한 고양이 가죽을 작은 네모난 판자에 팽팽하게 펼쳐 준비한다.

그리고 다시 향불의 재를 그 가죽에 뿌리고, 오금지 안에 쌌던 금박을 꺼내어 그 위에 쏟아 붓고 무딘 칼로 가로세로 한 치가 되도록 네모로 금을 긋는다.

숨을 멈추고 손으로는 가벼운 나무 막대를 잡고 이를 침으로 축여 잡은 다음 들어 올려 작은 종이 조각 사이에 끼운다.

이로써 물건을 화려하게 장식할 때는 먼저 잘 숙성시킨 옻으로 바탕을 칠한 연후에 붙인다(글자를 붙일 경우 흔히 닥나무즙을 사용함).

섬서陝西 중부에서는 피금皮金을 만드는 자는 초석으로 무두질한 양피 羊皮를 당겨 아주 얇게 펼친 다음 그 위에 금박을 붙여, 이를 잘라서 재단하여 복장의 장식용으로 쓰며 이렇게 하면 그 번쩍이는 색깔이 그대로 유지된다.

무릇 금박을 입혔던 물건을 뒷날 버릴 때에는 금박을 깎아내어 불에 녹이면 그 금은 여전히 재 속에 남게 된다.

여기에 청유淸油 몇 방울을 떨어뜨리면 금은 기름과 함께 바닥에 모이게 되며 이를 다시 이리고 씻어 노에 넣고 녹이며 조금도 손실됨이 없이 모두 거두어들일 수 있다.

凡紙內打成箔後, 先用硝熟猫皮繃急爲小方板.

又鋪線香灰撒墁皮上, 取出烏金紙內箔覆于其上, 鈍刀界畫成方寸.

口中屏息, 手執輕杖, 唾濕而挑起, 夾于小紙之中.

以之華物, 先以熟漆布地, 然後粘貼(貼字者多用楮樹漿).

秦中造皮金者, 硝擴羊皮使最薄, 貼金其上, 以便剪裁服餙用, 皆煌煌之色存焉.

凡金箔粘物, 他日敝棄之時, 刮削火化, 其金仍藏灰內.

滴清油數點, 伴落聚底, 淘洗入爐, 毫厘無恙.

【烏金紙】검은 바탕에 금박을 입힌 종이. 金箔紙를 가리킴.
【清油】채소씨로 짠 무색투명의 기름.

275(14-8)
금박의 장식

무릇 금색을 빌려 화려한 색을 내는 것으로 항주杭州의 부채는 은박 銀箔을 바탕으로 하며, 홍화紅花 씨의 기름을 한 겹 바르고, 다시 불로 쬐어 빛깔을 낸다.

광남廣南의 상품은 매미 허물을 갈아서 물에 섞어 그림을 그리고, 약한 불에 쬐면 금빛깔을 낼 수 있으나 이는 진정한 금색깔은 아니다.

금으로 기물을 만들어 군데군데 색이 옅은 곳이 나타나는 곳에는 황반黃礬을 발라 칠한 다음 목탄 불에 쬐면 곧 적보색赤寶色으로 변한다.

그러나 풍진風塵이 거치면 점차 그 색이 퇴색되어 옅어지게 되지만 이를 다시 불에 쬐면 원래의 빛깔로 되돌아온다(황반은 〈礬石〉편에 자세히 기술되어 있음).

凡假借金色者, 杭扇以銀箔爲質, 紅花子油刷盖, 向火 熏成.

廣南貨物以蟬蛻殼造水描畫, 向火一微炙而就, 非眞 金色也.

其金成器物, 呈分淺淡者, 以黃礬塗染, 炭木炸炙, 卽成 赤寶色.

然風塵逐漸淡去, 見火又卽還原耳(黃礬詳〈礬石〉卷).

【紅花】菊花科의 紅花(Carthamus tinctorius)로써 그 꽃으로 염료를 만들어 사용함.

【黃礬】3황산2철9수화물(Fe(SO₄)₃ 9H₂O)로써 황색의 수용성 염료.

(3) 銀 附: 朱砂銀

276(14-9)
은의 산지

무릇 은은 중국에서 나며 절강浙江과 복건福建에는 옛날 은광이 있었으나, 국초國初에 혹 채광하기도 하고 혹 폐쇄하기도 하였으며, 강서江西의 요주饒州, 신주信州, 서주瑞州 등지에는 은광이 있으나 아직 채굴하지 않고 있다.

호과湖廣은 진주辰州에 은광이 있고, 귀주貴州에는 동인銅仁에서 은이 나며, 하남河南은 의양宜陽 조보산趙保山과 영녕永寧의 추수파秋樹坡, 그리고 노씨현盧氏縣의 고자아高觜兒, 숭현嵩縣의 마조산馬槽山, 사천四川 회천會川의 밀륵산密勒山, 감숙甘肅의 대황산大黃山 등지에서는 모두 금광으로 널리 알려진 곳이다.

그 밖의 것은 일일이 다 들어 설명할 수가 없다.

그러나 은의 산출량에도 한도가 있다.

매번 채굴할 때마다 나라에서 정한 양을 채우지 못하면 채굴자는 돈으로 배상해야 한다.

법이 엄하지 않으면 절도나 쟁탈이 생겨 환란을 조성되기 때문에 금지와 경계가 가혹하지 않을 수 없었다.

연燕, 제齊 등 여러 곳에서는 지기地氣가 한랭하여 석골石骨이 얇아 금이 나지 않는다.

그러나 위에 든 8개 성에서 나는 금은 모두 합해도 운남에서 나는 양의 반도 되지 않기 때문에 은광을 개척하여 이를 제련하는 데는 오직 운남만이 오랫동안 그 일을 지속할 수 있었다.

凡銀中國所出, 浙江·福建舊有坑場, 國初或採或閉, 江西饒·信·瑞三郡有坑從未開.

湖廣則出辰州, 貴州則出銅仁, 河南則宜陽趙保山·永寧秋樹坡·盧氏高嵤兒·嵩縣馬槽山, 與四川會川密勒山·甘肅大黃山等, 皆稱美礦.

其他難以枚擧.

然生氣有限.

每逢開採, 數不足則括派以賠償.

法不嚴則竊爭而釀亂, 故禁戒不得不苛.

燕·齊諸道則地氣寒而石骨薄, 不産金銀.

然合八省所生, 不敵雲南之半, 故開礦·煎銀唯滇中可永行也.

【饒, 信, 瑞】 모두 지금의 江西 鄱陽, 上饒, 贛州 일대.

【辰州】 지금의 湖南 沅陵.

【會川】 지금의 四川 會理.

277(14-10)
운남의 은광

무릇 운남의 은광은 초웅楚雄, 영창永昌, 대리大理가 가장 성하며, 곡정曲靖, 요안姚安이 그다음이며, 진원鎭沅이 다시 그다음이다.

대체로 석산의 굴속에 광사鑛砂가 있으며 그 위에는 확연하게 작은 돌 무더기가 있고 그 돌들은 희미한 갈색을 띠고 있다.

광맥은 'Y'자형의 오솔길처럼 나누어져 있으며 이를 캐는 자는 깊이 10장, 혹 20장을 굴을 파야 하는데 그 작업은 몇 일, 몇 달로 계산할 수 없는 경우도 있다.

흙 속에서 은묘銀苗를 발견한 연후에야 초사礁砂의 소재를 알 수 있다.

무릇 초사는 깊은 땅속에 묻혀있으며 마치 나뭇가지처럼 이리저리 나뉘어 뻗어 있다.

각각 은묘가 뻗어 나간 길을 옆으로 파면서 이를 찾아간다.(그림88)

그리고 굴에는 목판을 가로로 걸쳐 위를 지탱하도록 하여 붕괴의 위험을 방지해야 한다.

캐는 사람은 갓을 씌운 등불을 들고 은묘의 맥을 따라 파고들어 가서 광사에 이르면 멈춘다.

무릇 흙 속의 은묘는 혹 황색의 돌 부스러기와 섞여 있기도 하며, 또는 흙과 돌 틈에 엉킨 실 모양을 이루고 있어, 이것이 바로 은광으로부터 멀지 않다는 것임을 나타낸다.

凡雲南銀礦, 楚雄·永昌·大理爲最盛, 曲靖·姚安次之,
鎭沅又次之.

凡石山洞中有鑛砂, 其上現磊然小石, 微帶褐色者.

分丫成徑路, 採者穴土十丈或二十丈, 工程不可日月計.

尋見土內銀苗, 然後得礁砂所在.

凡礁砂藏深土, 如枝分派別.

各人隨苗分徑橫穵而尋之.

土楮橫板架頂以防崩壓.

採工籠燈逐徑钁, 得礦方止.

凡土內銀苗或有黃色碎石, 或土隙石縫有亂絲形狀,
此卽去礦不遠矣.

【銀苗】 은의 광맥이 시작되어 노출된 부분.
【礁砂】 은을 함유한 모든 광물을 礁라 하며, 礁砂는 黑色 광물로 輝銀礦 성분이
  주를 이루고 있는 銀鑛石과 方鉛鑛, 閃亞鉛鑛 등을 말함.

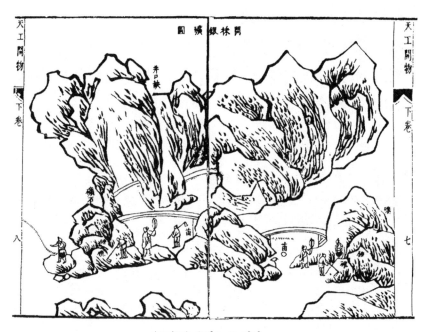

〈그림88〉은광(銀礦) 채취

278(14-11)
은의 추출

    무릇 은을 추출해 낼 수 있는 광석을 초礁라 하며, 잘게 부수어진 것을 사砂라 하며, 표면이 'ㅏ'자형으로 나누어진 것을 광鑛이라 하고, 광석의 바깥쪽을 둘러싸고 있는 돌덩어리를 광礦이라 한다.

    광석礦石 중에 큰 것은 한 말斗 크기이며, 작은 것은 주먹만 하며 이는 쓸모가 없어서 버려야 한다.

    그 초사礁砂의 모양은 석탄처럼 보이지만 밑바닥에 붙어 있는 돌은 그다지 검지 않다.

    광사는 고하高下의 몇 등급이 있다(상인은 굴을 파서 광사 얻으면 먼저 관청에 제출하여 / 시험을 거쳐 등급 판정을 받은 연후에 세금을 정함).

    캐낸 광사는 말로 그 양을 재어 야공冶工에게 보낸다.

    질이 높은 광사는 한 말에 6~7냥의 은이 나오며, 중급은 3~4냥, 가장 낮은 등급일 경우 1~2냥이 나온다(초사 중에 빛이 심한 것은 은의 정화가 다 새어 / 나간 것으로 오히려 은의 추출량이 적음).

凡成銀者曰礁, 至碎者曰砂, 其面分丫若枝形者曰鑛, 其外包環石塊曰礦.

礦石大者如斗, 小者如拳, 爲棄置無用物.

其礁砂形如煤炭, 底襯石而不甚黑.

其高下有數等(商民鑿穴得砂, 先呈官府驗辨, 然後定稅).

出土以斗量, 付與冶工.

高者六·七兩一斗, 中者三·四兩, 最下一·二兩(其礁砂
放光甚者, 精華洩漏, 得銀偏少).

【鑛】 나뭇가지 형태의 輝銀礦(argentite, Ag_2S)을 말함.
【礦】 은을 함유하고 있지 않은 礦脈. 그러나 '礦'과 '鑛'은 함께 통용하는 글자로
구분이 확실치 않음.
【礁砂】 輝銀礦.

279(14-12)
은석 녹이기

무릇 초사를 노에 넣을 때는 먼저 손으로 이를 깨끗이 씻어주어야 한다.

노爐는 흙으로 큰 언덕을 쌓는데 높이는 5자 정도이며 바닥에는 자기 부스러기와 숯을 태운 재를 깐다.

노마다 초사 2섬을 넣고, 밤나무 숯 200근을 그 주위에 빽빽이 시렁처럼 쌓는다.

노 곁에 기대어 벽돌담을 일렬로 쌓는데 그 높이와 폭은 1장 남짓하게 한다.

풀무는 담 뒤에 설치하고, 두세 사람이 힘을 합쳐 풀무질하여 관으로 바람을 불어넣는다.(그림89)

담은 더운 열을 막아 풀무질을 하는 사람을 안전하게 해주는 것이다.

노 안의 숯이 다 타면 그때마다 긴 쇠스랑으로 계속하여 숯을 넣어준다.

바람과 불기가 충분하면 초사는 녹아서 덩어리가 된다.

이때는 은은 납 속에 감추어져 있어서 아직 분리된 것이 아니다.

2섬의 초사에서 녹인 덩어리는 약 백 근이 된다.

凡礁砂入爐, 先行揀淨淘洗.

其爐土築巨墩, 高五尺許, 底鋪瓷屑·炭灰.

每爐受礁砂二石, 用栗木炭二百斤周遭叢架.

靠爐砌磚墻一朵, 高濶皆丈餘.

風箱安置墻背, 合兩三人力帶拽透管通風.

用墻以抵炎熱, 鼓鞴之人方克安身.

炭盡之時, 以長鐵叉添入.

風火力到, 礁砂鎔化成團.

此時銀隱鉛中, 尚未出脫.

計礁砂二石熔出團約重百觔.

【銀隱鉛中】 銀礦은 상당량의 납을 함께 함유하고 있음.

〈그림89〉 은과 납 녹이기

280(14-13)
생은生銀과 은괴銀塊

이것을 냉각된 뒤 꺼내어 다른 노에 나누어 넣어(일명 眠墓 라 함) 소나무 숯으로 주위를 빙 둘러 채우고 작은 구멍 하나를 뚫어 불기를 변별한다.

그 노는 혹 풀무로 바람을 불어넣을 수도 있고, 혹 부채를 사용할 수도 있다.

불의 열기가 작용점에 이르면 납이 녹아 노의 바닥에 가라앉는다(그 바닥에 가라앉은 것은 이미 陀僧의 모습이 되며 이를 다른 노에 넣어 제련하면 扁擔鉛이 됨).(그림90)

이에 자주 버들가지를 구멍 틈으로 넣어주면서 태워 납의 기가 깨끗이 사라지도록 하면 세상의 보물인 덩어리진 음의 모습이 형성되는 것이다.

이처럼 처음 만들어 꺼낸 은을 생은生銀이라고도 부른다.

이를 기울여 안정시키면 실 모양의 무늬가 생기지 않으며, 이를 바로 다시 불에 녹이면 그 가운데에 단지 둥근 별 같은 점이 나타날 뿐이며, 운남 사람들은 이를 다경茶經이라 부른다.

이렇게 한 다음 여기에 약간의 구리를 넣고 거듭 납의 힘을 빌려 녹인 연후에 구유에 넣으면 실무늬가 생성된다(실무늬는 반드시 구유에 부어야 나타나며 이 구유는 사방 둘레를 막아야 은의 기운이 흘러넘치거나 흩어지지 않음).

초웅을 추출하는 방법은 이와 달라, 저 동사䂖砂는 은의 성분이 아주 적기 때문에 각지의 납을 구매하여 제련하는데 보조로 쓰인다.

매 초사 1백 근 마다, 먼저 납 2백 근을 노에다 넣은 연후에 바람을 불어넣어 덩어리로 만든다.

이를 다시 한 번 하마로에 넣어 납을 침전시키고 은이 결정체가 되도록 하여 은을 얻어내는 방법은 앞서와 같다.

세상의 보배인 이러한 은을 만들어내는 방법은 달리 다른 방법은
없다.

방서方書나 《본초》에는 근거도 없이 마구 상상하거나 마구 주석을 단
것이 있는데 아주 잘못된 것이다.

冷定取出, 另入分金爐(一名蝦蟇爐)內, 用松木炭匝圍,
透一門以辨火色.

其爐或施風箱, 或使交篹.

火熱功到, 鉛沉下爲底子(其底已成陀僧樣, 別入炉煉, 又成扁
擔鉛).

頻以柳枝從門隙入內燒照, 鉛氣淨盡, 則世寶凝然成
象矣.

此初出銀亦名生銀.

傾定無絲紋, 卽再經一火, 當中止現一點圓星, 滇人名
曰茶經.

逮後入銅少許, 重以鉛力鎔化, 然後入槽成絲(絲必傾槽
而現, 以四圍匡住, 寶氣不橫溢走散).

其楚雄所出又異, 彼硐砂鉛氣甚少, 向諸郡購鉛佐煉.

每礁百斤先坐鉛二百斤于爐內, 然後煽煉成團.

其再入蝦蟇爐沉鉛結銀, 則同法也.

此世寶所生, 更無別出.

方書·《本草》無端妄想·妄註, 可厭之甚.

【蝦蟇爐】 '蝦蟆爐'와 같으며 모습이 두꺼비와 같아 붙여진 이름.

【陀僧】 다른 주석에 '密陀僧'이라 되어 있으며 황색 분말의 산화납(PbO). 즉
硝石은 醋에 녹아 묽은 질산이 되며, 납은 이 묽은 질산에서 얼마 녹지 않으나
황화납은 오히려 많이 녹아 이 때문에 유황을 넣는 것임. 질산은 산화제의 역할을
하여 납을 황단(PbO)으로 바꾸며 이렇게 만든 황단을 密陀僧이라 불렀음.

【柳枝】 灰吹法이라 하며, 버들가지를 넣었을 경우 납은 산화납이 되어 날아가고,
은은 그 온도를 견뎌 그대로 남는 원리를 이용한 것.

【方書】 道家들의 煉丹書를 말함.

〈그림90〉 침연결은(沉鉛結銀)

281(14-14)
은과 금

　대저 곤원坤元의 정기는 금이 나는 곳 3백 리 이내에는 은이 나지 않으며, 은이 나는 곳 3백 리 이내에는 금이 나지 않는다.

　조물주의 뜻이 역시 대단함을 알 수 있다.

　청소하는 천한 자가 땅을 쓸어 진흙과 먼지를 모아 물로 씻어 이린 다음 이를 달여 얻어내는 것은 도리치陶厘錙라 한다.

　하루 일하면 적게는 3푼의 은을 얻고, 많으면 그 두 배를 얻는다.

　이러한 은은 날마다 쓰는 가위나 도끼날에 붙어 있던 은의 부스러기가 떨어진 것이거나, 혹은 신발 바닥이나 옷감에 붙어 있다가 길거리에 떨어진 것이다.

　혹은 뜰이나 집에서 쓸어낸 쓰레기를 냇가에 버려 그 속에는 틀림없이 얼마의 은이 있었던 것이며, 얕은 흙의 표면에서 은이 떠올라 이렇게 생겨난 것은 아니다.

　大抵坤元精氣, 出金之所三百里無銀, 出銀之所三百里無金.

　造物之情亦大可見.

　其賤役掃刷泥塵, 入水漂淘而煎者, 名曰淘厘錙.

　一日功勞, 輕者可獲三分, 重者倍之.

其銀俱日用剪·斧口中委餘, 或鞵底粘帶布于衢市.
或院宇掃屑棄于河沿, 其中必有焉, 非淺浮土面能生
此物也.

【坤元】大地. 대자연의 섭리. 坤은 乾(하늘)에 상대하여 땅에서 나는 모든 것을
　　뜻함.
【賤役】실제 이 장의 설명은 이치에 맞지 않으며 그러한 경우가 있다 해도 이는
　　실질적인 은의 채취나 생산 방법이 아님.
【陶厘錙】아주 적은 양의 은을 뜻함. 錙는 무게의 단위로 1錙는 6銖로 4분의
　　1냥에 불과함.

은과 납의 분리

무릇 세상에 사용되는 은으로 오직 홍동紅銅과 납 두 가지를 섞으면 가짜를 만들어낼 수 있다.

그러나 이렇게 만든 은의 고운 부스러기를 모아 판정鈑錠을 만들어 다시 불순물을 제거하면 순은을 만들어낼 수 있다.

높은 온도의 화로에서 이를 도가니에 넣고, 충분히 열을 가하여 제련하면서 약간의 초석硝石을 뿌려주면 구리와 납은 모두 도가니 바닥에 남게 되는데 이를 은수銀銹라 한다.

이를 털어 회지灰池에 떨어뜨린 것을 노저炉底라 한다.

은수와 노저를 함께 분금로分金炉에 넣고, 흙으로 만든 시루 속에 숯을 채워 불을 지피면 납이 먼저 녹아 낮은 데로 흘러내리고, 남은 구리와 엉겨 있는 은의 덩어리를 쇠꼬챙이로 눌러 분리하면 두 가지는 뚜렷하게 섞이지 않고 나누어진다.(그림91)

인공人工과 천공天工의 한 단면을 볼 수 있으니 노의 설치 방법 등은 모두 아래에 갖추어 그림으로 보여주었다.

凡銀爲世用, 惟紅銅與鉛兩物可雜入成僞.

然當其合瑣碎而成鈑錠, 去疵僞而造精純.

高爐火中, 坩鍋足煉, 撒硝少許, 而銅·鉛盡滯鍋底,名曰銀銹.

其灰池中敲落者名曰炉底.

將銹與底同入分金炉內, 塡火土甑之中, 其鉛先化, 就低溢流, 而銅與粘帶餘銀用鐵條逼就分撥, 井然不紊.

人工·天工亦見一斑云. 炉式併具于左.

【鈑錠】薄片의 덩어리. 무게 5냥, 10냥 정도의 크기였다 함.

【灰池】노의 바닥에 재를 깔아 은이 모여 흩어지지 않도록 한 것.

【分金炉】分金爐. 금속을 녹여 분리해내기 위한 노.

〈그림91〉 분금로(分金爐)

283(14-16)
附: 주사은珠砂銀

　무릇 거짓을 일삼는 방사方士들이 노화爐火로 사람을 미혹시킬 때 오직 주사은珠砂銀에 대해서는 어리석은 사람들은 쉽게 속아 넘어간다.

　이의 제조법은 납과 주사, 그리고 백은白銀을 동등한 분량으로 도가니에 넣어 밀봉하여 일정한 온도에서 21일 정도 두면, 주사가 은기銀氣를 흡수하여 은처럼 보이는 보물이 만들어진다.

　그 물체에서 은을 골라내고 나면 형태는 사람의 혼을 빼앗을 정도로 정교하지만, 이는 한 덩어리의 고물에 불과할 뿐이다.

　여기에 다시 납을 넣어 달구었을 때 점차 불의 기운에 따라 가볍게 부러지면 다시 몇 차례 불을 거치면 털끝만큼도 남는 것이 없다.

　이렇게 되면 주사와 숯을 재료값만 날아가는 셈이니 어리석은 사람은 탐욕에 미혹하여 제대로 알지 못하기에 여기에 함께 적어 둔다.

　凡虛僞方土以爐火惑人者, 唯珠砂銀愚人易惑.

　其法以投鉛·珠砂與白銀等分, 入罐封固, 溫養三七日後, 砂盜銀氣, 煎成至寶.

　揀出其銀, 形存神喪, 塊然枯物.

　入鉛煎時, 逐火輕折, 再經數火, 毫忽無存.

　折去砂價·炭資, 愚者貪惑猶不解, 倂志于此.

【硃砂銀】황화수은(HgS)으로 주사와 납을 함께 녹여 만든 수은납의 합금. 납의 함량이 33%보다 적은 합금은 銀白色을 띠어 은으로 속이기도 함.

(4) 銅

284(14-17)
구리

무릇 세상에 쓰이는 구리로서 산에서 채광하여 제련할 수 있는 것은 단지 적동赤銅 뿐이다.

노감석炉甘石이나 또는 왜연(倭鉛, 亞鉛)을 함께 섞어 제련하면 빛깔이 변하여 황동黃銅이 된다.

그리고 비상砒霜 등의 약제를 넣어 제련하면 백동白銅이 된다.

명반明礬이나 초석硝石 등의 약제를 넣어 제련하면 청동靑銅이 된다.

광석廣錫을 넣으면 향동響銅이 되고, 아연을 넣어 쏟아 부으면 주동鑄銅이 된다.

그러나 첫 바탕의 재료는 단 한 가지 홍동뿐이다.

凡銅供世用, 出山與出炉止有赤銅.

以炉甘石或倭鉛參和, 轉色爲黃銅.

以砒霜等藥制煉爲白銅.

礬・硝等藥制煉爲靑銅.

廣錫參和爲響銅, 倭鉛和寫爲鑄銅.

初質則一味紅銅而已.

【赤銅】 紅銅과 같음.

【炉甘石】 능아연광(菱亞鉛鑛, $ZnCO_3$)으로 300℃에서 분해하여 산화아연(ZnO)과 이산화탄소가스(CO_2)로 분해됨. 학명으로는 Calamine.

【倭鉛】 亞鉛. 鋅.

【黃銅】 구리와 아연의 합금.

【砒霜】 3산화2비소(As_2O_3).

【白銅】 아연과 비석의 합금. 그러나 명백하지 않으며 혹 구리±비소, 또는 구리+니켈일 수도 있음.

【礬】 금속 M^I 또는 암모늄 이온 NH_4^+과 3가 금속 M^{III} 황산염의 함수복염 $M^ISO_4 \cdot M^{III}(SO_4) \cdot 24H_2O$.

【硝】 질산칼륨(KNO_3).

【靑銅】 구리와 주석의 합금. 넓은 의미로는 구리의 모든 합금을 청동이라 하기도 함.

【響銅】 구리와 주석(10~25%)의 합금으로 소리가 맑아 악기를 만들 때 사용됨.

【寫】 '瀉'와 같음. 녹인 다음 부어서 주물식으로 만듦을 뜻함.

【鑄銅】 鑄物用의 구리 합금. 주로 구리와 아연의 합금을 가리킴.

285(14-18)
구리 광산

무릇 구리 광산은 어디에나 있다.

《산해경山海經》에는 구리가 산출되는 곳이 통틀어 437개소라고 하였는데, 어디엔가 근거가 있었을 것이다.

지금 중국에 제공되는 구리 원료는 서쪽으로는 사천四川과 귀주貴州가 가장 많이 난다.

그리고 동남 지역에서는 외국에서 선박을 통해 들어온 것이며, 호광湖廣의 무창武昌과 강서江西의 광신廣信에는 모두 많은 구리 광산이 있다.

형주衡州와 서주瑞州 등지에서는 가장 품질이 낮은 구리가 나는데 이를 몽산동蒙山銅이라 하며 혹 녹일 때 섞어 제련하며 단독으로는 제련할 수 없어 단단한 성질의 구리가 되기도 한다.

凡銅坑所在有之.

《山海經》言, 出銅之山四百三十七, 或有所攷據也.

今中國供用者, 西自四川·貴州爲最盛.

東南間自海舶來, 湖廣武昌, 江西廣信皆饒銅穴.

其衡·瑞等郡出最下品, 曰蒙山銅者, 或入冶鑄混入, 不堪升煉成堅質也.

【山海經】중국 고대 地理書이며, 巫書. 晉나라 때 郭璞이 注가 전하며 각지의 물상, 동식물, 광물, 신화 등을 싣고 있음. 본문에 437곳이라 하였으나 실제 467곳에 구리가 난다는 언급이 있음.

【蒙山銅】江西省 瑞州에 있으며, 그곳 구리는 黃銅鑛($CuFeS_2$)으로 黃鐵鑛, 方鉛鑛, 섬아연광이 섞여 있음. 鑄造는 가능하나 鍛造는 불가함.

286(14-19)
자연동 自然銅

무릇 구리가 나는 산에서는 흙과 돌이 섞여 있으며, 몇 길 깊이로 파고 들어 가야 캘 수 있다.(그림92)

그 광석의 바깥은 광석이 둘러싸고 있고, 둘러싼 암석의 모양은 생강 生薑과 같으며 표면에는 구리의 낱알이 별처럼 박혀 있는데 이를 동박銅璞 이라고도 한다.

이를 녹이면 역시 구리가 흘러나오되 은광의 광석이 은을 쏟아내고 나면 폐기물이 되는 것과는 같지 않다.

대체로 광석 안에 들어 있는 동사銅砂의 모양은 똑같지 않아, 혹 큰 것도 있고, 작은 것도 있으며, 혹 빛이 나기도 하고, 혹 어두운 색깔 그대로인 것도 있으며, 혹 유석鍮石 같기도 하고 혹 강철罡鐵 같기도 하다.

이를 잘 씻고 이런 흙과 찌꺼기를 제거한 연후에 노에 넣어 제련하며, 그 불길에 따라 노에서 녹아 흘러나오는 것이 자연동自然銅이며, 이를 석수연石髓鉛이라고도 부른다.

凡出銅山夾土帶石, 穴鑿數丈得之.

仍有礦包其外, 礦狀如薑石而有銅星, 亦名銅璞.

煎煉仍有銅流出, 不似銀礦之爲棄物.

凡銅砂在礦內形狀不一, 或大或小, 或光或暗, 或如鍮石,或如薑鐵.

淘洗去土滓, 然後入炉煎煉, 其熏蒸傍溢者爲自然銅,
亦曰石髓鉛.

【礦】銅礦. 구리를 포함하고 있는 脈石.
【銅璞】맥석 중에 저품위의 銅礦石.
【銅砂】銅礁砂. 고품위의 銅礦石.
【鍮石】黃銅. 天然黃銅礦($CuFeS_2$).
【薑鐵】외부 모습이 거친 생강과 같은 모양을 한 흑색의 銅礦石.
【石髓鉛】石髓는 비결정질의 석영(SiO_2)이 동물의 腦髓처럼 생긴 것. 여기서는
　　노에서 처음으로 흘러나와 응고하여 덩어리로 된 구리를 가리킴.

〈그림92〉 구리와 납 채취

287(14-20)
구리 광석

무릇 구리 광석에는 몇 가지의 종류가 있으며 그중 전체가 구리이며, 납이나 은이 섞이지 않은 것을 큰 노爐에 넣어 그 한 가지 단독으로 제련하면 구리가 된다.

그러나 납이 함유된 것을 노에 넣어 제련하는 방법은 그 노의 곁에 높고 낮은 두 개의 구멍을 뚫어 통하도록 한 다음 납이 먼저 녹아 그 위쪽의 구멍을 통해 흘러나오도록 해야 한다.

구리의 성질은 나중에 녹으므로 아래의 구멍을 통해 흘러내린다.(그림93)

동이同異에서는 동광에 은이 함유된 광석 속에 있는 것이 있어 이를 노에 넣어 제련할 때 은이 위에 떠서 응결하고 구리가 그 아래에 가라앉기도 한다.

상선이 중국으로 운반한 구리를 일본동日本銅이라 하며, 그 형태는 장방형의 판상板狀으로 되어 있다.

복건 장주漳州에서는 이를 입수하면 노에 넣어 다시 제련하여 소량의 은을 추출한 연후에 남은 구리를 얇은 떡처럼 모양을 만들어 마치 사천四川 구리인 양 팔기도 한다.

凡銅質有數種, 有全體皆銅, 不夾鉛·銀者, 洪炉單煉而成.

有與鉛共體者, 其煎煉炉法, 傍通高·低二孔, 鉛質先化從上孔流出.

銅質後化從下孔流出.

東夷銅有托體銀礦內者, 入炉煎煉時, 銀結于面, 銅沉于下.

商舶漂入中國, 名曰日本銅, 其形爲方長板條.

漳郡人得之, 有以炉再煉, 取出零銀, 然後寫成薄餅, 如川銅一樣貨賣者.

【日本銅】'棹銅'이라고도 하며 긴 막대형으로 만들어 일본에서 중국으로 들어온 것. 日本 增田綱의 《鼓銅圖錄》에 이 《天工開物》을 인용하여 자신들이 중국에 수출하고 있었음을 기록하고 있음.

〈그림93〉동광사(銅礦砂)와 화동(化銅)

288(14-21)

황동黃銅

무릇 홍동을 승화시켜 황색을 만들어 이를 추단鍾鍛하는 방법은 풍매탄
風煤炭(이런 석탄은 가루와 같아 진흙과 섞어 떡 모양으로 만들어 사용하며 풍로를) 백 근을 노에 넣고 태운다.
쓰지 않아도 빨갛게 밤낮을 가리지 않고 탐. 강서의 袁郡과 新喩邑에서 남

그리고 진흙으로 만든 항아리에 구리 10근과 뒤이어 노감석 6근을 담아
노 안에 놓아두면 저절로 녹는다.

후세의 사람들은 노감석이 휘발하면서 사라지는 소모량 때문에 대신에
왜연(倭鉛, 亞鉛)을 쓰게 되었다.

매번 홍동 6근에 왜연 4근을 넣고 차례로 도가니에 넣어 녹인다.

이를 냉각시켜 꺼내면 곧바로 황동黃銅이 만들어지며 사람이 이를
두드려 기물을 만들면 된다.

凡紅銅升黃色爲錘鍛用者, 用自風煤炭(此煤碎如粉, 泥糊
作餅, 不用鼓風, 通紅則自晝達夜. 江西則産袁郡及新喩邑)百斤, 灼于
炉內.

以泥瓦礶載銅十斤, 繼入炉甘石六斤, 坐于炉內, 自然
鎔化.

後人因炉甘石烟洪飛損, 改用倭鉛.

每紅銅六斤, 入倭鉛四斤, 先後入礶鎔化.
冷定取出, 卽成黃銅, 唯人打造.

【袁郡】袁州府. 지금의 江西 宜春.
【炉甘石】盧甘石이 산화아연과 이산화탄소로 분해할 때 이산화탄소 기체는
　산화아연과 함께 날아가며 아연은 용해점이 419.5℃, 비등점이 907℃로 비교적
　안정적임.

289(14-22)
구리로 악기 만들기

무릇 구리로는 악기樂器들을 만들며, 광동과 광서에서 나는 주석으로서 납 성분이 들어 있지 않은 것을 도가니에 넣어 구리와 함께 녹인다.

정鉦(지금은 鑼라 함)이나 탁鐲(지금은 銅鼓라 함)과 같은 악기들은 모두가 홍동 8근에 광동, 광서 지역의 주석 2근을 배합한다.

요鐃나 발鈸은 구리와 주석을 배합할 때는 더욱 세심한 주의를 기울여 정련精煉하여야 한다.

무릇 그릇을 주조할 경우에는 질이 낮은 홍동과 왜연(아연)을 같은 양으로 섞어 만들며, 심할 때는 아연 6에 구리 4의 비율로 만들기도 한다.

값이 비싼 것은 3~4차례 거듭 제련한 삼화황동三火黃銅이나 사화숙동四火熟銅으로 만들며, 구리 7에 아연 3의 비율로 섞은 것이다.

凡用銅造響器, 用出山廣錫無鉛氣者入內.

鉦(今名鑼)・鐲(今名銅鼓)之類, 皆紅銅八斤, 入廣錫二斤.

鐃・鈸, 銅與錫更加精煉.

凡鑄器, 低者紅銅・倭鉛均平分兩, 甚至鉛六銅四.

高者名三火黃銅・四火熟銅, 則銅七而鉛三也.

【鉦】징의 한 종류. 고대 악기의 하나로 긴 자루가 있으며 이를 쳐서 소리를 냄.
 일반 鑼와는 다름.

【鐲】고대 군용 악기. 종과 같으나 속에 방울이 달려 있어 이를 흔들어 소리를 냄.
 銅鼓와는 다름.

【鐃】고대 타악기의 일종으로 역시 자루가 달려 있었음.

【鈸】원형 타악기. 두 개를 서로 마주쳐 소리를 내게 되어 있음.

290(14-23)
구리의 합금

무릇 값이 싼 가짜 은을 만들 경우, 오직 순동만이 혼입될 수 있다.

아연이나 비소砒素, 반礬 등은 아무리 작은 양이라도 끝내 배합되지 않는다.

그러나 구리를 은에다 섞으면 흰색이 갑자기 홍색紅色으로 변하며, 타는 노에 다시 넣고 풀무질을 하면 청탁清濁의 부침이 즉시 구분되어 마침내 순수한 두 물질을 분리해 낼 수 있다.

凡造低偽銀者, 唯本色紅銅可入.

一受倭鉛·砒·礬等氣, 則永不和合.

然銅入銀內, 使白質頓成紅色, 洪炉再鼓, 則清濁浮沉立分, 至于淨盡云.

【倭鉛·砒·礬】 아연, 비소, 칼륨, 알루미늄 등은 은에 대한 용해도가 극히 낮아 전혀 합금이 되지 않음.

(5) 附: 倭鉛

291(14-24)
왜연倭鉛, 亞鉛

(附) 아연亞鉛

무릇 왜연(倭鉛, 亞鉛)은 고서古書에는 기록이 없으며 근세에 새로 만들어진 명칭이다.

그 물체는 노감석爐甘石을 제련해서 만든 것으로 산서山西 태항산太行山 일대에서 많이 나며 형주荊州와 형주衡州에 그다음으로 많이 난다.

한 번마다 노감석 10근을 진흙으로 만든 도가니에 넣고, 그 밖은 진흙을 발라 단단히 봉하고 나서 조금씩 갈아서 말리되 불에 구워도 갈라지거나 터지지 않도록 한다.

그런 다음 한 층씩 석탄떡을 자리로 깔고 쌓아 올린 다음 그 바닥은 땔감을 깔아 빨갛게 타도록 불을 땐다.(그림94)

도가니 속의 노감석이 녹아서 덩어리가 된 다음 이를 냉각시켜 도가니에서 꺼내면 되며 그렇게 할 때마다 매번 10분의 2만큼은 줄어들게 되며 이것이 왜연이다.

이 물체는 구리와 함께 섞여 있지 않으면 불을 만나면 곧 휘발되어 기체로 날아가 버린다.

아연은 납과 흡사하며, 그 물성이 맹렬하므로 왜연倭鉛이라고 부르게 된 것이다.

凡倭鉛古書本無之, 乃近世所立名色.

其質用爐甘石熬煉而成, 繁產山西太行產一帶, 而荊·衡爲次之.

每炉甘石十觔裝載入一泥礶內, 封果泥固, 以漸晒乾, 勿使見火析裂.

然後逐層用煤炭餅墊盛, 其底鋪薪, 發火煅紅.

礶中炉甘石鎔化成團, 冷定毀礶取出, 每十耗去其二, 卽倭鉛也.

此物無銅收伏, 入火卽成烟飛去.

以其似鉛而性猛, 故名之曰倭云.

【倭鉛】亞鉛을 가리키며 物性이 맹렬하여 明末 倭寇의 해를 빗대어 지은 명칭. 따라서 실제 일본과는 아무런 관계가 없음.

〈그림94〉왜연(倭鉛, 亞鉛) 제련

(6) 鐵

292(14-25)
철광석

　무릇 철광鐵鑛은 어디에나 있으며, 그 물성은 지표면에 드러나 있어 깊은 구덩이에는 나지 않는다.

　가장 많이 나는 곳은 평지 양달이나 언덕 구릉 지대이며, 고산준령에서는 나지 않는다.

　광석은 흙덩어리나 부서진 모래 형태 등 몇 가지로 나눌 수 있다.

　무릇 흙덩어리 모양의 철광석은 흙이 검은 지표면에 검은 덩어리로 되어 있으며 형태는 마치 저울추와 같다.

　멀리서 바라보면 완연한 철처럼 보이지만 손으로 비벼보면 흙이 부서지듯 한다.

　만약 이를 제련하고자 하면 흙 위에 떠 있는 철광석을 주워 모으든가 또는 비가 내려 흙이 젖었을 때 소로 흙을 갈아엎으며 몇 촌 깊이 안에 있는 것을 주워 모아야 한다.(그림95)

　흙을 갈아엎은 후라도 그 덩어리는 날이 갈수록 차츰 커지므로 아무리 캐더라도 없어지지 않는다.

　서북 감숙甘肅 지역과 동남 복건福健 천주泉州 일대는 흙덩어리 형태의 철 덩어리로 생산된다.

　그리고 연경燕京, 준화遵化와 산서山西 평양平陽은 모두가 사철砂鐵이 무더기를 이룬 곳이다.

　무릇 사철은 겉에 붙은 흙을 한 번 걷어내면 곧 그 형태가 나타나며, 이를 채취하여 물로 씻어야 한다.(그림96)

그런 다음 노에 넣어 제련하면, 그것이 녹은 다음에는 정철錠鐵과 다를 바 없다.

凡鐵場所在有之, 其質淺浮土面, 不生深穴.

繁生平陽岡埠, 不生峻嶺高山.

質有土錠·碎砂數種.

凡土錠鐵, 土面浮出黑塊, 形似稱錘.

遙望宛然如鐵, 橪之則碎土.

若起冶煎煉, 浮者拾之, 又乘雨濕之後牛耕起土, 拾其 數寸土內者.

耕墾之後, 其塊逐日生長, 愈用不窮.

西北甘肅·東南泉郡皆錠鐵之藪也.

燕京·遵化與山西平陽, 則皆砂鐵之藪也.

凡砂鐵, 一抛土膜卽現其形, 取來淘洗.

入炉煎煉, 鎔化之後與錠鐵無二也.

【淺浮土面】風化鑛을 가리킬 뿐 실제 철광석은 지하에 매장되어 있음.

【平陽】지금의 山西 臨汾縣.

【數種】철광석을 현재는 赤鐵鑛(Fe_2O_3), 磁鐵鑛(Fe_3O_4), 褐鐵鑛($2Fe_2O_3 \cdot 3H_2O$), 菱鐵鑛($FeCO_3$)등으로 분류함.

【土錠鐵】덩어리로 된 鐵鑛物. 磁鐵鑛.

【愈用不窮】과학적으로 맞지 않음.

【砂鐵】모래처럼 보이는 철광석. 적철광·갈철광·자철광 등이 혼합되어 있음.

天工開物

下卷

十八

砂鐵淘洗

〈그림96〉철광사(鐵礦砂) 이리기

293(14-26)
생철生鐵과 숙철熟鐵

철은 생철生鐵과 숙철熟鐵로 구분되며, 노에서 나와 다시 불에 들어가지 않은 것은 생철이며, 불에 넣으면 숙철이 된다.

생철과 숙철을 다 함께 섞어 녹이면 강철鋼鐵이 된다.

무릇 철로鐵爐는 소금을 섞은 진흙을 쌓아 만든다.

이렇게 만든 노는 주로 산의 굴 가까이에 만들거나 혹은 큰 나무로 주위를 둘러싸고, 소금과 진흙을 섞어 만드는 데 한 달이 걸리더라도 서둘러서는 안 된다.

소금과 진흙 사이에 금이 섞인 질흙에 틈이라도 지금까지 해 놓은 공과 노력이 모두 사라지고 말기 때문이다.

무릇 노 하나에 2천여 철이 함유된 흙을 넣을 수 있으며, 혹 단단한 나무 장작이나 석탄, 또는 숯을 연료로 사용하며, 남방이나 북방이나 다 각각 그곳에서 구하기 쉬운 것을 쓰면 된다.

송풍용 풀무는 반드시 4인이나 6인이 함께 풀무질한다.

철이 함유된 흙이 녹아 쇳물이 된 다음에는 노의 중간 허리쯤에 구멍을 내어 흘러나오게 한다.

그 구멍은 먼저 진흙으로 막아 두었다가 매일 아침부터 낮 동안 12시간 동안에 두 시간마다 쇠를 녹여 흘러나오게 한다.

쇳물이 흘러나온 다음에는 즉시 그 구멍을 진흙으로 막았다가 풀무질을 하여 다시 녹인다.

凡鐵分生·熟, 出爐未炒則生, 旣炒則熟.

生·熟相和, 煉成則鋼.

凡鐵爐用鹽做造, 和泥砌成.

其爐多傍山穴爲之, 或用巨木匡圍, 塑造鹽泥, 窮月之力不容造次.

鹽泥有罅, 盡棄全功.

凡鐵一爐載土二千餘斤, 或用硬木柴, 或用煤炭, 或用木炭, 南北各從利便.

扇爐風箱必用四人·六人帶拽.

土化成鐵之後, 從爐腰孔流出.

爐孔先用泥塞, 每旦晝六時, 一時出鐵一陀.

旣出卽叉泥塞, 鼓風再鎔.

【生鐵】 오늘날의 銑鐵과 같음. 철 속의 탄소 함량이 1.7~4.5%인 것. 이는 주물용으로만 쓰임.

【熟鐵】 탄소의 함량이 0.03~0.05%보다 낮아 단조가 가능한 철. 그 외에 탄소의 함량이 0.035~1.7%인 것을 鋼鐵이라 함.

294(14-27)
버드나무의 활용

무릇 생철은 주조용鑄造用으로 쓰이며 이 쇳물을 긴 막대 모양과 둥근 원통형의 거푸집에 주입하여 모양을 갖추어 그 범위 안에서 쓰기에 알맞도록 한다.

만약 생철을 숙철熟鐵로 제련하려면 쇳물이 흘러나올 때 그 노에서 몇 척 떨어진 곳, 그리고 몇 치가 낮은 곳에 네모진 못을 만들고 얕은 담으로 둘러친다.

그 쇳물이 이 못으로 흘러들어 가도록 하여 몇 사람이 버드나무 막대를 쥐고 둑 위에 나란히 선다.

미리 햇볕으로 말려 둔 조수潮水를 머금은 진흙을 빻아 가루로 만들고, 다시 비단을 친 체로 곱게 밀가루처럼 친 것을 준비해 두었다가, 한 사람이 재빨리 이 가루를 쇳물에 골고루 뿌리고, 다른 사람들은 버드나무 막대로 세차게 쇳물을 휘저으면 곧 숙철이 된다.(그림97)

버드나무 막대는 한 번 저을 때마다 그 끝이 2~3치가 타서 없어지므로 다시 버드나무를 쓸 때는 다시 바꾸어야 사용하면 된다.

휘저었다가 조금 식었을 때 혹 못 속에서 네모 덩어리로 알맞게 잘라 내든지, 혹은 꺼내어 쇠뭉치로 쳐서 둥근 덩어리로 만들어 내다 판다.

그러나 유양瀏陽의 여러 제련소에서는 이처럼 하는지는 알 수 없다.

凡造生鐵爲冶鑄用者, 就此流成長條·圓塊, 範內取用.
若造熟鐵, 則生鐵流出時相連數尺內·低下數寸築
一方塘, 短墻抵之.

其鐵流入塘內, 數人執持柳木棍排立墻上.

先以污潮泥晒乾, 舂篩細羅如麵, 一人疾手撒擨, 衆人柳棍疾攪, 卽時炒成熟鐵.

其柳棍每炒一次, 燒折二·三寸, 再用則又更之.

炒過稍冷之時, 或有就塘內斬劃成方塊者, 或有提出揮推打圓後貨者.

若瀏陽諸冶, 不知出此也.

【若造熟鐵】흙 속의 硅酸鐵과 산화철이 생철의 쇳물 속에 합해지면 쇳물의 탄소가 산화되어 탄소가 줄어들어 숙철이 됨.
【柳木】 버드나무는 쇳물 속 탄소의 산화작용을 촉진함.
【瀏陽】 지명. 지금의 湖南 長沙의 동쪽에 있음.

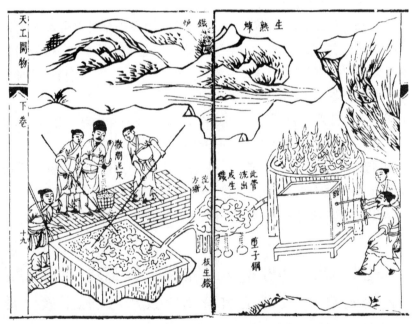

〈그림97〉 생철(生鐵)과 숙철(熟鐵)의 녹이기

295(14-28)
강철鋼鐵

무릇 강철鋼鐵을 제련하여 만드는 방법은 숙철을 단조하여 손가락 끝 폭만 한 너비, 길이는 약 한 치 반 정도의 박편薄片으로 만든다.

그리고 철편鐵片으로 숙철 박편을 단단히 묶은 다음, 생철을 그 위에 두고(廣東의 墮子生鋼이라는 것은 참으로 묘한 방법을 사용함), 다시 낡은 짚신을 그 위를 덮어(진흙이 묻은 것으로 하여 즉시 타서 없어지지 않도록 해야 함), 그 바닥은 진흙을 바른다.

큰 노에 넣고 강하게 풀무질을 하여 화력이 충분해지면 생철이 녹아 흥건히 숙철 안으로 스며들어 두 가지가 합치게 된다.

이를 꺼내어 두드리고 다시 녹여 두드리기를 반복해야 하면 단 한 차례만 해서는 되지 않는다. 이렇게 만든 강철을 단강團鋼이라 하며 또한 관강灌鋼이라 하는 것이 바로 이것이다.

凡鋼鐵煉法, 用熟鐵打成薄片如指頭闊, 長寸半許.

以鐵片束包尖緊, 生鐵安置其上(廣南生鐵名墮子生鋼者, 妙甚),

又用破草履盖其上(粘帶泥土者, 故不速化), 泥塗其底下.

洪炉高鞲, 火力到時生鐵先化, 滲淋熟鐵之中, 兩情投合.

取出加錘, 再煉再錘, 不一而足.

俗名團鋼, 亦曰灌鋼者是也.

【束包尖緊】'尖'은 '夾'의 오자임.

【生鋼】생철을 뜻함.

【團鋼】'灌鋼'이라고도 하며, 東漢 말부터 이미 이러한 제조방법이 시작되었다 함.

296(14-29)
일본 도검刀劍

일본日本의 도검刀劍에는 백번 단련된 정밀하고 순정한 것이 있어 이를 햇볕이 비치는 처마에 두면 온 방 안을 훤하게 비칠 정도이다.

이러한 칼은 생철과 숙철을 합하여 단련한 것이 아니며, 그러한 강철로 만들어도 이에 미치지 못한다고 한다.

이인夷人들은 또한 지수地溲(지수는 石腦油의 한 종류 로중국에서는 나지 않음)에 담금질한 강철이 있으며, 이 강철은 옥도 자를 수 있다고 하는데 아직 보지는 못하였다.

무릇 철 속에는 아주 단단한 부분이 있어 두드려도 힘이 닿지 않는 곳이 있는데 이를 철핵鐵核이라 한다.

향유香油를 발라 다시 치면 사라진다.

대체로 산의 북쪽에서는 철이 나면 그 산의 남쪽에는 자철광磁鐵鑛이 나는 것인데 그러한 곳은 몇 군데 있을 뿐이며 모두 그런 것은 아니다.

其倭夷刀劍有百煉精純, 置日光簷下則滿室輝曜者.

不用生·熟相和合煉, 又名此鋼爲下乘云.

夷人又有以地溲淬刀劍者(地溲乃石腦油之類, 不産中國), 云鋼可切玉, 亦未之見也.

凡鐵內有硬處不可打者, 名鐵核.

以香油塗之卽散.

凡産鐵之陰, 其陽出慈石, 第有數處不盡然也.

【地溲】石腦油. 여기서는 석유를 가리킴. 중국은 한나라 때 이미 석유를 발견하였으며 남북조 때는 이를 수레바퀴의 윤활유로 사용하였음.

【香油】참기름. 그러나 혹 樟腦油, 桂皮油, 丁香油, 薄荷油, 橙花油, 玫瑰油 등일 수 있으며, 고온에서 炭化되어 還元劑로 작용함.

【慈石】磁石과 같음. 磁性을 가진 赤鐵鑛. 그러나 산의 남쪽 북쪽 구분은 과학적으로 맞지 않음.

(7) 錫

297(14-30)
주석 산지

무릇 주석은 중국에서는 서남 여러 군읍에 치우쳐 나며 동북 지역에는
적게 난다.

고서古書에 주석을 '하賀'라 일컫게 된 것은 광서廣西 임하군臨賀郡에서
가장 많이 났었기에 때문에 그러한 이름을 얻게 된 것이다.

지금 천하에 널리 퍼진 것은 오직 광서 남단南丹과 하지河地의 두 주에서
나는 것이 8할을 차지하고, 호남湖南의 형주衡州와 강주江州에서 나는 것이
그다음이다.

대리大理와 초웅楚雄에서도 주석이 대량으로 나기는 하지만 길이 멀어
유통이 어렵다.

凡錫, 中國偏出西南郡邑, 東北寡生.

古書名錫爲「賀」者, 以臨賀郡産錫最盛而得名也.

今衣被天下者, 獨廣西南丹・河池二州居其八十, 衡・永
則次之.

大理・楚雄卽産錫甚盛, 道遠難致也.

【臨賀】《本草綱目》(8)에 "方術家謂之賀, 蓋錫以臨賀出者爲美也"라 하였으며 臨賀는 지금의 廣西 賀縣.

【南丹】지금의 廣西 南丹縣.

【衡·永】지금의 湖南 衡陽縣과 江永縣.

298(14-31)
산석山錫과 수석水錫

무릇 주석은 산석山錫과 수석水錫 두 가지가 있으며 산석은 다시 석과錫瓜와 석사錫砂 두 가지로 나뉜다.

석과의 덩어리는 크기가 작은 표주박만 하고, 석사는 콩알만 하며, 모두가 그리 깊지 않은 지하 굴에서 얻을 수 있으며, 간혹 흙 속에 석맥錫脉이 드러나 산지에 풍화되어 마구 흩어져 있는 것도 있어 사람들이 마음대로 주울 수도 있다.(그림98)

수석은 형주衡州와 영주永州의 계곡에서 나며 광서廣西에서는 남단하南丹河의 강 속에서 난다.(그림99)

그 바탕은 검은색이며 잘 부서져 마치 겹 비단 체로 친 고운 밀가루와 같다.

남단하에서 나는 것은 그곳 주민들이 열흘 전에 남에서 북으로 훑어 가면서 수석을 이리면서 올라갔다가 열흘 뒤에는 또 북에서 남으로 내려오면서 수석을 이려 채취한다.

이렇게 수석을 이려 채취하면서도 그 수석은 날마다 생겨나 백 년이 지나도 고갈되지 않는다.

그러나 하루 내내 일해도 이려서 얻어 그 수석을 제련하면 1근을 넘지 못한다.

노炉와 연료 등 자본을 계산해보면 얻는 소득은 그리 높다고 할 수 없다.

남단의 산석은 산의 북측에서 나며 그곳은 이리는데 필요한 물이 충분하지 않아 대나무 관을 연결하여 산 남쪽의 물을 끌어들여 그 물로 흙과 찌꺼기를 씻어낸 다음 노에 넣어 제련한다.

凡錫有山錫·水錫兩種, 山錫中又有錫瓜·錫砂兩種.

錫瓜塊大如小瓠, 錫砂如豆粒, 皆穴土不甚深而得之,
間或土中生脉充物, 致山土自頹, 恣人拾取者.

水錫衡·永出溪中, 廣西則出南丹州河內.

其質黑色, 粉碎如重羅麪.

南丹河出者, 居民旬前從南淘至北, 旬後又從北淘至南.

愈經淘取, 其砂日長, 百年不竭.

但一日功勞, 淘取煎練, 不過一斤.

會計炉炭資本, 所獲不多也.

南丹山錫出山之陰, 其方無水淘洗, 則接連百竹爲枧,
從山陽枧水淘洗土滓, 然後入炉.

【山錫·水錫】채취한 곳에 따라 이름이 다른 것이며 산석은 脉錫, 수석은 砂錫
이라고도 함. 성분은 SnO_2로 같음.
【其砂日長】이는 과학적으로 맞지 않음.

〈그림98〉주석 채취

〈그림99〉 남단(南丹)의 수석(水錫)

299(14-32)
주석 제련

무릇 제련하는 데는 역시 큰 노를 사용하며, 노에 수백 근의 사석을 넣고, 숯 역시 수백 근을 시렁처럼 쌓아 올려 풀무질을 하여 녹인다.

화력이 충분한데도 사석이 곧바로 녹지 않으면 약간의 납을 섞어 이를 끌어내면 비로소 주석이 콸콸 흘러내린다.(그림100)

혹 다른 사람이 이미 주석을 제련하고 남은 노의 재를 이용하여 주석을 끌어내기도 하며, 그때 노의 바닥에 숯가루나 자기瓷器 가루를 깔아 평평한 못을 만들고, 그 곁에는 철관鐵管으로 작은 홈통을 만들어주면 녹은 주석이 흘러내려 노 밖의 낮은 못으로 흘러들게 된다.

노에서 나온 상태의 처음 주석은 대단히 희지만, 너무 단단하여 한 번씩 쳐 주어야 곧바로 파쇄된다.

그리고 납을 넣어 주석을 연하게 해 주어야 비로소 각종 기구를 만들 수 있다. 상품으로 파는 주석에는 온갖 잡연雜鉛이 너무 많은 들어있으므로 순정한 주석을 얻으려면 이를 녹인 후 식초에다 8~9차례 반복하여 담금질하면 속에 들어 있던 납의 찌꺼기가 모두 사라지게 된다.

주석을 추출해 내는 데는 이러한 방법밖에는 없다.

방서方書에는 마치현馬齒莧에서 초석草錫을 채취한다고 되어 있으나 이는 허황한 말이다.

그리고 비석砒石이 주석의 싹이 된다고 한 것 역시 그릇된 말이다.

凡煉煎亦用洪爐, 入砂數百斤, 叢架木炭亦數百斤, 鼓鞴鎔化.

火力已到, 砂不卽鎔, 用鉛少許勾引, 方始沛然流注.

或有用人家炒錫剩灰勾引者, 其爐底炭末·瓷灰鋪作平池, 傍安鐵管小槽道, 鎔時流出爐外低池.

其質初出潔白, 然過剛, 承錘卽析裂.

入鉛制柔, 方充造器用.

售者雜鉛太多, 欲取淨則鎔化, 入醋淬八·九度, 鉛盡化灰而去.

出錫唯此道.

方書云馬齒莧取草錫者, 妄言也.

謂砒爲錫苗者, 亦妄言也.

【用鉛勾引】 주석에 납을 넣으면 鎔解點이 낮아지고 流動性이 높아져 쉽게 흘러내리게 할 수 있음.

【入醋淬】 납과 합금된 주석에 초를 가하면 납이 초산연(용해점 280℃)이 되고 주석은 용해점이 232℃가 되어 납이 사라지게 됨.

【馬齒莧】 풀이름. 쇠비름. 馬齒科草本植物(Portulaca oleracea). 이는 저자의 인용이 잘못된 것임.《本草綱目》(9)에 마치현 10근을 달이면 수은 8냥을 얻을 수 있으며 이를 草汞이라 한다 하였을 뿐 주석을 얻는다는 말은 실려 있지 않음.

【砒爲錫苗】《本草綱目》(10)에 "砒, 乃錫之苗"라 함. 실제 중국 錫鑛床에는 毒砂를 함유하고 있어 작자의 비평은 잘못된 것임.

煉錫爐

點鉛
勾錫

流入鐵盤

〈그림100〉 연석로(煉錫炉)

(8) 연鉛 附: 胡粉·黃丹

300(14-33)
납의 종류

무릇 납을 캐내는 광산은 구리 광산이나 주석 광산보다 많으며, 납에는 세 종류가 있다.

하나는 은광銀鑛에서 나는 것으로서 은을 포함하고 있으며 처음 제련하면 은과 섞여 한 덩어리가 되어 있으나, 다시 제련하면 납이 은에서 분리되어 밑으로 가라앉는다. 이런 납을 은광연銀鑛鉛이라 하며, 이러한 납은 운남雲南에서 가장 많이 난다.

다음 하나는 동광銅鑛에서 나온 것으로 큰 노에 넣어 제련하면 납이 구리보다 먼저 녹아 흘러나오며, 구리가 뒤를 따라 나온다. 이를 동산연銅山鉛이라 하며 귀주貴州에서 가장 많이 난다.

다음 하나는 납 단독으로 있는 것으로서 산에 굴을 파서 찾아내며 기름등불을 들고 그 맥을 찾아야 하는데 그 굴곡은 은광銀鑛을 찾을 때와 같다.

이를 캐내어서 잘 씻고 이린 다음 제련한 얻어낸 납을 초절연草節鉛이라 하며, 이러한 납은 사천四川의 가주嘉州와 이주利州 등지에서 가장 많이 난다.

그 외에 아주雅州에서는 조각연釣脚鉛이 나는데 모양은 마치 조협자皂莢子와 같으며, 또한 올챙이와 같은 것도 있으며 산간의 모래에서 난다.

강서江西 광신군廣信郡의 상요上饒나 요군饒郡의 악평樂平 등지에서는 잡동연襍銅鉛이 나며, 복건福建의 검주劍州에서는 음평연陰平鉛이 나는 등 일일이 다 열거할 수 없다.

凡産鉛山穴, 繁于銅·錫, 其質有三種:

一出銀礦中, 包孕白銀, 初煉和銀成團, 再煉脱銀沉底, 曰銀礦鉛, 此鉛雲南爲盛.

一出銅礦中, 入洪爐煉化, 鉛先出, 銅後隨, 曰銅山鉛, 此鉛貴州爲盛.

一出單生鉛穴, 取者穴山石, 挾油燈尋脉, 曲折如採銀礦. 取出淘洗·煎鍊, 名曰草節鉛, 此鉛蜀中嘉·利等州爲盛.

其餘雅州出釣脚鉛, 形如皂莢子, 又如蝌斗子, 生山澗沙中.

廣信郡上饒·饒郡樂平出襍銅鉛, 劍州出陰平鉛, 難以枚擧.

【銀礦鉛】 銀을 含有한 方鉛礦이라 함.

【草節鉛】 方鉛礦, 즉 황화납(PbS).

【嘉州】 지금의 四川 중부 樂山, 峨眉, 夾江, 犍爲 등을 관할하던 주.

【利州】 지금의 四川 북주 廣元 등지를 관할하던 주.

【雅州】 지금의 四川 중부 雅安, 名山, 榮經, 天全, 盧山 등지를 관할하던 주.

【皂莢子】 쥐엄나무의 열매.

【蝌斗】 蝌蚪. 올챙이.

【劍州】 지금의 福建 중부 南平市와 順昌, 沙縣, 尤溪 등지를 관할하던 주.

301(14-34)
납의 효능

무릇 은광銀鑛에 들어있는 납은 납을 제련하여 이를 노의 바닥에 가라 앉도록 하며 그 가라앉은 것을 다시 제련하면 납이 된다.

초절연草節鉛은 단독으로 큰 노에 넣어 제련하여 노의 곁에는 관을 통하게 하여 흘러내린 납을 긴 대롱을 통해 흙으로 만든 구유로 흘러 내리게 하며 이를 속칭 편담연扁担鉛, 혹은 출산연出山鉛이라고도 한다.

이렇게 하는 것은 은로銀爐에서 여러 번 제련해서 나온 납과 구별하기 위한 것이다.

무릇 납은 값이 비록 싸지만, 그 변화는 아주 특수하고 기묘하다.

백분白粉이나 황단黃丹은 모두가 납이 그 모습을 드러내는 현상이다.

그런가 하면 은을 바닥으로 내려 순도를 높여주고, 주석을 끌어내어 부드럽게 해 주는 등의 역할은 모두가 납의 힘이다.

凡銀鑛中鉛, 煉鉛成底, 鍊底復成鉛.

草節鉛單人洪爐煎煉, 爐傍通管, 注入長條土槽內, 俗名 扁担鉛, 亦曰出山鉛.

所以別于凡銀爐內頻經煎煉者.

凡鉛物值雖賤, 變化殊奇.

白粉·黃丹皆其顯像.

操銀底于精純, 勾錫成其柔軟, 皆鉛力也.

【變化殊奇】《本草綱目》(8)에 "鈆, 變化最多, 一變而成胡粉, 再變而成黃丹, 三變
而成密陀僧, 四變而爲白霜"이라 함.

【白粉】胡粉, 鉛粉, 定粉이라고도 하며 鹽基性碳酸납(2PbCO$_3$·Pb(OH)$_2$). 화장품
이나 안료로 사용됨.

【黃丹】鉛丹이라고도 하며 四氧化三鉛(Pb$_3$O$_4$).

302(14-35)
호분胡粉

부: 호분胡粉

무릇 호분을 만드는 데는 매번 납 100근을 녹인 후 이를 깎아 박편薄片으로 만들어 이를 둥글게 감아 통 모양으로 하여 나무 시루에 넣는다.

시루의 아래와 시루 가운데에 각각 초 한 병을 두고, 그 밖을 염니鹽泥로 단단히 봉하고, 종이에 풀칠하여 시루의 틈새를 막는다.

약 4냥의 숯불로 7일 동안 데운 다음 그 기간이 차면 이를 열어놓는다.

그렇게 하면 납의 박편에 모두 서리와 같은 가루가 생겨 있으며 이를 쓸어 항아리에 담는다.

미처 아직도 서리와 같은 형태가 생기지 않은 납은 다시 시루에 넣어, 앞서처럼 다시 7일 동안 데운 후 쓸어 모으며 모두가 그렇게 될 때까지 계속한다.

그리고도 남는 찌꺼기는 남겨두었다가 황단黃丹의 원료로 쓴다.

附: 胡粉

凡造胡粉, 每鉛百斤, 鎔化, 削成薄片, 卷作筒, 安木甑内.
甑下·甑中各安醋一瓶, 外以鹽泥固濟, 紙糊甑縫.
安火四兩, 養之七日.
期足啓開.

鉛片皆生霜粉, 掃入水缸內.

未生霜者入甑依舊再養七日, 再掃, 以質盡爲度.

其不盡者留作黃丹料.

【鹽泥】진흙에 소금을 섞은 것. 갈라지지 않도록 하기 위한 것.

303(14-36)
소분韶粉

　매번 쓸어 모은 서리 모습의 납 가루 한 근 마다, 콩가루 2냥, 조개껍질 빻은 가루 4냥을 함께 항아리에 넣고 골고루 저었다가 맑아지면 위의 맑은 물을 버린다.

　고운 재를 굳혀서 홈을 만들어 몇 장의 종이를 겹쳐 그 홈 위에 깔고, 가라앉았던 가루를 그 위에 둔다.

　이 가루가 말라갈 때 기와 형태로 자르거나 혹 덩어리로 만들어 마른 다음 거두어 내다 판다.

　이 물건은 옛날에는 오직 호남湖南 진주辰州와 광동廣東 소주韶州에서만 이런 가루를 만들었으므로 그 때문에 이를 소분韶粉(민간에서는 朝粉이 라잘못 알고 있음)이라 불렀다.

　그러나 지금은 어느 성省이나 직예直隷에서 모두 만들고 있다.

　이 가루를 단청丹靑에 넣어 사용하면 그 흰색이 퇴색하지 않는다.

　여인들이 이를 뺨에 바르면 능히 본래의 얼굴색이 푸르스름하게 바뀐다.

　호분을 숯불 화로에 던지면 여전히 녹아서 납이 된다.

　이것이 소위 말하는 모든 색은 다시 검은색으로 되돌아간다는 것이다.

　每掃下霜一斤, 入豆粉二兩·蛤粉四兩, 缸內攪勻, 澄去 清水.

　用細灰按成溝, 紙隔數層, 置粉于上.

將乾, 截成瓦定形, 或如磊塊, 待乾收貨.

此物古因辰·韶諸郡專造, 故曰韶粉(俗誤朝粉).

今則各省直饒爲之矣.

其質入丹靑, 則白不減.

査婦人頰能使本色轉靑.

胡粉投入炭炉中, 仍還鎔化爲鉛.

所謂色盡歸皂者.

【豆粉, 蛤粉】콩가루는 접착제의 구실을 하고, 조개껍데기는 성분이 CaCO₃로서 윤활 및 충전 작용을 하여 백색 분말을 點結시킴.

【截成瓦定形】'截成瓦形'이어야 함. '定'은 衍字.

【査婦人頰】'査'는 '擦'자의 의미로 쓴 것임. 납을 화장품으로 사용하였음을 말함.

【投火中】緯書《周易參同契》(142)에 "胡粉投火中, 色壞還爲鉛"이라 함.

【色盡歸皂】'皂'는 黑의 의미. 세상 물체의 색이란 자신의 색이 다하면 흑색으로 돌아감.

【辰】辰州府. 지금의 廣東 韶關, 曲江, 樂昌, 仁化, 南雄, 翁源, 英德 등지를 관할함.

【丹靑】물감, 안료의 뜻.

【轉靑】피부가 납중독을 일으켜 푸른 색을 띠게 됨을 말함.

304(14-37)
황단黃丹

부: 황단黃丹

무릇 연단鉛丹을 제련할 때는 납 1근에 토유황土硫黃 10냥, 초석硝石 1냥을 넣으면 된다.

납이 용해되어 액상液狀이 되면 식초를 떨어뜨린다.

이것이 끓을 때에 유황 한 덩이를 넣고 조금 후 다시 약간의 초석을 넣어, 끓기가 멈추었을 때 다시 식초를 떨어뜨리고, 앞서와 같이 차례로 유황과 초석을 계속 넣는다.

재료들이 가루가 되기를 기다리면 황단이 되는 것이다.

호분을 만들고 남은 납으로 황단을 만들고자 하면 초석과 반석礬石을 넣으면 연단이 되며 초는 쓸 필요가 없다.

그렇게 만든 황단을 다시 납으로 되돌리면 파의 흰 부분을 즙으로 내어 이를 황단에 섞어 약한 불로 천천히 데워 금색의 즙이 생길 때 이를 쏟아 내면 다시 납으로 환원된다.

附: 黃丹

凡炒鉛丹, 用鈆一斤·土硫黃十兩·硝石一兩.

鎔鈆成汁, 下醋點之.

滾沸時下硫一塊, 少頃入硝少許, 沸定再點醋, 依前漸下硝·黃.

待爲末, 則成丹矣.

其胡粉殘剩者, 用硝石·礬石炒成丹, 不復用錯也.

欲丹還鉛, 用蔥白汁拌黃丹慢炒, 金汁出時, 傾出卽還鉛矣.

【黃丹, 鉛丹】 鉛丹과 黃丹은 같은 의미로 쓴 것이며 黃丹은 4산화3납(Pb_3O_4)로서 붉은색의 가루임. 그 제조법은 《本草綱目》(8)에는 獨孤滔의 《丹房鑑原》을 인용하여 자세히 설명하고 있음.

【硝石】 硝石은 醋에 녹아 묽은 질산이 되며, 납은 이 묽은 질산에서 얼마 녹지 않으나 황화납은 오히려 많이 녹아 이 때문에 유황을 넣는 것임. 질산은 산화제의 역할을 하여 납을 황단(PbO)으로 바꾸며 이렇게 만든 황단을 密陀僧이라 불렀음.

【不復用錯】 '錯'은 '醋'의 오류임.

【蔥白汁】 파의 흰 부분을 즙으로 내어 사용하며 이는 還元劑로 역할을 하여 산화납을 납으로 還元시킴.

15. 가병佳兵

　가병佳兵은 武器를 가리킴. 이는 《老子》(31)의 "夫佳兵者, 不祥
之器"라 하였으며, 《韓非子》存韓篇에도 "兵者, 凶器也. 不可不審
用也"라 하였고, 《國語》越語에도 "范蠡進諫曰:「夫勇者, 逆德也;
兵者, 凶器也; 爭者, 事之末也. 陰謀逆德, 好用凶器, 始於人者, 人之
所卒也; 淫佚之事, 上帝之禁也, 先行此者, 不利.」"라 하는 등 널리
쓰이던 말이며, 주로 전투에 필요한 여러 무기의 제조, 제작 과정과
성능 등을 설명하고 있음.

(1) 전언前言

305(15-1)
전언

내 생각으로는 이렇다.

"전쟁은 성인이라 해도 막을 수가 없는 문제이다. 순舜는 50년이나 제위에 있었으나 유묘씨有苗氏를 굴복시키지 못하였다. 현명한 제왕, 성스러운 임금이라 해도 누가 능히 전쟁을 없앨 수 있겠는가? '호시弧矢의 효용은 천하를 위압하는 데 있다' 하였으니 그 유래 또한 오래된 것이다.

그런데 《노자老子》를 배우는 사람들은 갈천씨葛天氏처럼 전쟁이 없던 시대를 생각하여 '무기는 상서롭지 못한 물건'이라고 하였으나 이는 신중히 해야 함을 말한 것이리라. 화약과 기계를 이용한 기교는 먼저 서양 사람들이 시작하여 남방으로 전해진 것이며 그 뒤 중국으로 들어와서 온갖 변화가 출현하고 날로 새로운 것이 생겨난 것이다. 중국은 오늘날에 이르도록 이민족을 굴복시키는 것을 가장 큰일로 삼아왔으니 그 때문에 그렇게 발전한 것이리라! 비록 그렇다고는 해도 사람이 온갖 기교와 생각을 다 풀어놓고 어찌 능히 그런 고도의 지극한 무기를 만들어낼 수 있었을까?"

宋子曰:「兵非聖人之得已也. 虞舜在位五十載, 而有苗猶弗率. 明王聖帝, 誰能去兵哉?『弧矢之利, 以威天下』, 其來尚矣. 爲老氏者, 有葛天之思焉, 其詞有曰:『佳兵者, 不祥之器.』蓋言愼也. 火藥機械之竅, 其先鑿自西番與南裔, 而後乃及于中國, 變幻百出, 日盛月新. 中國至今日, 則卽戎者以爲第一義, 豈其然哉! 雖然, 生人縱有巧思, 烏能至此極也?」

【虞舜】 고대 五帝의 하나. 有虞氏. 姓은 姒氏, 이름은 重華. 虞舜으로도 부름. 堯임금으로부터 천하를 물려받아 帝位에 오름. 瞽瞍의 아들로 孝誠이 뛰어났던 분으로 널리 알려졌으며 儒家에서 聖人으로 추앙함. 《十八史略》(1)에 "帝舜有虞氏: 姚姓, 或曰名重華, 瞽瞍之子, 顓頊六世孫也. 父惑於後妻, 愛少子象, 常欲殺舜. 舜盡孝悌之道, 烝烝乂不格姦"이라 함.

【有苗氏】 중국 고대 南方 三苗의 異民族. 지금의 湖南, 湖北, 江西 일대에 분포하여 강한 힘을 가졌던 부족 이름. 《戰國策》 魏策(1)에 "昔者, 三苗之居, 左彭蠡之波, 右有洞庭之水, 文山在其南, 而衡山在其北. 恃此險也, 爲政不善, 而禹放逐之"라 함. 《尙書》 舜典에 "流共工于幽洲, 放驩兜于崇山, 竄三苗于三危, 殛鯀于羽山. 四罪而天下咸服"이라 함.

【弧矢之利】 《周易》 繫辭傳(下)에 "弦木爲弧, 剡木爲矢, 弧矢之利, 以威天下, 蓋取諸睽"라 함.

【老子】 李耳. 道家의 대표적인 인물. 刑法治國을 반대하고 無爲而治를 주장함. 《老子(道德經)》 五千言을 남김.

【葛天氏】 傳說上 상고시대 형법이나 전쟁 등이 없던 시대의 군주. 陶淵明 〈五柳先生傳〉에 "酣觴賦詩, 以樂其志. 無懷氏之民歟? 葛天氏之民歟?"라 하였으며, 《十八史略》(1)에 "女媧氏沒, 有共工氏, 太庭氏, 柏皇氏, 中央氏, 歷陸氏, 驪連氏, 赫胥氏, 尊盧氏, 混沌氏, 昊英氏, 朱襄氏, 葛天氏, 陰康氏, 無懷氏, 姓相承者十五世"라 하였고, 呂氏春秋 古樂篇에는 "昔葛天氏之樂, 三人操牛尾, 投足以歌八闋"이라 함.

【火藥】 중국 최초의 화약은 9세기 《眞元妙道要略》에 최초로 실려 있으며 北宋 曾公亮(999~1078)의 《武經總要》에 의하면 10세기에는 이미 무기와 전투에 활용되었음. 이것이 蒙古人에 의해 서양으로 전파됨.

【西番與南裔】 《皇明世法錄》(82)과 趙士楨의 《神器譜》에 의하면 유럽의 銃砲는 16세기에 포르투갈에 의해 南洋群島로 전해졌고, 그 후 또 西域으로부터 중국으로 전입된 것으로 실려 있음.

(2) 활과 화살: 弧·矢

306(15-2)
활 만들기

무릇 활을 만드는 데는 대나무와 쇠뿔을 가장 중요한 기본 바탕으로 하여(동북의 이민족은 대나무가 없어 나무를 굽혀 사용함), 뽕나무 가지로 양쪽 끝을 잇는다.

활의 현弦은 대나무를 안쪽으로 하고 쇠뿔이 그 바깥쪽을 보호한다.

이를 잡아당겨 만들면 쇠뿔이 안쪽을 향하고, 대나무가 바깥쪽이 된다.

대나무는 한 가지이며 쇠뿔은 둘로 이어져 있고, 두 끝의 뽕나무는 그 끝 구멍을 뚫어 현을 끼워 연결되도록 한다.

그 근본은 대나무 화살의 아ㄱ자형을 끼워 물고 있을 수 있도록 그 한 면을 깨끗이 깎아 뿔을 붙인다.

凡造弓以竹與牛角爲正中幹質(東北夷無竹, 以柔木爲之),
桑枝木爲兩稍.
弛則竹爲內體, 角護其外.
張則角向內, 而竹居外.
竹一條而角兩接, 桑弰則其末刻鍥以受弦彄.
其本則貫插接筍于竹丫, 而光削一面以貼角.

【兩稍】 '兩梢'의 오류. 양쪽 끝.
【弦】 활줄. 활의 시위.

307(15-3)
활의 재료

무릇 활을 만들 때는 대나무 하나를 깎아(대나무는 가을에 베어야 하며
봄여름의 것은 썩거나 좀이 먹음), 중간 허리 부분은 약간 가늘게, 두 끝은 좀 넓게 하되, 길이는 2자쯤으로 한다.

한쪽 면에는 아교로 쇠뿔을 붙이고, 다른 한 면에는 소의 힘줄을 나란히 놓고 아교로 붙여 고정한다.

쇠뿔은 중앙에서 서로 이빨이 맞물리도록 하여(북방 이민족은 긴 쇠뿔이 없어 양뿔 네 조각을
붙여서 단단히 묶음. 廣東의 활은 투명한 황소
뿔도 사용하며 물소뿔만 쓰지는 않음), 소 힘줄과 아교로 단단히 고정한다.

아교가 굳은 다음 그 바깥은 자작나무 껍질을 다시 붙이는데, 이를 난파煖靶라 한다.

무릇 자작나무는 산해관山海關 밖의 요양遼陽에서 나며, 화북華北에는 준화遵化에서 가장 많이 나고, 서북에는 임조군臨洮郡에서 나며, 복건福建, 광동廣東, 절강浙江 등지에서도 어디에서나 난다.

그 껍질로 보호막을 만들면 손으로 잡을 때 마치 보드라운 솜과 같으므로 궁파弓靶를 만들 때는 반드시 사용한다.

칼자루나 창자루에도 역시 이것이 필수적으로 사용된다.

가장 얇은 데 쓰이는 것으로는 도검刀劍의 칼집이다.

凡造弓先削竹一片(竹宜秋天伐, 春夏則朽蛀), 中腰微亞小, 兩頭差大, 約長二尺許.

一面粘膠靠角, 一面鋪置牛筋與膠而固之.

牛角當中牙接(北虜無修長牛角, 則以羊角四接而束之. 廣弓則黃牛明角亦用, 不獨水牛也), 固以筋膠.

膠外固以樺皮, 名曰煖靶.

凡樺木關外産遼陽, 北土繁生遵化, 西陲繁生臨洮郡, 閩·廣·浙亦皆有之.

其皮護物, 手握如軟綿, 故弓靶所必用.

卽刀柄與槍干, 亦需用之.

其最薄者則爲刀劍鞘室也.

【樺】 자작나무. 樺木科 白樺喬木(Betula platyphylla). 동북지역과 화북 일대에 분포되어 있음.
【遵化】 河北 동남부의 지명. 淸代 皇陵 東淸陵이 있음.
【弓靶】 활에서 손에 닿는 부분.

308(15-4)
우근牛筋과 아교

무릇 소의 등뼈에는 한 가닥의 장방형의 힘줄이 있으며, 그 무게는 약 30냥이나 된다.

소를 잡아 이 힘줄을 꺼내어 볕에 말려 다시 물속에 담갔다가 모시실처럼 잘게 찢는다.

북방 이민족은 명주실이 없어서 활시위에는 모두 이것을 꼬아 합하여 사용한다.

중원中原에서는 이를 펼쳐 활 몸체 근간에 붙여 보호하는 데에 사용하며 혹 솜을 트는 활에도 이를 사용한다.

무릇 아교는 물고기의 부레와 창자를 섞어 만들며 이를 달여서 아교로 만드는 곳은 주로 영국군寧國郡에서 작업을 하며, 동해東海의 석수어石首魚는 절강浙江에서는 하얗게 말린 생선에서 부레를 꺼내어 아교를 만드는데 그 견고하기는 쇠나 철보다 더하다.

북쪽 이민족도 바닷고기의 부레를 달여 아교를 만들며, 견고한 정도는 중원에서 만든 것과 차이가 없지만, 물고기 종류가 조기가 아닌 다른 것이다.

하늘이 만들어낸 몇 가지 물건에서 한 가지라도 모자라면 좋은 활을 만들 수 없으니 이는 우연이 아니다.

凡牛脊梁每隻生筋一方條, 約重三十兩.
殺取晒乾, 復浸水中, 析破如苧麻絲.

胡虜無蠶絲, 弓弦處皆糾合此物爲之.

中華則以之鋪護弓幹, 與爲棉花彈弓弦也.

凡膠乃魚脬·雜腸所爲, 煎治多屬寧國郡, 其東海石首魚, 浙中以造白鯗者, 取其脬爲膠, 堅固過于金鐵.

北虜取海魚脬煎成, 堅固與中華無異, 種性則別也.

天生數物, 缺一而良弓不成, 非偶然也.

【魚脬】물고기의 부레. 魚鰾. 물고기 체내의 공기주머니로 달이면 그 黏性이 아주 높아져 아교로 사용함.

【石首魚】조기. 黃魚라고도 부름. 대황어(Pseudosciaena crocea)와 小黃魚(Pseudosciaena polyactis) 두 종류가 있음.

【白鯗】하얗게 말린 물고기.

309(15-5)
시위

무릇 활은 우선 밑틀을 만든 다음 이를 실내에 대들보에 얹어놓고 그 아래 바닥에는 불기운을 끊이지 않게 쬐어준다.

빠르면 10일, 길면 두 달 동안 이렇게 하여 재료 속에 있던 물기나 진액이 모두 마른 연후에 이를 내려 갈고 닦아 빛이 나게 한다.

여기에 다시 소의 힘줄과 아교 및 옻칠을 입히면 아주 훌륭한 활이 된다.

활을 만들어 파는 집에서는 충분히 기다려 말리지 않은 채 그대로 내다 팔고 있어 나중에 이들이 풀어지는 단점이 있는데 바로 이 때문이다.

무릇 활의 현은 산뽕나무의 잎을 먹고 자란 누에의 실로 만들면 더욱 단단하고 질기다.

줄마다 시위는 20여 가닥의 실을 기본으로 하며 그런 연후에 실을 가로로 단단히 동여서 바짝 묶어 맨다.

실을 감을 때는 세 부분으로 나누어 7치쯤마다 간격을 두고 1~2푼의 공간은 비워둔 채 감지 않고 둔다.

그렇게 함으로써 시위를 활에 매지 않았을 때에는 세 마디를 접어서 간수할 수 있다.

지난날 북쪽 이민족들은 활의 힘줄을 모두 소의 힘줄로 만들었기 때문에 여름 장마철이면 풀어지는 단점이 있어 그 때문에 그 기간에는 감히 침범하지 못하였다.

그러나 명주실로 만든 시위가 어디에나 있다.

한편 시위를 칠할 때 혹 황랍黃蠟을 쓰기도 하지만 또한 그것을 쓰지 않아도 방해가 되는 것은 아니다.

무릇 활 양 끝의 시위를 매는 부분에는 혹 아주 두꺼운 쇠가죽이나 나무를 깎아 마치 작은 바둑돌처럼 만들어 못을 쇠뿔 끝에 박아 접착 시키는데 이를 점현墊弦이라 하며, 이는 거문고 줄의 기러기발과 같은 역할을 한다.

화살을 쏜 후 시위가 되돌아오는 탄력이 안쪽으로 큰 힘이 생기는데 이 점현이 막아주는 것으로써 그렇게 하지 않으면 활이 손상을 입게 된다.

凡造弓初成坯後, 安置室中梁閣上, 地面勿離火意.

促者旬日, 多者兩月, 透乾其津液, 然後取下磨光.

重加筋·膠與漆, 則其弓良甚.

貨弓之家不能俟日足者, 則他日解釋之患因之.

凡弓弦取食柘葉蠶繭, 其絲更堅靭.

每條用絲線二十餘根作骨, 然後用線橫纏緊約.

纏絲分三停, 隔七寸許, 則空一·二分不纏.

故弦不張弓時, 可摺疊三曲而收之.

往者北虜弓弦盡以牛筋爲質, 故夏月雨霧妨其解脫, 不相侵犯.

今則絲弦亦廣有之.

塗弦或用黃蠟, 或不用亦無害也.

凡弓兩艄繫弰處, 或切最厚牛皮, 或削柔木如小碁子, 釘粘角端, 名曰墊弦, 義同琴軫.

放弦歸返時, 雄力向內, 得此而抗止, 不然則受損也.

【墊弦】 활을 쏘고 난 다음 시위의 반발력을 줄여 활시위가 자리를 잡고 정지
되도록 하는 부분.
【棋軫】 '琴軫'과 같음. 거문고 등 현악기에서 줄의 팽팽한 정도를 조절하여
소리를 정하는 받침대.

310(15-6)
활의 강약

무릇 활을 만들 때는 사람이 당기는 힘의 강약強弱을 살펴 그에게 맞게 경중을 구분하여 만든다.

가장 센 힘으로는 120근의 활을 당길 수 있고, 이보다 센 힘을 호력虎力이라 하지만 그 수는 그다지 많지 않다.

중간 정도의 힘으로는 80~90근을 당길 수 있고, 약한 힘으로는 단지 그 반인 60근 정도를 당길 수 있다.

활시위를 끝까지 당기면 누구나 과녁을 맞힐 수 있다.

그러나 전투에서 적의 가슴을 뚫거나 갑옷을 꿰뚫을 수 있는 경우라면 그 공은 반드시 힘이 세어 강하게 활을 당겨 쏜 사람이다.

힘이 약한 사람으로서 버들잎을 꿰뚫었거나 이처럼 작은 벌레를 맞추었다는 것은 그 기교가 훌륭한 것일 뿐이다.

무릇 활의 힘을 측정하자면 발로써 활시위를 밟고, 대저울의 고리를 활의 중간에 걸고 위로 활을 끝까지 당겨 저울추를 그에 맞추어 옮기면서 어디까지 당겨지는가를 보면 그 힘의 다소를 알 수 있다.(그림101)

처음 활을 만들 때 재료의 무게는 양兩으로 나누어 보면 센 힘으로 당기는 활의 경우 쇠뿔과 대나무를 깎아 만들기 시작할 때 약 7냥이다.

그리고 힘줄과 아교, 및 옻과 실의 무게는 약 8전이니, 이것이 대략의 비율이다.

중간 힘이면 그 무게의 10분의 1~2를 줄이고, 약한 힘일 때는 10분의 2~3을 줄이면 된다.

凡造弓視人力强弱爲輕重.

上力挽一百二十斤, 過此則爲虎力, 亦不數出.

中力減十之二·三, 下力及其半.

殼滿之時, 皆能中的.

但戰陣之上, 洞胸徹札, 功必歸于挽强者.

而下力倘能穿楊貫虱, 則以巧勝也.

凡試弓力, 以足踏弦就地, 稱鈎搭掛弓腰, 弦滿之時, 推移稱錘所壓, 則知多少.

其初造料分兩, 則上力挽强者, 角與竹片削就時, 約重七兩.

筋與膠· 漆與纏約絲繩約重八錢, 此其大畧.

中力減十之一·二, 下力減十之二·三也.

【洞胸徹札】가슴을 관통하고 갑옷을 꿰뚫음. 찰은 갑옷의 두께를 말하며 가장 뚫기 어려운 정도를 흔히 '七札'이라 함.《左傳》成公 16年에 "晉楚遇於鄢陵. ……養由基蹲甲而射之, 徹七札焉"이라 함.

【穿楊貫虱】'穿楊'은《戰國策》西周策에 "楚有養由基者, 善射; 去柳葉者百步而射之, 百發百中. 左右皆曰:「善」有一人過曰:「善射, 可教射也矣」養由基曰: 「人皆善, 子乃曰: 可教射, 子何不代我射之也?」客曰:「我不能教子支左屈右. 夫射柳葉者, 百發百中, 而不已善息, 少焉氣力倦, 弓撥矢鈎, 一發不中, 前功盡矣.」라 한 것이 널리 알려졌으며, 貫虱은《列子》湯問篇에 "紀昌以氂懸虱於牖, 南面而望之. 旬日之間, 浸大也; 三年之後, 如車輪焉. 以覩餘物, 皆丘山也. 乃以燕角之弧, 朔蓬之簳射之, 貫虱之心, 而懸不絶. 以告飛衛"라 하여 널리 알려졌음.

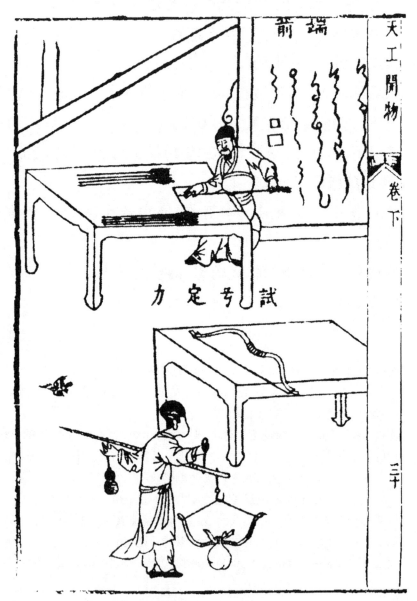

〈그림101〉 단전(端箭)과 시궁(試弓)

311(15-7)
활의 보관

무릇 활을 만들고 나서 보관할 때에 가장 피해야 할 것은 장마철의 습기이다(장마는 남에서 북으로 오며, 嶺南은 穀雨, 江南은 小滿, 江北은 6월, 燕齊 지역은 7월임. 그러나 淮揚 일대의 장마가 심함).

장사將士들의 집에서는 화덕이나 화로를 설치하여 날마다 바닥에 탄불을 피워 둔다(봄가을에 안개나 비가 심할 때도 그렇게 하며 오직 장마철만 그렇게 하는 것은 아님).

소졸小卒은 이러한 화덕이 마련되어 있지 않다면 부엌의 아궁이 온돌 위에 둔다.

조금이라도 태만하여 부지런히 하지 않으면 곧바로 썩거나 해체될 위험이 있다(근년에 조정에서 남방 여러 성에 활을 만들도록 명하였으나 북쪽으로 와서는 해체되어 되돌려지는 일이 분분 한데, 이는 활이 불을 떠나면 곧 손상을 입는 것을 모르기 때문임에도 이를 진설하여 상주하는 자가 없음).

凡成弓, 藏時最嫌霉濕(霉氣先南後北, 嶺南穀雨時, 江南小滿, 江北六月, 燕齊七月. 然淮揚霉氣獨盛).

將士家或置烘廚·烘箱, 日以炭火置其下(春秋霧雨皆然, 不但霉氣).

小卒無烘廚, 則安頓竈突之上.

稍怠不勤, 立受朽解之患也(近歲命南方諸省造弓解北, 紛紛駁回, 不知離火卽壞之故, 亦無人陳說本章者).

【霉濕】 장마철로 인한 습기. 매는 霉雨(梅雨), 장마철을 뜻함.

【穀雨】 24절기의 하나. 대체로 양력 4월 22일 근처.

【小滿】 역시 24절기의 하나. 양력 5월 22일쯤에 해당함.

【燕齊】 燕은 河北, 齊는 山東의 약칭.

【淮揚】 淮陽과 揚州. 江蘇북부와 山東남부 일대를 가리킴. 장마가 심한 지역.

312(15-8)
화살

　무릇 화살의 살대는 중국 남방에서는 대나무를 재료로 하고, 북방에서는 갯버들 가지를, 그리고 북방 이민족은 자작나무를 사용하여 지역마다 그곳에서 구할 수 있는 것을 쓴다.

　살대의 길이는 2자, 촉의 길이는 1치가 대강의 치수이다.

　무릇 살대는 대나무를 4가닥, 혹은 3가닥으로 깎아 아교로 붙이고, 다시 칼로 매끄럽게 깎아 이를 둥글게 한다.

　그리고 옻칠한 실로 양쪽 끝을 단단히 동여매며, '삼부제'三不齊의 살대라 한다.

　절강浙江과 광동廣東 남부 지역에서는 화살대로 쓰기에 알맞은 곧은 대나무가 있어 쪼개어 붙일 필요가 없다.

　버드나무나 자작나무로 만든 살대는 둥글고 곧은 가지를 취하여 사용하며, 약간의 칼질만 하면 쓸 수 있다.

　무릇 대나무로 만든 살대는 그 자체가 곧아서 휘어서 바로잡아 줄 필요가 없다.

　그러나 나무로 만든 살대는 마르고 나서는 반드시 굽어지므로 이를 깎을 때 몇 치 되는 나무 구유에 넣어 표시를 해두며 이를 '전단'箭端이라 한다.

　나무 살대를 한 치마다 이를 넣어 잡아당기는 과정을 거치면 그 자신이 곧아지게 된다.

　그렇게 하여 살대의 머리부분과 꼬리부분의 경중은 역시 이러한 전단의 과정을 거치면 고르고 안정된 살대가 된다.

凡箭笴中國南方竹質, 北方萑柳質, 北虜樺質, 隨方不一.
竿長二尺, 鏃長一寸, 其大端也.

凡竹箭削竹四條或三條, 以膠粘合, 過刀光削而圓成之.
漆・絲纏約兩頭, 名曰「三不齊」箭桿.

浙與廣南有生成箭竹不破合者.

柳與樺桿則取彼圓直枝條而爲之, 微費刮削而成也.

凡竹箭其體自直, 不用矯揉.

木桿則燥時必曲, 削造時以數寸之木刻槽一條, 名曰
「箭端」.

將木桿逐寸戛拖而過, 其身乃直.

卽首尾輕重, 亦由過端而均停也.

【萑柳】蒲柳. 갈잎좀나무. '萑'은 '환'으로 읽으며 버드나무의 일종. 楊柳科 水曲柳
(Salix gracilistyla).

【三不齊】명대 兵仗局에서 만들던 활대. 《明會典》(192)에 "黑雕翎竹竿三不齊
鐵箭"이라 함.

【箭竹】화살용으로 쓰기에 아주 적합한 대나무. 禾本科 箭竹(Phyllostachys
bambusoides).

313(15-9)
살촉

무릇 살대는 그 줄기 끝에 이를 시위에 물릴 수 있도록 함구銜口를 파고 그 끝에는 살촉을 끼운다.

무릇 살촉은 쇠를 제련하여 만들며(^{〈禹貢〉에 砮石으로 되어 있으나}_{이는지방 산물이며 잘 쓰이지 않음}) 북방 이민족들의 살촉은 도엽창桃葉鎗의 끝처럼 뾰족하고, 광동廣東 남쪽의 여족黎族이 만든 살촉은 평평한 쇠삽과 같고, 중원의 것은 세모 마름꼴의 송곳과 같은 모양이다.

향전響箭은 한 치의 나무토막 가운데에 송곳으로 구멍을 뚫은 것으로 화살이 바람을 맞으면서 날아갈 때 우는 소리를 내는 것이니 이것이 바로 《장자莊子》에서 말한 효시嚆矢이다.

무릇 화살이 날아갈 때, 곧바로 가거나 휘어가거나, 빠르거나 느리거나 한 정도는 모두가 화살에 끝에 달린 깃털에 의해 좌우된다.

화살대의 함구(오늬) 가까운 곳에 3치 길이로 자른 깃털 셋을 붙이며 이들이 정鼎의 세 발과 같이하여 안정감을 갖도록 아교로 붙이며 이를 전우轉羽라 한다(^{이런 아교는 역시 장마철 습기에 약하므로}_{將후은 화살을 늘 불에 쬐어주어야 함}).

凡箭, 其本刻銜口以駕弦, 其末受鏃.

凡鏃冶鐵爲之(〈禹貢〉砮石乃方物, 不適用), 北虜制如桃葉鎗尖, 廣南黎人矢鏃如平面鐵鏟, 中國則三棱錐象也.

響箭則以寸木空中錐眼爲竅, 矢過招風而飛鳴, 卽《莊子》所謂「嚆矢」也.

凡箭行端斜與疾慢, 竅衫皆係本端翎羽之上.

箭本近銜處, 剪翎直貼三條, 其長三寸, 鼎足安頓, 粘以膠, 名曰箭羽(此膠亦忌霉濕, 故將卒勤者, 箭亦時以火烘).

【銜口】화살이 시위에 걸리도록 Y자형으로 판 부분. '오늬'라고 함.

【筈石】《尙書》禹貢에 "厥貢羽毛齒革, 惟金三品, 杶榦栝柏. 礪砥筈丹. 惟箘簵楛, 三邦底貢厥名. 包匭菁茅. 厥篚玄纁璣組. 九江納錫大龜"라 하여 荊州에서 바친 화살에는 筈石으로 되어 있다 하였음.

【嚆矢】響箭. 소리를 내며 날아가는 화살로 첫 공격 신호용으로 쓰여 흔히 사물의 시작을 대신하는 말로도 轉義됨.《莊子》外篇 在宥에 "焉知曾史之不爲桀盜跖嚆矢也"라 하였고, 唐 成玄英의 疏에 "嚆, 箭鏃有吼猛聲也"라 함.

314(15-10)
화살의 깃

깃은 수리의 날개털이 가장 좋으며(수리는 매와 닮았으나 더 크며, 꼬리는 길고 날개는 짧음), 각응角鷹의 깃이 그다음이고, 치요鴟鷂의 깃이 다시 그다음이다.

남방에서 화살을 만드는 사람은 수리의 깃털은 구할 수 없어 매나 새매의 깃털 역시 얻기가 매우 어려워, 급히 이를 충당해야 할 경우 기러기의 깃털로 하며, 심지어 거위의 깃털을 쓰기도 한다.

무릇 수리 깃털을 단 화살은 매나 새매 깃털을 단 화살보다 빠르게 날며, 10여 보나 더 멀리, 그리고 바르게 날아가며 바람의 저항에도 영향을 받지 않는다.

북방 이민족들은 주로 이것을 사용한다.

매나 새매의 깃털을 사용하는 화살도 정교하게 만들면 역시 대단한 능력을 발휘한다.

만약 기러기나 거위의 깃털을 사용한 화살이라면 활을 발사하였을 때 손이 마음에 적응하지 못하고 바람을 만나면 다른 방향으로 쏠리는 경우도 허다하다.

남방의 화살이 북방에 미치지 못하는 것은 여기에 그 원인이 있는 것이다.

羽以鵰膀爲上(鵰似鷹而大, 尾長翅短), 角鷹次之, 鴟鷂又次之.

南方造箭者, 鵰無望焉, 卽鷹·鷂亦難得之貨, 急用塞數,
卽以雁翎, 甚至鵝翎亦爲之矣.

凡雕翎箭行疾過鷹·鷂翎, 十餘步而端正, 能抗風吹.

北虜羽箭多出此料.

鷹·鷂翎作法精工, 亦怳惚焉.

若鵝·雁之質, 則釋放之時, 手不應心, 而遇風斜竄者
多矣.

南箭不及北, 由此分也.

【雕】 수리(독수리, 무수리, 해동청, 보라매 등). 鳥綱鷹科雕屬(Aquila)의 대형 맹금류
통칭. 주고 중국 동북 등 북방에 분포되어 있음.
【鷂鷄】 鳥綱鷹科鷂屬(Circus)의 통칭. 雀鷹이라고도 하며 중국에 흔한 종으로는
白尾鷂(Circus cyaneus)로 동북, 서북에 분포하며 남방으로 옮겨 월동함.
【角鷹】 독수리(禿鷹)가 아닌가 함.

(3) 쇠뇌, 방패: 弩·干

315(15-11) 쇠뇌弩

무릇 쇠뇌는 병영을 지키는 수비용 무기로서, 진지를 옮기면서 활용하기에는 편리하지 않다.

쇠뇌의 곧은 부분을 신身이라 하며, 가로지른 활을 익翼이라 하며 쇠뇌의 이빨에서 발사되는 시위의 장치를 기機라 한다.

몸체인 신은 나무를 깎아 만들며, 길이는 약 2자쯤 된다.

신의 머리 쪽에는 가로로 익이 걸쳐 있으며 그 빈 공간에 구멍을 뚫어 익이 걸쳐 있는 곳은 그 면에서의 간격이 정확히 1푼 정도여야 하며(조금이라도 두꺼우면 현이 발사될 때 맞지 않게 됨), 등에 해당하는 부분과의 간격은 영향을 받지 않는다.

신의 위에는 약하게 직선이 골을 하나 파서 거기에 화살을 장전한다.

그 익은 나무를 하나 굽혀 만들며 이를 편담노扁擔弩라 하며, 힘이 가장 크게 받는 부분이다.

혹 나무 하나 아래에 다시 대나무 조각을 여러 겹을 받치며(그 대나무 조각은 겹칠 때마다 그만큼 짧게 함), 이를 삼탱노三撐弩라 하며 혹 오탱五撐이나 칠탱七撐 정도만 장치한다.

신의 아래에는 잘라 현이 걸칠 함구를 새기며 그 함구 옆에는 움직이는 못을 박아 기機를 물고 있다가 위로 올리면 발사되도록 한다.

시위에 걸릴 때에는 오직 사람의 힘에 달려있다.

한 사람이 강한 쇠뇌를 발로 밟고 현을 걸치는 힘을 가진 자를 《한서漢書》에는 궐장재관蹶張材官이라 하였다.

쇠뇌 시위로 쇠뇌 화살을 쏘아 보내면 그 빠르기는 어디에도 비길 데가 없을 정도이다.

弩: 凡弩爲守營兵器, 不利行陣.

直者名身, 衡者名翼, 弩牙發弦者名機.

斲木爲身, 約長二尺許.

身之首橫拴度翼, 其空缺度翼處, 去面刻定一分(稍厚則弦發不應節), 去背則不論分數.

面上微刻直槽一條以盛箭.

其翼以柔木一條爲者, 名扁擔弩, 力最雄.

或一木之下加以竹片疊承(其竹一片短一片), 名三撑弩, 或五撑·七撑而止.

身下截刻鍥銜弦, 其衡傍活釘牙機, 上剔發弦.

上弦之時, 唯力是視.

一人以脚踏强弩而弦者,《漢書》名曰「蹶張材官」.

弦送矢行, 其疾無與比數.

【三撑弩】 나뭇가지 아래에 세 겹으로 대나무 조각을 겹쳐 양 翼을 만든 것을 三撑弩라 하며 다섯 겹일 경우 五撑弩라 함.

【蹶張材官】 강한 쇠뇌를 발로 밟고 강궁을 당겨 발사하는 힘을 가진 무사. 《漢書》 申屠嘉傳에 "申屠嘉, 梁人也. 以材官蹶張"이라 하였고, 顏師古 注에 "材官之多力, 能脚踏强弩張之"라 함.

316(15-12)
독화살

무릇 쇠뇌의 시위는 저마^{苧麻}, 모시를 기본 재질로 하며 이를 묶어 거위 깃털을 감고 황랍^{黃蠟}을 바른다.

이렇게 만든 시위를 익^翼에 걸면 팽팽해지며, 내려놓으면 느슨하게 되기 때문에 거위 깃털은 쇠뇌의 머리와 꼬리 부분의 줄에 꽂아두어야 한다.

쇠뇌의 화살 깃은 약죽^{箬竹}의 잎으로 한다.

화살을 쪼개어 그 가운데에 이 약죽의 잎을 끼워 넣어 물리게 하고 단단히 묶는다.

맹수^{猛獸}를 쏠 때의 독화살은 초오^{草烏}를 달여 진한 아교를 만들어 화살 끝 날에 묻혀서 사용한다.

이 화살로 한번 맞으면 피가 실오라기만큼만 나도 즉시 절명하며 사람이나 가축도 같다.

무릇 활의 경우 센 것은 그 화살은 200여 보나 날 수 있지만, 센 쇠뇌의 화살은 50보에 그치며, 이보다 지척의 거리 정도만 멀어져도 가장 노호^{魯縞}처럼 얇은 비단도 꿰뚫지 못한다.

그러나 그 빠르기라면 활로 쏜 화살에 비해 10배나 되며, 물체를 뚫고 들어가는 깊이도 역시 두 배나 된다.

凡弩弦以苧麻爲質, 纏繞以鵝翎, 塗以黃蠟.

其弦上翼則謹, 放下仍鬆, 故鵝翎可扱首尾于繩內.

弩箭羽以箬葉爲之.

析破箭本, 銜于其中而纏約之.

其射猛獸藥箭, 則用草烏一味, 熬成濃膠, 蘸染矢刃.

見血一縷則命卽絕, 人畜同之.

凡弓箭强者行二百餘步, 弩箭最强者五十步而止, 卽過咫尺不能穿魯縞矣.

然其行疾則十倍于弓, 而入物之深亦倍之.

【苧麻】 모시의 섬유.

【上翼則謹】 '謹'은 '緊'의 誤記. '팽팽하다'의 뜻.

【箬竹】 얼룩조릿대. 山白竹. 잎이 넓은 작은 대나무. 禾本科山白竹(Bambusa veitchii).

【草烏】 毛茛科 烏頭屬(Actinium)의 草本植物. '바꽃' 또는 '烏頭'라 하며, 미나리 아재빗과에 딸린 개싹눈바꽃, 이삭바꽃, 참줄바꽃 등을 지칭함. 塊根에 劇毒性이 있음.

【魯縞】 고대 노나라에서 나는 아주 얇은 비단. 《漢書》韓安國傳에 "强弩之末, 力不能入魯縞'라 하여 이러한 표현을 차용한 것.

317(15-13)
여러 종류의 쇠뇌

　우리 명明나라가 만드는 무기인 신비노神臂弩나 극적노克敵弩는 모두가 한꺼번에 화살 2개나 3개를 쏠 수 있게 되어 있다.(그림102)

　또한 제갈노諸葛弩라는 것이 있는데, 그 위에는 곧은 홈통이 파여 있어 열 개의 화살을 장전할 수 있고, 그 익翼은 가장 연한 나무로 만들어진 것이다.

　따로 나무로 만든 기機를 안장하여 손이 닿는 대로 현을 들고 올릴 수 있어 화살 하나를 쏘고 나면 홈통의 화살 하나가 다시 그 자리로 떨어지기 때문에 판목 위의 현을 당겨 활을 연속해서 발사할 수 있다.

　이러한 기機의 구조는 비록 교묘하나 대신 그 힘이 약해 사정거리가 겨우 20여 보밖에 되지 않는 것이 흠이다.

　이는 일반 민가에서 도적을 막기 위한 것이지, 군용으로 쓸 무기는 되지 못한다.

　산중에 살면서 맹수猛獸를 쏘는 데 사용하는 쇠뇌를 와노窩努라 하며, 짐승이 다니는 흔적의 길목에 이를 설치하고 그 기틀 곁에 줄로 연결하여 짐승이 지나가다가 이 줄에 걸려 잡아당기게 되면 자동으로 발사되도록 한 것이며, 쇠뇌의 화살 하나에 한 마리의 짐승을 잡을 수 있을 뿐이다.

國朝軍器造神臂弩・克敵弩, 皆併發二矢・三矢者.

又有諸葛弩, 其上刻直槽, 相承函十矢, 其翼取最柔木
爲之.

別安機木, 隨手板弦而上, 發去一矢, 槽中又落下一矢,
則又扳木上弦而發.

機巧雖工, 然其力榜甚.

所及二十餘步而已.

此民家妨窃具, 非軍國器.

其山人射猛獸者, 名曰窩弩, 安頓交跡之衢, 機傍引線,
俟獸過帶發而射之, 一發所獲, 一獸而已.

【神臂弩】宋代에 만들어진 것으로 사정거리는 240보 정도 되었다 함. 沈括의
《夢溪筆談》(19)에 실려 있으며, 규격은 明 茅元儀의 《武備志》(103)에 실려 있음.

【克敵弩】《明會要》(192)에 "弘治十七年題造硬弩二, 一竝發二矢, 一竝發三矢,
比神臂弩爲遠, 定名克敵弩"라 함.

【諸葛弩】《武備志》(103)에 그림이 실려 있음. 독화살을 쏠 수 있는 强弩.

【窩弩】사냥용으로 쓰이는 쇠뇌.《武備志》(103)에 실려 있음.

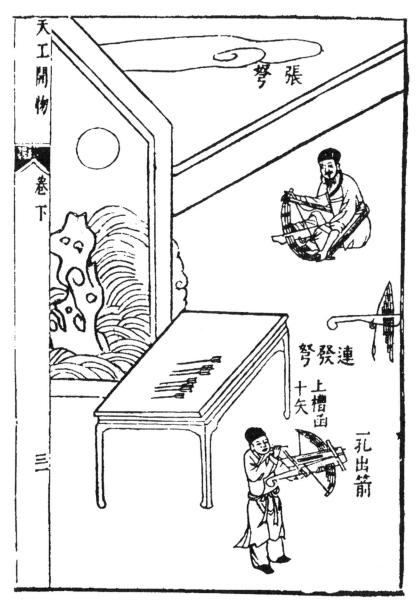

〈그림102〉장노(張弩)와 연발노(連發弩)

318(15-14)
방패干

무릇 간과干戈라는 무기의 명칭은 가장 오래된 것으로써 간과 과는 서로 연결하여 하나의 말로 쓰이고 있으나 후세에 전투에 나선 병졸들로서 짧은 무기를 들고 말을 타고 싸우는 자에게 더욱 소용 닿는 무기가 되었다.

대체로 오른손에 짧은 칼을 잡게 되면 왼손으로는 방패를 들고 적의 화살을 막아내는 것이다.

고대의 전차戰車에는 오로지 방패만 잡는 사람이 있어서 함께 같은 수레에 탄 사람이 적의 화살에 맞는 것을 막아 주었다.

만약 전사가 두 손으로 모矛도 잡고 극戟이나 삭槊도 잡게 되면 방패를 잡을 수 없어 소용이 없게 된다.

무릇 방패의 길이는 3자에 불과하며 기류杞柳로 짜며 지름은 1자쯤 되는 둥근 것으로 이를 목 부위 아래에 위치를 잡는다.

상단上端은 그 위로 5치쯤, 그 끝은 뾰족하게 되어 돌출되어 있으며, 아래는 가벼운 막대 하나가 있어 이를 손으로 쥘 수가 있다.

만약 방패 이름이 중간中干이라면 이는 보졸步卒이 지니는 것으로 적의 화살이나 적의 긴 창을 막는 것이며 속칭 방패傍牌라는 일컫는 것이 바로 이것이다.

干:
凡「干戈」名最古, 干與戈相連得名者, 後世戰卒短兵馳騎者更用之.

　蓋右手執短刀, 則左手執干以蔽敵矢.

　古者, 車戰之上, 則有專司執干, 幷抵同人之受矢者.

　若雙手執長戈與持戟 · 矟, 則無所用之也.

　凡干長不過三尺, 杞柳織成尺徑圈, 置于項下.

　上出五寸, 亦銳其端; 下則輕竿可執.

　若盾名「中干」, 則步卒所持以蔽矢幷拒矟者, 俗所謂
傍牌是也.

【干】盾牌. 적의 공격으로부터 자신을 엄호하는 방위용 무기.
【戈】끝에 'ㄱ'자 형태의 쇠칼이 달려 있어 적의 목을 당겨서 베기도 하고 이를
　　걸치고 성을 오르기도 하게 되어 있는 창.
【戟】'一'자형의 긴 창.
【矟】긴 자루가 달려 있어 적과의 거리를 두고 공격할 수 있는 창. 長矛.
【杞柳】자류라고도 하며 황하유역에 널리 분포하는 버들의 일종. 杞柳科杞柳
　　(Salix purpurea). 흔히 당키버들이라고 하며 갈잎좀나무의 일종이라 함.

(4) 화약재료: 火藥料

319(15-15)
화약과 화기

화약과 화기火器에 대해서 오늘날 입신출세하여 높은 벼슬을 꿈꾸는 자들은 망령되게 사람마다 누구나 눈을 부라리며 떠들거나 글로 써서 바치고 있지만 대부분이 모두 제대로 시험을 거치지도 않은 것들이다.

그러나 역시 대강이라도 몇 쪽을 실어 이 책 안의 덧붙여 설명하고자 한다.

무릇 화약은 초석硝石과 유황硫黃이 주성분이며, 초목을 태운 재를 보조로 삼는다.

초석의 성능은 지극히 음陰이 강하고, 유황의 성능은 지극히 양陽이 강하여 음양의 두 물질이 서로 조그마한 틈도 허용되지 않은 막힌 속에서 만나게 되는 것이다.

이에 폭발하면 사람이나 물건을 가릴 것 없이 모두가 혼이 놀라 흩어지고 백이 가루가 될 정도로 강한 힘을 내뿜는 것이다.

무릇 초석은 곧은 방향으로 폭발력이 커서, 직격直擊으로 날아가고자 할 때는 초석 9에 유황 1의 비율로 섞으면 된다.

그런가 하면 유황은 주로 옆으로 퍼지는 성능이 강하므로 폭격爆擊을 원하고자 할 때는 초석 7에 유황 3의 비율로 섞으면 된다.

이의 보조로는 청양青楊, 마른 삼杉나무, 자작나무 뿌리, 약죽箬竹의 잎, 촉규蜀葵, 모죽毛竹의 뿌리, 가지의 고갱이 등을 태워 그 재를 사용하면 태울 때 그 본래의 성능을 유지하도록 해 주며 그중 약죽의 잎이 가장 큰 효과를 낸다.

火藥·火器, 今時妄想進身博官者, 人人張目而道, 著書
以獻, 未必盡由試驗.

然亦粗載數葉, 附于卷內.

凡火藥以消石·硫黃爲主, 草木灰爲輔.

消性至陰, 硫性至陽, 陰陽兩神物相遇于無隙可容之中.

其出也, 人物膺之魂散驚而魄虀粉.

凡消性主直, 直擊者消九而硫一.

硫性主橫, 爆擊者消七而硫三.

其佐使之灰, 則青楊·枯杉·樺根·箬葉·蜀葵·毛竹根·
茄稭之類, 燒使存性, 而其中箬葉爲最燥也.

【消石】'硝石'을 여기에서는 모두 '消石'으로 표기하고 있음.
【草木灰】木炭가루를 뜻함. 재는 실제 사용되지 않음.
【蜀葵】해바라기. 向日葵.

320(15-16) 여러 종류의 화약

무릇 공격용으로 쓰는 화약으로는 독화毒火, 신화神火, 법화法火, 난화爛火, 분화噴火 등이 있다.

독화는 백비白砒, 요사礦砂를 주성분으로 하고, 금즙金汁, 은수銀銹, 인분人糞을 섞어 만든다.

신화는 주사朱砂, 웅황雄黃, 자황雌黃을 주된 성분으로 한다.

난화는 붕사硼砂, 자말瓷末, 아조牙皂, 진초秦椒을 배합하여 만든다.

비화飛火는 주사朱砂, 석황石黃, 경분輕粉, 초오草烏, 파두巴豆를 배합하여 만든다.

겁영화劫營火는 동유桐油와 송향松香을 사용한다.

이상이 그 대략이다.

낭분狼糞을 태울 때 나는 연기는 낮에는 검고, 밤에는 붉으며, 바람을 만나면 곧게 올라가는 성질이 있고, 여기에 강돈회江豚灰를 섞으면 역풍을 만나도 탄다.

이들은 모두 반드시 실험을 거치거나 직접 해본 이후라야 상세하게 말할 수 있는 것들이다.

凡火攻有毒火・神火・法火・爛火・噴火.

毒火以白砒・礦砂爲君, 金汁・銀銹・人糞和製.

神火以硃砂・雄黃・雌黃爲君.

爛火以硼砂・磁末・牙皂・秦椒配合.

飛火以硃砂・石黃・輕粉・草烏・巴豆配合.

刼營火則用桐油・松香.

此其大畧.

其狼糞烟晝黑夜紅, 迎風直上, 與江豚灰, 能逆風而熾.

皆須試見而後詳之.

【火攻】 여기에 실린 여러 가지 火攻 무기의 재료는 구체적이지 못하며 성분 또한
혹 오류가 있음.《武備志》(119~120)를 참조할 것.

【礪砂】 광물 이름. 염화암모늄(NH_4Cl).

【朱砂】 광물 이름. 황화수은(HgS).

【雄黃】 石黃이라고도 하며 광물 이름으로 4황화4비소(As_4S_4).

【雌黃】 역시 광물 이름. 3황화2비소(As_2S_3).

【硼砂】 10수4붕산나트륨($Na_2B_4O_7 \cdot 10H_2O$).

【牙皂】 식물 이름. 豆科 皂莢屬 皂莢樹(Gleditsia sinensis)의 果莢.

【秦椒】 花椒. 芸香科花椒(Zanthoxylum bungeanum)의 열매.

【輕粉】 水銀으로 만들며, 염화수은(Hg_2Cl_2). 독성이 강함.

【巴豆】 大戟科巴豆樹(Croton tiglium)의 씨. 독성이 있음.

【狼糞煙】 狼煙이라고도 하며 승냥이 똥을 섞어 피우는 연기와 불. 고대 봉홧불을
피울 때 사용하였다 함.

【江豚】 강에 사는 복어. 河豚이라고도 함.

(5) 초석과 유황: 硝石·硫黃

321(15-17)
초석

　　무릇 초석은 중국이나 외국 어디에서나 나며, 중국은 오로지 서북 지방에서만 난다.

　　만약 동남 지방에서 초석을 팔면서 관청의 허가증을 받지 않았다면 이는 사사롭게 파는 것으로 처벌을 받게 된다.

　　초석의 주성분은 소금과 같으며 대지大地의 지하에서 물기가 증발하여 생긴 다음 지표면에 나타나는 것이다.

　　물과 가까우면서 흙이 얇으면 소금이 되고, 산이 가까우면서 토층이 두꺼우면 초석이 되는 것이다.

　　초석을 물에 넣으면 곧바로 녹아 용해되기 때문에 그 이름을 소석消石이라 하는 것이다.

　　장강長江과 회하淮河 이북에서는 중추中秋가 지난 다음 집안에서 격일隔日로 땅을 쓸면 소량의 초석을 얻을 수 있는데 이것을 달여 초석을 제련할 수 있다.

　　무릇 초석은 세 곳에서 가장 많이 나며 그 중 사천四川에서 나는 것을 천초川硝, 산서山西에서 나는 것을 속칭 염초鹽硝, 산동山東에서 나는 것을 속칭 토초土硝라 부른다.

消石(硝石):

凡消, 華夷皆生, 中國則專産西北.

若東南販者不給官引, 則以爲私貨而罪之.

消質與鹽同母, 大地之下潮氣蒸成, 現于地面.

近水而土薄者成鹽, 近山而土厚者成消.

以其入水卽消鎔, 故名曰消.

長・淮以北, 節過中秋, 卽居室之中隔日掃地, 可取少許以供煽鍊.

凡消三所最多, 出蜀中者曰川消, 生山西者俗呼鹽消, 生山東者俗呼土消.

【消石】硝石을 가리킴. 이 장의 '消'는 모두 '硝'의 뜻임.

322(15-18)
초석의 채취와 종류

무릇 긁어서 초석을 채취할 때(토담에서도 때로는 초
석이 나올 때도 있음), 이를 물을 담은 항아리에 넣어 하룻밤을 담가두면 찌꺼기와 잡티가 물 위에 떠오르며, 이를 건져 낸 연후에 다시 솥에 넣고 물을 부어 달이면 된다.

그리고 초석이 되어 물이 마르고 나면 그릇에 기울여 부어 하룻밤을 경과하면 초석으로 결정체가 생긴다.

그중 위에 뜬 것을 망초芒硝라 하며, 가시랭이가 긴 것을 마아초馬牙草 (모두가 각지에서 나는 초
석을 제련하여 나온 것임)라 하며, 아래에 가라앉은 것으로 잡티가 많은 것을 박초朴硝라 한다.

잡티를 제거하고 순수한 것으로 환원시키려면 물을 다시 넣고 달이되, 무 몇 개를 여기에다 넣고 똑같이 충분히 삶아 사발에다 부은 다음 하룻밤을 지나면 눈처럼 흰 결정체가 생기며, 이를 분초盆硝라 한다.

무릇 화약을 만들 때는 마아초와 분초는 그 효능이 모두가 같다.

대체로 초석을 만들어 이로써 화약을 만들려면 그 양이 적을 때는 방금 만든 기와 위에 이를 굽고, 양이 많을 경우 흙 가마를 만들어 거기에 넣어 구워, 습기를 완전히 제거하고 이를 꺼내어 갈아서 가루로 만든다.

무릇 이를 갈 때 철판을 입힌 절구에 넣어 갈아서는 안 된다. 이들이 서로 마찰하면 격한 불이 폭발하여 그 재앙은 상상할 수 없는 경우가 있기 때문이다.

초석과 배합할 때 어떤 약이든 분량을 결정해야 하며 유황을 넣을 때는 함께 넣어도 되지만 목탄의 경우 나중에 넣으면서 갈아야 한다.

무릇 초석을 구워 말린 후 오래 두면 다시 습기가 생길 수 있으므로, 큰 대포에 쓰는 화약은 주로 사용에 임했을 때 이를 장전해야 한다.

凡消刮掃取時(墻中亦或迸出), 入缸內水浸一宿, 穢雜之物浮于面上, 掠取去時, 然後入釜注水煎鍊.

消化水乾, 傾于器內, 經過一宿卽結成消.

其上浮者曰芒消, 芒長者曰馬牙消(皆從方産本質幻出), 其下猥雜者曰朴消.

欲去雜還純, 再入水煎鍊, 入萊菔數枚仝煑熟, 傾入盆中, 經宿結成白雪, 則呼盆消.

凡製火藥, 牙消·盆消功用皆同.

凡取消製藥, 少者用新瓦焙, 多者用土釜焙, 潮氣一乾, 卽取硏末.

凡硏消不以鐵碾入石臼, 相激火生, 則禍不可測.

凡消配定何藥分兩, 入黃同硏, 木灰則從後增入.

凡消旣焙之後, 經久潮性復生, 使用巨砲多從臨期裝載也.

【馬牙硝】여기서 설명한 芒硝, 馬牙硝, 朴硝는 모두 황산나트륨($Na_2SO_4 \cdot 10H_2O$)의 속칭. 그러나 硝石(질산칼륨)과 芒硝(박초 및 마아초)는 같은 것이 아니며 硝石은 화약의 원료가 되지만 芒硝는 사용할 수 없음.

323(15-19)
유황

유황 $\left(\substack{\text{자세한 것은} \\ \text{《燔石》篇을 볼 것}}\right)$

무릇 유황은 초석에 섞은 다음이라야 화약이 되어 폭음이 난다.

북방 이민족의 지역에서는 유황이 나지 않아 초석이 많이 난다 해도 아무런 쓸모가 없으므로 중국에서는 유황의 유통을 엄격하게 금지하고 있다.

무릇 대포에 불을 붙일 때는 초석과 목탄을 섞어 비빈 다음 이를 도화선으로 만들어야 하며 유황이 들어가서는 안 된다. 유황이 들어가면 불이 계속 타들어 가지 않는다.

무릇 유황은 그 하나만을 갈아 분쇄하기가 어려워 매번 한 냥과 초석 1전錢을 섞어 함께 갈면 곧바로 미세하게 갈려 고운 가루가 된다.

硫黃(詳見《燔石》卷).

凡硫黃配消而後, 火藥成聲.

北狄無黃之國空繁消産, 故中國有嚴禁.

凡燃砲, 撚消與木灰爲引線, 黃不入內, 入黃卽不透關.

凡碾黃難碎, 每黃一兩和消一錢同碾, 則立成微塵細末也.

(6) 火器

324(15-20)
서양포西洋砲와 홍이포紅夷砲

서양포西洋砲

이는 숙동熟銅으로 주조하여 만들며 둥그런 모양으로 마치 동고銅鼓와 같다.

불을 붙여 발포할 때면 반半 리 안의 사람과 말은 놀라서 죽게 된다 (평지에서 도화선에 점화하여 발포함과 동시에 대포는 굴러 앞의 구덩이에 이르면 멈추게 되어 있음. 점화하는 자는 급히 뒤돌아 내달려 깊은 굴속으로 뛰어들어 피해야 하며 대포 소리가 머리 위로 지나가 포를 쏜 자가 목숨을 잃지 않게 됨).

홍이포紅夷砲:

이는 철을 주조하여 만들며 포의 길이는 1장쯤이고 성城을 지키는 수비용 무기이다.

포 안에 철탄鐵彈과 화약 몇 말斗을 넣고 쏘면 2리를 날아가며 그 예봉을 맞은 자는 그 자리에서 가루가 되고 만다.

무릇 대포에 불을 붙여 발포할 때에는 먼저 뒤로 밀리는 천 균의 힘을 감당하기 위해 그 뒷자리에 반드시 담을 쌓아 이를 막아야 하는데, 그 담조차 무너지는 것은 늘 있을 수 있다.

西洋砲:

熟銅鑄就, 圓形若銅鼓.

引放時半里之內人馬受驚死(平地爇引砲有關捩, 前行遇坎方止. 點引之人反走墜入深坑內, 砲聲在高頭, 放者方不喪命).

紅夷砲:

鑄鐵爲之, 身長丈許, 用以守城.

中藏鐵彈倂火藥數斗, 飛激二里, 膺其鋒者爲薑粉.

凡砲孳引內灼時, 先往後坐千鈞力, 其位須墻抵住, 墻崩
者其常.

【紅夷砲】紅夷는 네덜란드(和蘭)를 가리키며 前裝式 火炮. 明代 이를 모방하여
만든 대포. '砲'는 '炮'와 같음.

325(15-21)
각종 무기

대장군大將軍, 이장군二將軍(홍이포 다음의 크기이나 중국에서는 巨砲에 해당함).

불랑기佛朗機(水戰에서 뱃머리에 장착함).

삼안총三眼銃, 백자련주포百子連珠砲.(그림103)(그림104)(그림105)

지뢰地雷(그림106)는 흙 속에 묻고, 대나무 관으로 도화선을 통하게 하여 그 흙에 충격을 주거나 이를 치면 그 자체가 폭발하여 터진다.

소위 횡격橫擊이라 하는 것으로 유황을 많이 사용한다(도화선에는 礬油를 바르고, 砲口는 주발로 덮어둠).

혼강룡混江龍(그림107)은 가죽 포대로 싸서, 옻으로 밀봉한 후, 물 밑에 가라앉히는 폭발물로 기슭에서 줄을 매어 도화선을 조작한다.

포대에 화석火石과 화렴火鐮을 매달아 줄을 당기면 그 속에 든 폭발물이 저절로 터지게 하는 것도 있다.

적선敵船이 지나갈 때 이러한 폭발물과 부딪치면 배가 부서지고 말기는 하지만 이는 끝내 영활한 무기는 아니다.

大將軍·二將軍(卽紅夷之次, 在中國爲巨物).

佛郎機(水戰舟頭用).

三眼銃·百子運珠砲.

地雷: 埋伏土中, 竹管通引, 衝土起擊, 其身從其炸裂.

所謂橫擊, 用黃多者(引線用礬油, 炮口覆以盆).

混江龍: 漆固皮囊果砲沉于水底, 岸上帶索引機.
囊中懸弔火石·火鐮, 索機一動, 其中自發.
敵舟行過, 遇之則敗, 然此終癡物也.

【大將軍·二將軍】 명대 제조된 중국식 대포. 前裝式이며 淸나라 군사와 싸울 때 효력을 세워 '大將軍' 등의 칭호를 얻게 된 것이라 함.

【佛朗機】 명대 서양에서 온 포르투갈과 스페인 등의 배에 장착되었던 後裝式 火炮. 佛朗機는 이란어 'ferangi' 또는 'feringi'의 역음. 명대에는 스페인, 포르투갈인을 佛朗機라 불렀음.

【三眼銃】 明軍이 상용하던 三管銃을 가리킴.

【百子連珠砲】 총구를 돌리면서 연발하여 발사할 수 있는 포의 일종. 이상 여러 대포에 대해서는 《武備志》(121~122)를 참조할 것.

【火石·火鐮】 부싯돌의 일종. 오늘날의 성냥과 같음.

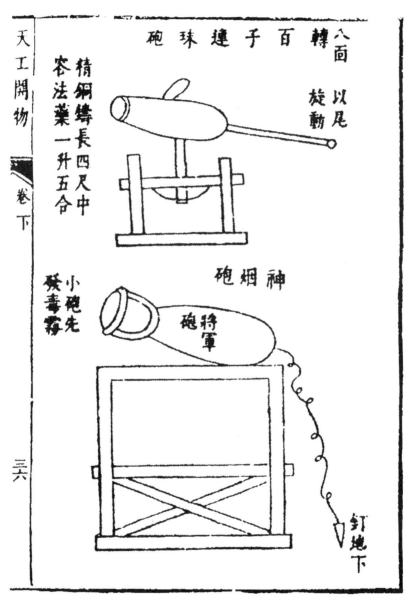

轉百子連珠砲

八面 以尾 旋動

精銅鑄長四尺中
容法藥一升五合

神烟砲

將軍砲

小砲先
發毒霧

釘地下

三六

〈그림103〉 백자연주포(百子連珠砲)와 장군포(將軍砲)

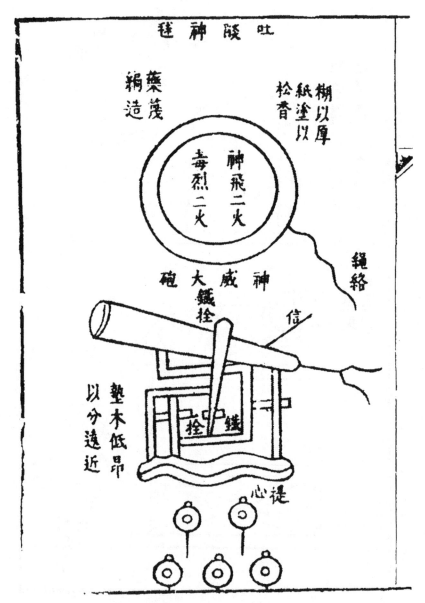

〈그림104〉토염신구(吐籤神毯)와 신위대포(神威大砲)

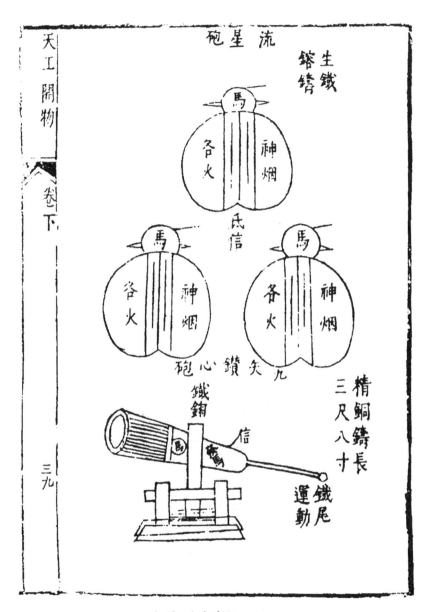

〈그림105〉 유성포(流星砲)

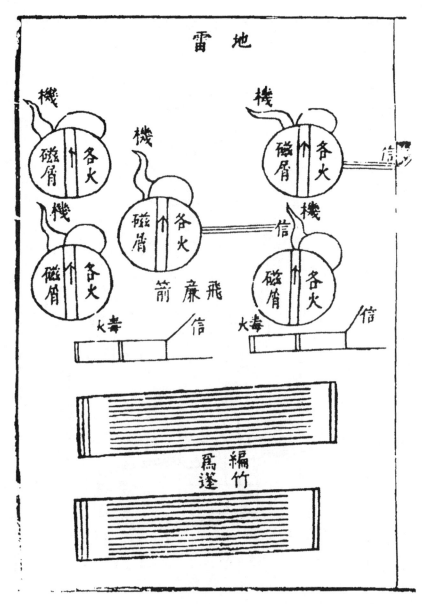

〈그림106〉지뢰(地雷)

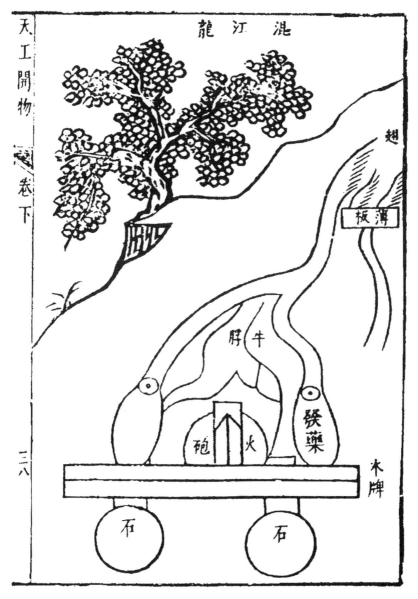

〈그림107〉혼강룡(混江龍, 水雷, 魚雷)

326(15-22)
조총鳥銃

조총鳥銃(그림108):

무릇 조총은 길이가 약 3자이며, 철관鐵管에 화약을 장전하고, 나무 몽둥이를 파서 총신을 넣은 것으로 손에 잡기에 편리하게 되어 있다.

무릇 조총을 단조하려면 먼저 젓가락 크기만 한 쇠막대를 냉각시킨 금형으로 하여, 여기에다 빨갛게 달군 쇠를 감아 이를 단조하여 만든다.

먼저 세 부분으로 나누어 만든 다음 이를 접합시키며, 그 접합 부분을 빨갛게 달구어 온 힘을 다해 두드려 접합시킨다.

접합되고 나면 젓가락 크기의 네모난 강철 송곳을 회전시켜 구멍을 뚫어 안쪽이 지극히 매끄럽고 깨끗하도록 하면 화약을 발사하는데 전혀 막힘이 없게 된다.

총은 사람의 몸 가까이 오는 부분이 조금 크고 총구의 관도 역시 끝쪽보다 큰데 이는 화약을 넣어야 하는 부분이기 때문이다.

총 하나에 매번 화약 1전 2푼과 납이나 철로 만든 총알 2전을 장전한다.

화약을 터뜨릴 때 도화선을 사용할 필요가 없으며(嶺南에서는 만든 것은 도화선을 쓰는 경우도 있음), 구멍 안에 노출된 약간의 초석이 있어 여기에다 잘 두드려 다듬은 모시에 불을 붙여 점화한다.

왼손으로 총을 잡고 목표에 맞추어 오른손으로 철기(鐵機, 방아쇠)를 격발시켜 모시 불이 초석에 닿으면 탄환이 하나가 발사된다.

참새 정도가 30보 이내에서 이를 맞으면 깃털과 살이 모두 분쇄되며, 50보 밖이면 겨우 형체가 그대로 온전하며, 만약 100보가 되면 총알의 힘이

다하게 된다.

조창鳥鎗은 사정거리가 200보를 넘으며, 제조 방법은 조총을 만드는 법과 비슷하나 총신의 길이가 길고 화약도 더 많이 넣어야 하는 등 모든 것이 그의 배가 된다.

鳥銃:

凡鳥銃長約三尺, 鐵管載藥, 嵌盛木棍之中, 以便手握.

凡錘鳥銃, 先以鐵挺一條大如筯者爲冷骨, 果紅鐵錘成.

先爲三接, 接口熾紅, 竭力撞合.

合後以四稜鋼錐如筯大者, 透轉其中使極光净, 則發藥無阻滯.

其本近身處, 管亦大于末, 所以容受火藥.

每銃約載配消一錢二分, 鉛鐵彈子二錢.

發藥不用信引(嶺南制度, 有用引者), 孔口通內處露消分厘, 搥熟苧麻點火.

左手握銃對敵, 右手發鐵機逼苧火于消上, 則一發而去.

鳥雀遇于三十步內者, 羽肉皆粉碎, 五十步外方有完形, 若百步則銃力竭矣.

鳥鎗行遠過二百步, 制方彷彿鳥銃, 而身長藥多, 亦皆倍此也.

【果紅鐵】 '果'는 '裹'와 같음. 둘러싸서 묶음.

【鳥鎗】 鳥銃의 일종으로 그보다 크기와 성능 등이 배가 되도록 개조한 것.

〈그림108〉 조총(鳥銃)

327(152-23)
만인적萬人敵

만인적萬人敵(그림109):

무릇 먼 변두리의 작은 지역에는 성城을 의지하여 적을 물리치면서 대포로 할 수 있는 조건이 갖추어지지 않은 곳이 있으며, 있더라도 이러한 화포는 매달아 둔 채 무겁기만 하여 제대로 사용하지 못하고 있어 이때 만인적이라는 무기는 적과 접근하여 싸워야 할 때 필요한 것으로 어떤 한 조건에서만 얽매이지 않아도 되는 무기이다.

대체로 초석과 유황이 합할 때의 화력에 의해 발사되는 것으로서 천군 만마가 한순간에 문드러지고 만다.

만드는 방법은 충분히 말린 진흙 뭉치의 속을 비워 그 위에 작은 구멍을 내고, 속에다 초석과 유황으로 만든 화약을 채워넣고, 독화毒火나 신화 神火 등의 약재를 섞어 넣되, 그 양은 사람이나 상황의 변화에 따라 증감 시키면 된다.

화약을 채워넣고 도화선을 장치한 후에 그 둘레는 나무로 시렁을 만들어 둘러싼다.

혹 나무통에다 진흙을 채워 그 안의 틀을 만들기도 하는데 그 이치는 역시 같다.

진흙 덩어리는 반드시 나무로 틀을 짜서 사용하며 이는 던졌을 때 터지 기도 전에 부서지는 단점을 보완한 것이다.

적군이 성을 공격해오면 도화선에 불을 붙여 성 밑으로 던진다.

이때 화력이 뿜어져 나오면서 팔면으로 굴러다닌다.

안쪽으로 구르면 성벽이 막아 주어 아군我軍에게는 상해를 입히지 않으며, 밖으로 구르면 적의 인마人馬는 모두 안전할 수 없다.

이것이야말로 성을 지키는 데 가장 중요한 무기라 할 수 있다.

화약의 성능이나 화기 제조법은 얼마나 총명한 재주로 쓸모 있게 만드는가 하는 것은 사람에게 달려 있다.

이러한 것을 만들었다 해도 10년을 가지 못하므로 나라를 지키는 자라면 이러한 면에 마음을 기울여야 한다.

萬人敵:

凡外郡小邑, 乘城却敵, 有砲力不具者, 卽有空懸火砲而癡重難使者, 則萬人敵近制隨宜可用, 不必拘執一方也.

盖消·黃火力所射, 千軍萬馬立時糜爛.

其法, 用宿乾空中泥團, 上留小眼, 築實消黃火藥, 參入毒火·神火, 由人變通增損.

貫藥安信而後, 外以木架匡圍.

或有卽用木桶, 而塑泥實其內郭者, 其義亦同.

若泥團, 必用木匡, 所以妨擲投先碎也.

敵攻城時, 燃灼引信, 抛擲城下.

火力出騰, 八面旋轉.

旋向內時, 則城墻抵住, 不傷我兵; 旋向外時, 則敵人馬皆無幸.

此爲守城第一器.

而能通火藥之性·火器之方者, 聰明由人.

作者不上十年, 守土者留心可也.

【萬人敵】 사방으로 구르면서 터지도록 만든 炸彈.

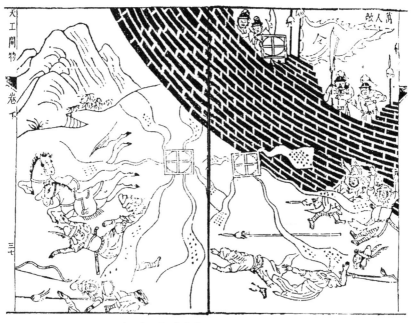

〈그림109〉 만인적(萬人敵, 地滾式炸彈)

16. 단청丹靑

　단청丹靑은 안료(물감)를 뜻하는 말.《周禮》秋官 職金의 "職金
掌凡金玉·錫石·丹靑之戒令"(직금의 직책은 무릇 금옥, 석석, 단청에 관한
경계와 법령을 관장한다)에서 취한 말로 여기서는 顏料(물감)와 朱墨,
먹墨 등을 가리키는 말.

(1) 전언前言

328(16-1)
전언

내 생각으로는 이렇다.

"문화는 천 년을 두고 사라지지 않으며 검은 먹으로 흰 종이에 써서 그렇게 된 것이니, 그 공능功能을 그 어느 것과 비교할 수 있겠는가? 불은 붉으면서도 지극히 검은 그을음을 속에 배고 있으며, 수은水銀은 희지만, 지극히 붉은색을 그 변화를 통해 드러내고 있으니 조화옹의 용광로를 생각해본들 어찌 용납이나 되겠는가? 오장五章의 조서는 먼 궁궐에서 하달되되 주필로 쓰고 먹으로 쓰기에 그 명령이 크게 현창되는 것이며, 만 권의 책을 가로로 펼친다 해도 검은 먹으로 쓴 글씨에 붉은 주필朱筆로 곁에 표시해야 하늘 같은 문장도 환한 의미를 드러내는 것이다. 문방文房의 기이한 보물들이 주옥으로 만들어졌다 해도 무엇에 쓰겠는가? 화공이 만물을 그려냄에 이르러서도, 혹 본래의 모습을 있는 대로 그려내기도 하며, 혹 색을 배합하여 그려내기도 하는 것이니 그에 필요한 색깔들이 다 구비되어 있다. 무릇 이는 역시 감坎에 의지하고 이離에 의탁하여야 하며, 오행五行이 모습을 변화시켜야 드러나는 것이니 신의 지극함이 아니고서야 누가 능히 이러한 경지에 이를 수 있겠는가?"

宋子曰:「斯文千古之墜也, 注玄尚白, 其功孰與京哉?
離火紅而至黑孕其中, 水銀白而至紅呈其變, 造化爐錘,
思議何所容也? 五章遙降, 朱臨墨而大號彰; 萬卷橫披,

墨得朱而天章煥. 文房異寶, 珠玉何爲? 至畫工肖象萬物,
或取本姿, 或從配合, 而色色咸備焉. 夫亦依坎附離, 而共
呈五行變態, 非至神孰能與于斯哉!」

【斯文】 글이나 그림 등으로 기록된 모든 문헌과 그에 따른 문화, 사상, 문물제도,
예악전장 등을 뜻함.《論語》子罕篇에 "子畏於匡, 曰:「文王旣沒, 文不在玆乎?
天之將喪斯文也, 後死者不得與於斯文也; 天之未喪斯文也, 匡人其如予何?」"
라 함.

【注玄尙白】 '以玄尙白'과 같음. 원의는 "검은색으로 글씨를 쓰지만, 흰색을 숭상
하다(흰 것으로써 검은 것을 숭상하다)"의 뜻.《漢書》揚雄傳에 "時雄方草《太玄》,
有以自守泊白也, 或嘲雄以玄尙白"이라 "흰 종이에 무슨 현묘한 이치를 글로
쓰는가?"의 조롱에서 나온 말. 뒤에 이 말은 관직도 직위도 없으면서 저술에
종사함을 뜻하는 말로 전의 되었으나 여기서는 "백지에 검을 글씨를 쓰다"의
뜻으로 사용한 것임.

【京】 '비교하다, 견주다, 높이를 다투다'의 뜻.

【離火紅】 離는《周易》說卦에 "離爲火"라 하여 불을 상징함. 그 붉은 불이 타고
남은 것에서 검은 먹이 생산됨을 말한 것.

【造化爐錘】 造化는 大自然, 造化翁. 爐錘는 그 작용이나 원리.

【五章遙降】 五章은 五色, 즉 靑, 白, 赤, 黑, 黃. 여기서는 멀리 조정에서 내려
보내는 詔書의 오색 詔勅 文書를 말함.《尙書》皐陶謨에 "天命有德, 五服五章哉"
라 함.

【墨得朱】 검은 글씨로 쓰인 책에 붉은 글씨로 표점이나 주석 등을 부기함.

【珠玉何爲】 "文房四友(紙筆硯墨)가 아무리 주옥으로 만들어졌다 해도 먹이나
안료가 없으면 무슨 소용이 있겠는가?"의 뜻.

【依坎附離】 坎은 水.《周易》에서 坎(☵)은 水, 離(☲)는 火를 상징함.

【五行】 金, 木, 水, 火, 土의 다섯 가지 우주 만물의 元素. 그에 따라 五方(東南中
西北), 五色, 五音(宮商角徵羽), 五常(仁禮信義智), 五臟(肝心脾肺腎), 五事(貌聽
思言視), 五聲(牙舌脣齒喉), 五味(甘鹹酸苦辛), 五義(謙敢和容廉), 五臭, 五祀,
五穀, 五神, 五帝, 五嶽, 五牲, 五木, 五靈 등 많은 현상을 相剋과 相生, 相成
등을 더하여 상징적으로 배합하며 이로써 사물을 설명하고 분석함.

(2) 朱

329(16-2)
주사朱砂

주사朱砂, 수은水銀, 은주銀朱는 원래 같은 물질인데 이름이 다른 이유는 질의 정밀함과 조악함, 오래 묵은 것과 새로운 것인가의 구분 때문이다.

품질이 좋은 주사는 진주辰州와 금주錦州(지금은 麻陽이라 부름), 그리고 서천西川에서 나는 것이며 속에 홍汞, 수은을 함유하고 있으나 이를 승화시켜 제련하지는 않는다.

대체로 광명사光明砂, 전촉사箭鏃砂, 경면사鏡面砂 등과 같은 주사는 수은보다 3배나 비싸므로 이를 좋은 주사만 골라서 판다.

만약 이를 제련해서 수은으로 팔면 오히려 값이 내려간다.

다만 조악한 그다음의 주사라면 이를 제련하여 수은을 만들며 이렇게 만든 수은을 다시 제련하여 은주로 만든다.

凡朱砂·水銀·銀朱, 原同一物, 所以異名者, 由精粗·老嫩而分也.

上好朱砂出辰·錦(今名麻陽)與西川者, 中卽孕澒, 然不以升煉.

盖光明·箭鏃·鏡面等砂, 其價重于水銀三倍, 故擇出爲朱砂貨鬻.

若以升水, 反降賤値.

唯粗次朱砂方以升煉水銀, 而水銀又升銀朱也.

【朱砂】辰州에서 나는 것을 높이 쳐 辰砂(Cinnabar)라고도 하며 天然 硫化
  水銀(HgS).
【水銀】澒, 汞으로도 표기하며 Hg. 상온에서 액체 상태의 금속.
【銀朱】인공을 만든 硫化汞이며 성분은 같음.
【老嫩】'老'는 오래되어 거친 상태. '嫩'은 새로운 것으로 부드러운 것.
【辰】辰州. 지금의 湖南 沅陵.
【錦】錦州. 지금의 湖南 麻陽의 옛지명.
【西川】지금의 四川 成都.
【升煉】승화시켜 제련함. 승은 昇華(升華), 고체가 기체상태로 변하는 것.
【光明·箭鏃·鏡面】셋 모두 朱砂의 이름.

330(16-3)
주사의 채취와 가공

무릇 양질의 상품 주사朱砂는 10여 장 깊이로 구멍을 파야 얻을 수 있다. 처음 그 맥의 시작을 보았을 때는 한 무더기의 흰 돌이며 이를 주사상 朱砂牀이라 부른다.

그 광상礦牀 가까이 있는 주사는 달걀만큼 큰 것도 있다.

다음 품질의 주사는 약으로는 쓸 수 없고, 단지 갈아서 그림물감의 재료와 승화하여 수은을 만드는 것으로 쓴다.

이러한 품질을 얻기 위한 광상이 시작은 반드시 흰 돌을 찾을 필요는 없으며 그 깊이도 몇 길이면 얻을 수 있다.

이런 광상의 외부에는 혹 잡석의 푸르고 누런 돌이거나, 혹은 모래흙에 섞여 있으며 그 흙이 가득 품고 있으면 그 외부를 싸고 있는 사석은 저절로 갈라지는 경우가 많다.

이러한 주사는 귀주貴州의 사남思南, 인강印江, 동인銅仁 등지에 가장 많으며 상주商州와 진주秦州 등지에도 역시 널리 산출된다.

무릇 그다음 품질의 주사광산에서 캐낸 것으로 갱도를 통하면서 색이 흰색이면서 보드라운 것이라면 이는 연주硏朱로 만들 필요가 없으며 모두 승화시켜 수은을 만든다.

그러나 만약 사질砂質이 비록 보드라우나 번쩍이면서 붉은색을 내뱉는 것이라면 이를 캐내는 즉시 쇠로 된 큰 연조碾槽에 넣고 작은 먼지처럼 되도록 간다.(그림110)

그런 다음 항아리에 넣어 맑은 물에다 넣고 사흘 밤낮을 두었다가 저어서 위에 떠오르는 것을 걷어내어 다른 항아리에 부으며 이를 이주二朱라 하며, 그 아래 가라앉은 것을 꺼내어 햇볕에 말리면 이것을 두주頭朱라 부른다.

凡朱砂上品者, 穴土十餘丈乃得之.

始見其苗, 磊然白石, 謂之朱砂牀.

近牀之砂, 有如雞子大者.

其次砂不入藥, 祇爲研供畫用與升煉水銀者.

其苗不必白石, 其深數丈卽得.

外牀或雜靑黃石, 或間沙土, 土中孕滿, 則其外沙石自多折裂.

此種砂貴州思·印·銅仁等地最繁, 而商州·秦州出亦廣也.

凡次砂取來, 其通坑色帶白嫩者, 則不以研朱, 盡以升澒.

若砂質卽嫩而爍, 視欲丹者, 則取來時入巨鐵碾槽中, 軋碎如微塵.

然後入缸, 注淸水澄浸, 近三日夜, 跌取其上浮者, 傾入別缸, 名曰二朱; 其下沉結者, 晒乾卽名頭朱也.

【思·印·同仁】모두 지금의 貴州에 있는 지명.
【商州】지금의 陝西 商縣.
【秦州】지금의 甘肅 天水縣.
【鐵碾槽】철확. 쇠절구.

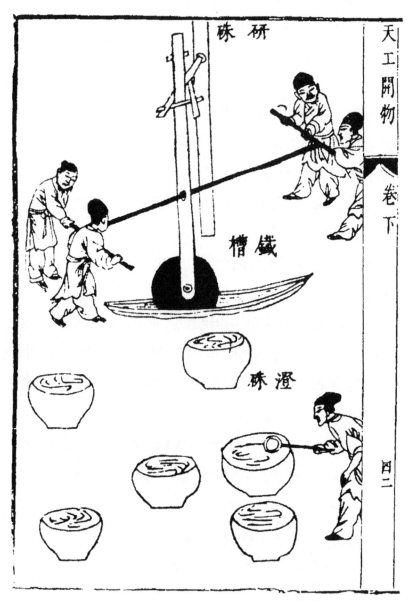

朱研

槽鐵

朱澄

〈그림110〉 주사(硃砂) 갈기와 앉히기

天工開物　卷下

四二

331(16-4)
수은水銀 증류법蒸溜法

무릇 수은으로 승화시키는 데에는 혹 보드랍고 흰 색깔을 띤 질이 낮은 주사나, 또는 항아리를 저어 위에 뜬 것을 거둔 이주二朱를 사용하며 물과 반죽하여 긴 가락 모양을 만든다.

이를 매 30근씩 가마솥에 넣어 수은으로 승화시키며 그 아래에 불을 피우는 데 사용하는 숯도 역시 30근이 든다.

대체로 수은으로 승화시키는 작업은 가마솥 위에 다른 가마솥을 엎어서 덮고, 위의 가마솥 중간에 작은 구멍을 남겨두고, 두 가마 둘레를 염니鹽泥로 단단히 봉한다.(그림111)

가마 위에는 철로 두드려 만든 활처럼 굽은 유관溜管을 설치하며, 그 관은 삼끈으로 단단히 둘러매어 통하게 하되 여전히 염니를 사용하여 바른다.

불을 지필 때에는 굽은 유관의 한쪽 끝을 가마솥에 꽂아 공기가 통하게 하며(꽂은 곳은 실 하나의 틈도 단단히 막음), 다른 한끝은 물병 정도의 양을 부은 항아리에 연결해 굽은 대롱을 타고 그 꼬리부분이 그 안에 잠기도록 꽂으면 가마솥 안의 수은 기체가 항아리 속의 물에 이르러 그치게 된다.

이렇게 불을 10시간 정도 지펴주면 그 속에 들어있던 주사의 분말이 모두 불에 타서 수은이 되며 이것이 가마솥에 가득하게 된다.

이를 다시 하루 정도 식힌 다음 꺼내어 쓸어내리면 된다.

이러한 방법은 아주 신기한 변화로써 모두가 천기天機라 할 것이다

(《본초》에는 마구 주석을 달아 "땅에 구멍을 파고 밥공기를 놓고 물을 채운다"라고 하였음).

凡升水銀, 或用嫩白次砂, 或用缸中跌出浮面二朱, 水和搓成大盤條.

每三十斤入一釜內升澒, 其下炭質亦用三十斤.

凡升澒, 上盖一釜, 釜當中留一小孔, 釜傍鹽泥緊固.

釜上用鐵打成一曲弓溜管, 其管用麻繩密纏通稍, 仍用鹽泥塗固.

煅火之時, 曲溜一頭插入釜中通氣(插處一絲固密), 一頭以中罐注水兩瓶, 插曲溜尾于內, 釜中之氣達于罐中之水而止.

共煅五个時辰, 其中砂末盡火成澒, 布于滿釜.

冷定一日, 取出掃下.

此最妙玄化, 全部天機也(《本草》胡亂註:「鑿地一孔, 放盌一个盛水.」).

【澒】汞과 같음. 水銀.

【鹽泥】진흙에 소금을 넣어 갠 것. 열에 잘 견디며 말라도 갈라지지 않음.

【稍】梢와 같음. 끝, 말단.

【砂末】주사의 粉末. 가루 형태의 주사.

【天機】자연 원리의 오묘한 변화.

【本草】《本草綱目》(9) 石部 水銀에 元代 胡演의 《丹藥秘訣》을 인용하여 "取砂汞法, 用瓷瓶盛朱砂, 不拘多少, 以紙封口. 香湯煮一沸時, 取入水火鼎內, 炭塞口, 鐵盤盖定. 着地一孔, 放碗一个盛水. 連盤覆鼎於碗上, 鹽泥固縫, 周圍加火煅之. 冷定取出, 汞自流入碗矣"라 하였음. 이 역시 초기 수은을 만드는 제조법으로 잘못된 것은 아니었으나 그 효과가 여기서 말한 것만 못할 뿐이라 함.

【盌】碗과 같음. 밥공기 크기의 사발.

【玄化】《淮南子》氾論訓에 "使鬼神能玄化"라 함.

〈그림111〉수은(水銀) 승련(升煉)시키기

332(16-5)
은주銀朱

　무릇 수은을 다시 주사로 승화시켜 사용할 수 있기 때문에 그 이름을 은주銀朱라 한 것이다.

　그 방법은 혹 입이 터진 질항아리를 사용하기도 하고, 혹 가마솥을 위아래 두 개를 포개어 하기도 한다.

　수은 한 근 마다, 석정지石亭脂(즉 유황으로 만든 것) 두 근씩을 넣어 함께 별처럼 반짝이는 빛이 보이지 않을 때까지 연마하고 이를 볶아 푸른색 주사 덩어리를 만든 다음 이를 질항아리에 넣는다.

　그리고 그 항아리의 위를 쇠접시를 뚜껑으로 덮고 쇠접시 위에 쇠막대 한 개를 얹어 눌러놓는다.

　그리고 다시 철사로 질항아리 밑과 쇠접시를 단단히 동여매고 염니鹽泥로서 입구에 발라 밀봉하며 아래에는 쇠못 세 개를 정의 다리처럼 땅에다 박고, 그 위에 질항아리를 얹어놓는다.(그림112)

　이에 향이 세 개가 타는 정도의 시간 동안 불을 때면서 자주 못 쓰는 붓을 물에 적셔 쇠접시를 닦아주면 수은이 저절로 가루가 되어 질항아리에 달라붙게 되며 그때 입구 쪽에 붙은 주사가 더욱 선명하고 빛이 난다.

　식으면 이를 들어 올려 긁어서 쓸어 모으면 된다.

　그때 사용한 석정지는 질항아리 바닥에 가라앉는데, 이는 다시 꺼내어 사용할 수 있다.

　매 수은 한 근을 승화시켜 은주 14냥과 품질이 그보다 떨어지는 은주 3냥 5전 정도를 얻을 수 있으며 중량이 이처럼 늘어나는 것은 유황의 본질에 의해 그러한 현상이 나타나는 것이다.

凡將水銀再升朱用, 故名曰銀朱.

其法或用罄口泥罐, 或用上下釜.

每水銀一斤, 入石亭之(卽硫黃制造者)二斤, 同研不見星, 炒作靑砂頭, 裝于罐內.

上用鐵盞盖定, 盞上壓一鐵尺.

鐵線兜底捆縛, 鹽泥固濟口縫, 下用三釘插地鼎足盛罐.

打火三炷香久, 頻以廢筆蘸水擦盞, 則銀自成粉, 貼于罐上, 其貼口者朱更鮮華.

冷定揭出, 刮掃取用.

其石亭脂沉下罐底, 可取再用也.

每升水銀一斤, 得朱十四兩, 次朱三兩五錢, 出數藉硫質而生.

【銀朱】《本草綱目》(9) 石部 銀朱에 인용된 胡演의《丹藥秘訣》에도 "升鍊銀朱, 用石亭脂二斤, 新鍋內鎔化, 次下水銀一斤, 炒作靑砂頭, 炒不見星, 硏末罐盛. 石版盖住, 鐵線縛定, 鹽泥固濟, 大火煅之, 待冷取出. 貼罐者謂銀朱; 貼口者謂之水華朱. 每水銀一斤, 煅朱一十四兩八分, 次朱三兩五錢"이라 하여 銀朱와 水華朱를 함께 얻는 방법이 기록되어 있음.

【罄口泥罐】'罄'은 '罄'과 같으며 위가 더 넓은 항아리를 가리킴. '罐'은 '罐'과 같음.

【石亭脂】붉은색의 天然硫黃.

銀復升硃

〈그림112〉 은에서 다시 주사 추출하기

333(16-6)
여러 종류의 은주

무릇 승화하여 만든 주사나 갈아서 만든 주사는 그 품질이나 효능은 역시 서로 비슷하다.

만약 황가皇家나 귀족 집안에서 그림물감으로 쓸 경우라면 진사辰砂나 금주錦州에서 나는 단사丹砂를 갈아서 만든 것을 사용하며 여기서처럼 만든 주사를 사용하지 않는다.

무릇 주사로서 일반 문방文房에서 쓰는 것은 아교로 만들어 막대기 모양을 한 것이며 이를 돌벼루에 갈면 검은 즙이 생긴다.

그러나 칠공漆工은 이를 선명한 채색으로 사용하며 오직 오동나무 기름을 넣어 섞으면 그 색이 드러나며 옻에 넣으면 역시 어두운색이 된다.

무릇 수은과 주사는 다른 방법으로는 만들어낼 수가 없는데 홍해澒海나 초홍草澒이 있다는 설은 근거가 없는 헛된 이야기인데도 남의 말 듣기를 좋아하는 자는 이를 믿고 있다.

만약 수은을 이미 승화시켜 주사로 만들었다면 다시는 수은으로 환원되지 않으니 소위 조화造化의 교묘한 변화가 다했기 때문이라고 말할 수 있다.

凡升硃與研硃, 功用亦相彷.

若皇家·貴家畫彩, 則卽用辰·錦丹砂研成者, 不用此硃也.

凡硃, 文房膠成條塊, 石硯則顯.

若磨于錫硯之上, 則立成皂汁.

卽漆工以鮮物彩, 唯入桐油調則顯, 入漆亦晦也.

凡水銀與硃更無他出, 其澒海·草澒之說, 無端狂妄,
耳食者信之.

若水銀已升硃, 則不可復還爲澒, 所謂造化之巧已盡也.

【相彷】 '相仿'과 같음. 서로 彷佛함. 같음.

【用辰錦】 '用'은 원본에는 '同'으로 되어 있으나 이는 오류임. 辰은 辰州에서 나는
辰砂. 錦은 錦州에서 나는 朱砂.

【硃】 朱와 같음. 朱砂(硃砂)를 가리킴.

【皂汁】 '皂'는 '皁'와 같으며 검은색. 주사는 錫硯에 갈 경우 褐色의 硫化亞錫
(SnS)이 될 수 있음.

【澒海·草澒】 '澒海'는 바다나 호수 등에 자연적으로 분포하는 수은. '草澒'은
풀에서 얻을 수 있는 수은. 이는 《本草綱目》(9) 金石部 水銀에 "又取草汞法:
用細葉馬齒莧, 乾之, 十斤得水銀八兩……"이라 하여 馬齒莧(비름의 일종.
Partulaca oleracea)에서 自然澒을 얻을 수 있다고 하였음.

【耳食】 餌食과 같음. 남의 꾀임에 잘 빠짐.

(3) 墨

334(16-7)
먹

무릇 먹은 불을 태워 연기의 끄름을 재질로 하여 만든 것이다.

오동나무 기름, 청유淸油, 돼지기름을 태워서 만든 것은 10분의 1 정도이며 소나무를 태워 만든 것이 10분의 9를 차지한다.

대체로 귀중한 먹을 만드는 지금 우리 명明나라 조정에서는 휘군徽郡 사람들을 높이 여긴다.

혹 그들은 기름을 운반해 오는 어려움을 덜기 위해 사람을 형주荊州, 양양襄陽, 진계辰溪, 원릉沅陵으로 보내어 그곳에 머물면서 그곳의 값싼 오동나무 기름을 태워 끄름을 만들어 이를 가지고 돌아오도록 한다.

그렇게 만든 먹은 나중에 종이에 올려놓고 햇빛에 비스듬히 비춰보아 붉은색을 띠면 이는 자초紫草 즙에 심지를 태워 연소시켜 끄름을 얻은 것이다.

무릇 기름을 태워 끄름을 얻을 때는 기름 한 근에 좋은 끄름 두 냥 남짓 얻을 수 있다.

손이 민첩한 사람일 경우 혼자서 2백 개의 등잔을 다룰 수 있지만, 만약 긁어내는 행동이 태만하거나 느리면 끄름이 낡아 불이 탈 때 그 끄름도 함께 타서 사라지게 된다.(그림113)

그 외에 일상 사용하는 먹은 먼저 소나무에서 송진 성분을 흘러 내보내 제거하고 나서 소나무를 베어서 사용해야 한다.

무릇 소나무에서 향내 나는 송진 성분을 털끝만큼이라도 깨끗이 제거하지 않으면 그러한 소나무 끄름으로 만든 먹은 끝까지 찌꺼기가 맺힌 채 용해되지 않는 결함이 있게 된다.

대체로 소나무에서 송진과 향을 흘러 내보내 제거하려면 나무뿌리에 작은 구멍을 뚫고 등에 불을 붙여 천천히 태워주면 나무 전체의 송진 액체가 따뜻한 기운을 타고 거꾸로 흘러나오게 된다.

凡墨燒烟凝質而爲之.

取桐油·淸油·猪油烟爲者, 居十之一; 取松烟爲者, 居十之九.

凡造貴重墨者, 國朝推重徽郡人.

或以載油之艱, 遣人僦居荊·襄·辰·沅, 就其賤値桐油點烟而歸.

其墨他日登于紙上, 日影橫射有紅光者, 則以紫草汁浸染燈心(蕊)而燃炷者也.

凡蒸油取烟, 每油一斤, 得上烟一兩餘.

手力捷疾者, 一人供事燈盞二百付(副); 若刮取怠緩則烟老, 火燃·質料倂喪也.

其餘尋常用墨, 則先將松樹流去膠香, 然後伐木.

凡松香有一毛(毫)未淨盡, 其烟造墨終有滓結不解之病.

凡松樹(烟)流去香, 木根鑿一小孔, 炷燈緩炙, 則通身膏液就煖傾流而出也.

【墨】 碳化物의 끄름. 즉 碳黑(Carbon black)이 주원료임. 宋 晁貫之의《墨經》에 "古者, 松煙·石墨兩種, 石墨自晉魏以後無用, 松煙之製尙矣"라 하여 위진 이후 松煙만 널리 쓰였음을 알 수 있음.
【桐油】 기름오동나무 열매에서 짜낸 기름.

【淸油】맑은 기름. 유채씨 기름이나 콩기름 등. 明 沈繼孫의《墨法集要》侵油에 "衢人用皂靑油燒煙, 蘇人用菜子油, 豆油燒煙"이라 함.

【猪油】돼지비계를 재료로 하여 얻은 기름.

【徽郡】지금의 安徽 歙縣 일대의 옛 지명.

【荊】湖北의 荊州. 고대 江陵.

【襄】湖北의 襄陽.

【辰】湖南의 辰溪.

【沅】역시 호남의 沅陵. 모두 고대 먹의 주된 생산지였음.

【紫草】'지치'. 뿌리에 보라색의 결정질인 紫草素가 들어 있어 보라색 염료를 만들 수 있음.

〈그림113〉 청연(清烟) 모으기

335(16-8)
송연松烟

무릇 소나무를 태워 끄름을 얻으려면 소나무를 한 자 정도씩 일정한 길이로 자르고, 대나무 쪽으로 엮은 통발 모양의 집을 만든다. 이는 마치 지붕이 있는 배에 우봉雨篷을 씌운 모습이며 이렇게 연접시켜 10길 남짓 만들고,(그림114) 안팎과 연접 부분은 모두 종이와 돗자리로 풀을 발라 완전히 봉하여 고정한다.

구획을 구분하여 간격마다 작은 구멍을 내어 연기가 빠져나가도록 하며 그 아래에는 흙을 덮고 벽돌로 먼저 연기가 지나가는 길을 만들어 놓는다.

이렇게 하고 며칠을 불을 때며 식기를 기다린 다음 들어가 끄름을 긁어 쓸어모은다.

무릇 소나무를 태워 연기를 낼 때에는 불을 때면서 연기가 통하여 머리부터 꼬리까지 통하도록 해야 한다.

꼬리쪽 1~2 구획의 끄름을 청연淸烟이라 하며 여기에서 채취한 것은 좋은 먹의 원료가 된다. 중간 구획의 끄름은 혼연混烟이라 하며 여기에서 채취한 것은 늘 쓰는 먹의 원료가 된다.

그리고 머리쪽 1~2 구획에서 긁어모은 것은 연자烟子라 하며 이는 책이나 문서를 인쇄하는 집에 팔며 그들 역시 이를 미세하게 갈아 사용한다.

그 나머지는 칠공漆工이나 악공堊工이 검은색을 칠하는 데에 제공된다.

凡燒松烟, 伐松斬成尺寸, 鞠篾爲圓屋, 如舟中雨篷式, 接連十餘丈, 內外與接口皆以紙及席糊固完成.

隔位爲數節, 小孔出烟, 其下掩土·砌磚先爲通烟道路.

燃薪數日, 歇冷入中掃刮.

凡燒松烟, 放火通烟, 自頭徹尾.

靠尾一·二節者爲清烟, 取入佳墨爲料; 中節者爲混烟, 取爲時墨料.

若近頭一·二節, 只刮取爲烟子, 貸賣刷印書文家, 仍取研細用之.

其餘則供漆工·堊工之塗玄者.

【鞠篾】 대나무를 쪽으로 갈라 둥글게 반원형으로 굽혀 만드는 통발.
【雨篷】 배의 지붕. 배의 뜸집. 그림 참조.
【砌磚】 반듯하게 깎아 만든 벽돌이나 섬돌.
【漆工】 나무 가구나 기구에 안료를 칠하는 목공.
【堊工】 벽이나 담장을 바르는 작업을 하는 숙련공. 堊土(생석회)를 개어 이를 섞어 검은 색깔을 내어 바름.

〈그림114〉 송진 모으기와 송연(松烟) 만들기

336(16-9)
먹 제조법

무릇 먹을 만드는 재료인 소나무 끄름을 물속에 오래 담가 정밀한 것과 거친 것이 분리되어 뜨고 가라앉도록 한다.

그리고 아교阿膠와 혼합한 뒤에는 망치로 두드리며 그 횟수의 많고 적음에 따라 먹의 취약함과 견고함이 구분된다.

거기에 다시 진기한 재료나 금 입히기, 사향麝香 넣기 등은 소나무 끄름이건, 일반 기름 끄름이건 어떤 것을 증감시킬 것인가 하는 것은 사람에 달려 있을 뿐이다.

그 나머지는 《묵경墨經》이나 《묵보墨譜》에 실려 있으니 더 많은 것을 알고자 하는 자는 스스로 살펴보기 바란다. 여기서는 그저 재질과 원료, 방법만을 개략적으로 기록할 뿐이다.

凡松烟造墨, 入水久浸, 以浮沉分精愨.

其和膠之後, 以槌敲多寡分脆堅.

其增入珍料與漱金·唧麝, 則松烟·油烟增減聽人.

其餘《墨經》·《墨譜》, 博物者自詳, 此不過粗紀質料原因而已.

【精麤】精粗와 같음. 정밀한 것과 거친 것.

【脆堅】'脆'는 먹이 거칠어 쉽게 부서지며 무른 것. '堅'은 단단한 것.

【漱金】먹에 금으로 글자나 문양, 상표 등을 넣음.

【唧麝】'唧'은 '銜'과 같음. 麝香의 향내를 먹에 넣음.

【墨經】宋 晁貫之가 지은 책으로 전 1권. 먹의 원류와 제조법 등에 대해 기록되어 있음.《墨譜》와 함께 〈四庫全書〉 子部(9) 譜錄類(1)에 실려 있음.

【墨譜】宋 李孝美 저. 총 3권.

(4) 附

337(16-10)
기타 여러 가지 안료

호분胡粉: (지극히 흰색. 〈오금〉편에 자세히 설명함.)

황단黃丹: (홍황색紅黃色. 〈오금〉편에 자세히 설명함.)

전화澱花: (지극한 남색. 〈창시〉편에 자세히 설명함.)

자분紫粉: (진홍색. 귀중한 작품에 사용할 때는 호분과 은주를 같은 양으로 섞어 쓰며, 거친 데에 쓸 때는 염색집의 紅花 찌꺼기의 즙으로 이를 만듦.)

대청大靑: (짙은 남색. 〈주옥〉편에 자세히 설명함.)

동록銅綠: (짙은 녹색. 黃銅을 두드려 조각을 만들어 그 위에 초를 발라 겨에 저장하며 약한 불로 데우면서 날마다 긁어모음.)

석록石綠: (〈주옥〉편에 자세히 설명함)

대자석代赭石: (은홍색. 각지의 산중에 어디에나 있으며 대군 일대의 것을 가장 좋은 것을 여김.)

석황石黃: (중간 정도의 황색이며 겉은 보라색, 돌의 표면 안쪽이 황객이어서 石中黃子라고도 부름.)

胡粉: (至白色. 詳〈五金〉卷.)

黃丹: (紅黃色. 詳〈五金〉卷.)

澱花: (至藍色. 詳〈彰施〉卷.)

紫粉: (緅紅色, 貴重者用胡粉, 銀朱對和; 粗者用染家紅花滓汁爲之.)

大靑: (至靑色, 詳〈珠玉〉卷.)

銅綠: (至綠色, 黃銅打成板片, 醋塗其上, 果藏糠內, 微藉煖火氣, 逐日刮取.)

石綠: (詳〈珠玉〉卷.)

代赭石: (殷紅色, 處處山中有之, 以代郡者爲最佳.)

石黃: (中黃色, 外紫色, 石皮內黃, 一名石中黃子.)

【黃丹】 鉛丹이라고도 하며 四氧化三鉛(Pb₃O₄). 산화납. 紅黃色의 분말.

【銅綠】 靑銅. 아세트산구리1수화물 $Cu(C_2H_3O_2)_2 \cdot H_2O$로 藍綠色의 분말.

【代赭石】 土朱, 赤鐵礦礦石. 주요 성분은 적철광(Fe_2O_3)이며 붉은색의 안료. 山西 代縣에서 나는 것이 최고품이어서 代赭石이라 함.

【石黃】 石雄黃, 또는 雄黃이라고도 하며 성분은 3황화2비소(As_2S_3)이며 粘土 형태를 띠고 있음. 염료 및 화약 원료로 쓰임.

17. 국얼麴蘗

　'麴蘗'은 누룩을 뜻함. '麴'은 '麯'과 같으며 원래 누룩으로 알코올 성분의 술을 빚는 원료이며, '蘗'은 麥芽를 뜻하는 말로 단술醴을 만드는 원료로 발명된 것이었음. 본문에 "麴造酒, 蘗造醴"라 함. 《尙書》說命(下)에 "若作酒醴, 爾惟麴蘗"에서 나온 말이며 "훌륭한 술을 빚기 위해 먼저 누룩을 만들어야 한다"는 뜻에서 취한 것임.

338(17-1)
전언

내 생각으로는 이렇다.

"송사가 날로 많아지는 것은 술주정으로 소란을 피워 화근을 만들기 때문이지만 그 근원인 누룩이 무슨 죄가 있겠는가?

하늘에 제사를 올리고, 먼 조상을 추모하며, 〈상송商頌〉과 〈주아周雅〉의 음악과 노래하는 사이에 만약 술로 그 분위기를 돋우려면 누룩이 있어야 하니 이는 성인이 만들었고 또한 명확하게 설명해온 것이다.

오직 이는 누룩은 오곡五穀의 청화菁華가 변환을 일으킨 것으로 물을 만나 응고되고 바람에 감응하여 변화된 것이다.

이에 기황岐黃에 공급하여 사용되는 것을 신국神麴이라 이름 하였고, 음식의 맛에 그 기능을 굳게 지키고 있는 것을 단국丹麴으로 그 색깔에 따라 부르게 되었다.

임금이나 신하처럼 주된 재료와 부수 재료를 배합하여 날로 새로운 것을 만들어내어, 사람의 수명을 늘리고 오래 묵은 고질병을 고쳐내기도 하였다. 그러한 효능은 이루 다 설명해낼 수가 없다.

염제炎帝와 황제黃帝와 같은 옛 성인들이 누룩 만드는 법을 창안해 내지 않았더라면 그 뒷사람들이 아무리 총명하다 해도 어찌 능히 그 방법과 기술을 다 해낼 수가 있었겠는가!"

宋子曰：「獄訟日繁, 酒流生禍, 其源則何辜? 祀天追遠,
沉吟〈商頌〉·〈周雅〉之間. 若作酒醴之資, 麴糵也, 殆聖
作而明述矣. 惟是五穀菁華變幻, 得水而凝, 感風而化.
供用岐黃者神其名, 而堅固食羞者丹其色. 君臣自古配
合日新, 眉壽介而宿痾怯, 其功不可殫述. 自非炎·黃作祖,
末流聰明, 烏能竟其方術哉!」

【追遠】조상에게 제사를 올림.《論語》學而篇에 "曾子曰：「愼終, 追遠, 民德歸
　　厚矣.」"라 함. 이때에 술을 사용함.
【商頌】《詩經》三頌의 하나. 周나라 때 宋나라가 그 조상 商(殷)나라의 조상을
　　모시는 宗廟에서 제를 올릴 때의 歌樂.
【周雅】《詩經》의 大雅와 小雅. 周나라 때 朝會와 宴會 등에 쓰이던 의식용 歌樂.
【菁華】精華와 같음. 精髓.
【岐黃】전설상의 岐伯과 黃帝. 醫術을 처음 창시한 것으로 알려짐. 이들에 의탁
　　하여 기록된 醫書로《靈樞》,《素問》등이 있음.
【神其名】神麴을 가리킴.
【食羞】음식. '羞'는 '饈'와 같음.
【丹其色】그 색이 붉다 하여 丹麴을 가리킴. 丹麴은 혹 紅麴으로도 부름.
【君臣】主從과 같음. 중국 의술에서 치료를 목적으로 쓰는 약을 君, 이를 보조
　　하여 몸을 튼튼히 하는 것을 臣이라 함.
【眉壽】眉壽와 같음. 같은 음의 米壽와도 같음. 장수를 뜻함.《詩經》豳風 七月에
　　"十月穫稻, 爲此春酒, 以介眉壽"라 함.
【炎黃】고대 帝王의 炎帝 神農氏와 黃帝 軒轅氏. 신농씨는 藥物學의 시조로
　　여기며, 황제는 醫學의 시조로 여김. 이들이 치료와 건강을 목적으로 누룩을
　　발명한 것으로 여긴 것.

(2) 주모酒母

339(17-2)
술누룩

술을 빚으려면 반드시 누룩을 바탕으로 해야 한다.

누룩이 없으면 아무리 좋은 쌀이나 진기한 기장이라도 헛일이 되며 술을 만들어내지 못한다.

옛날부터 누룩으로는 술을 빚고 엿기름으로는 단술을 빚었다.

그러나 후세에 오면서 단술은 그 맛이 싱겁다고 싫어하여 드디어 전래가 끊어졌으며 엿기름으로 만들던 방법도 역시 사라지게 되었다.

무릇 누룩은 보리나 쌀가루와 밀가루 등으로 만들며 곳에 따라 원료를 달리하며 남북이 같지 않지만 그 원리는 하나이다.

대체로 맥국麥麴은 보리나 밀을 다 쓸 수 있다.

누룩을 만들 때는 우물물로 껍질째 낟알을 씻고, 볕에 말려서 하며 더운 한 여름철이 시기적으로 가장 알맞다.

그리고 나서 이를 갈아서 밀·보리를 씻은 물로 반죽하여 덩어리로 만들고 닥나무 잎으로 단단히 싸서 바람이 잘 통하는 곳에 매달거나, 혹은 볏짚으로 덮어 누렇게 띄워 49일을 경과한 후 사용하면 된다.

凡釀酒, 必資麴藥成信.

無麴卽佳米珍黍, 空造不成.

古來麴造酒, 蘖造醴.

後世厭醴味薄, 遂至失傳, 則并糵法亦亡.

凡麴, 麥·米·麪隨方土造, 南北不同, 其義則一.

凡麥麴, 大·小麥皆可用.

造者將麥連皮井水淘凈, 晒乾, 時宜盛暑天.

磨碎, 卽以淘麥水和作塊, 用楮葉包紮, 懸風處, 或用
稻稭罨黃, 經四十九日取用.

【酒母】술누룩. 酵母. 원래는 누룩을 섞어 고두밥과 섞어 만든 술의 밑밥을 말함.
【糵】麥芽, 엿기름. 보리 낟알을 도정하기 전 그대로 물에 불려 싹이 나면 녹말이
당분으로 바뀌며 그때 곧바로 말려 갈아서 사용함. 이로써 단술을 만들었으며
漢代부터는 단술보다는 이를 달여 조청, 즉 麥芽糖으로 만들었으며 다시
수분을 최대한 제거하여 엿으로 만들었음.
【黃】보리가 발효하여 霉菌의 黃色 孢子가 생김.

340(17-3)
밀기울 누룩

밀기울 누룩을 만들기는 흰 밀가루 5근, 누른 콩 5되에 여뀌의 즙을 넣어 함께 푹 삶고, 다시 매운 여뀌 가루 5냥과 행인니杏仁泥 10냥을 섞어 발로 밟아 떡 모양으로 만든 다음 닥나무 잎으로 싸서 매달아 두거나 볏짚을 덮어 누렇게 띄우는 방법은 앞에서와 같다.

혹 찹쌀 가루를 자연산 여뀌의 즙으로 반죽하여 떡으로 만들어 누런 색깔이 나도록 하여 거두어 쓰는 것은, 덮어 만드는 방법 및 그 시기는 모두가 한결같이 조금도 다를 바가 없다.

그리고 여러 가지 주재료와 부재료, 그리고 함께 넣는 초약草藥 등은 적게는 몇 가지, 많게는 백여 가지에 맛을 내며 지역과 만드는 방법에 따라 다르며 역시 일일이 모두 거론할 수가 없다.

근래 연경燕京에서는 율무쌀을 주원료로 하여 누룩에 넣어 의주薏酒를 빚으며, 절강浙江의 영주寧州와 소흥紹興에서는 녹두를 주원료로 하여 누룩에 넣어 두주豆酒를 빚는다.

이 두 가지 술은 자못 천하의 명주名酒로 이름을 드날리고 있다(따로《酒經》에 실려 있음).

造麯麴用白麯五斤·黃豆伍升, 以蓼汁煑爛, 再用辣蓼末
五兩·杏仁泥十兩, 和踏成餅, 楮葉包懸, 與稻稭罨黃,
法亦同前.

其用糯米粉與自然蓼汁溲和成餅, 生黃收用者, 罨法
與時日亦無不同也.

其入諸般君臣與草藥, 少者數味, 多者百味, 則各土各法,
亦不可殫述.

近代燕京則以薏苡仁爲君, 入麴造薏酒; 浙中寧·紹則
以綠豆爲君, 入麴造豆酒.

二酒頗擅天下佳雄(別載《酒經》).

【蓼汁】蓼(여뀌)는 蓼科 蓼屬의 水蓼(Polygonum hydropiper). 물가에 나는 풀로
약용으로 사용함. 그 풀을 찧어 즙을 내어 사용함.

【辣蓼】매운 맛을 내는 여뀌. 蓼科 蓼屬의 辣蓼(Polygonum flaccidum). 이를 넣는
것은 雜菌의 생장을 막기 위한 것임.

【薏苡】薏苡는 율무. 雙聲連綿語의 物名. 東漢 때 馬援이 남방에서 전래하여
북방에서도 재배하게 됨.《後漢書》馬援傳에 "初, 援在交阯, 常餌薏苡實, 用能
輕身省慾, 以勝瘴氣. 南方薏苡實大, 援欲以爲種, 軍還, 載之一車. 時人以爲南土
珍怪, 權貴皆望之. 援時方有寵, 故莫以聞. 及卒後, 有上書譖之者, 以爲前所載還,
皆明珠文犀. 馬武與於陵侯侯昱等皆以章言其狀, 帝益怒. 援妻孥惶懼, 不敢以
喪還舊塋, 裁買城西數畝地槀葬而已. 賓客故人莫敢弔會. 嚴與援妻子草索相連,
詣闕請罪. 帝乃出松書以示之, 方知所坐, 上書訴冤, 前後六上, 辭甚哀切, 然後
得葬"이라 함.

【仁】薏米. 겉껍질을 벗겨 하얗게 남은 알을 '仁'이라 함. 杏仁은 은행알, 桃仁은
복숭아씨를 깐 것, 蝦仁은 깐 새우를 뜻하는 경우가 이와 같음.

【寧紹】浙江의 寧波와 紹興.

【酒經】宋 朱翼中이 지은《北山酒經》. 누룩과 술에 관한 여러 가지를 모두 기록함.

341(17-4)
누룩의 발효

무릇 누런색을 제대로 내지 못하거나, 제대로 살피지 않거나, 손을 깨끗이 씻지 않아 실패할 경우, 그렇게 잘못된 누룩 몇 알이 몇 섬의 남의 쌀을 못 쓰게 할 수 있다.

그러므로 남이 만든 누룩을 살 때는 반드시 믿을만하고 이름이 널리 알려진 집의 것이어야 그 뒤에 술을 빚는 데 잘못이 없게 된다.

연燕·제齊 지역에서는 황주를 빚는 데에 쓰는 누룩은 대부분이 회군 淮郡에서 만든 것을 배나 수레로 실어 북쪽에서 팔리는 것이다.

남방에서 빚어 붉은색을 내는 술, 즉 홍주紅酒를 빚을 때 쓰는 누룩은 회군에서 만드는 것과 같이 이를 통틀어 대국大麯이라 부른다.

다만 회군에서 만든 누룩은 두들겨 벽돌 모양이며, 남방은 떡 모양으로 둥글게 만들지만, 그 누룩의 맛은 똑같다.

누룩에 여뀌를 넣는 것은 공기와 맥이 잘 소통되도록 하기 위한 것이며, 쌀·밀·보리를 주원료로 하지만 단지 반드시 이미 만들어놓았던 누룩이나 주조酒糟를 매개로 혼합시켜 주어야 한다.

이러한 주조는 어느 시대부터 시작되어 전승되었는지 알 수 없으나 이는 반석礬石을 태울 때 반드시 옛날 반석 찌꺼기를 넣어야 하는 것과 같은 원리라고 할 수 있다.

凡造酒母家, 生黃未足, 視候不勤, 盥拭不潔, 則疵藥數
丸動輒敗人石米.

故市麴之家必信著名聞, 而後不負釀者.

凡燕·齊黃酒麴藥, 多從淮郡造成, 載于舟車北市.

南方麴酒釀出卽成紅色者, 用麴與淮郡所造相同, 統名
大麴.

但淮郡市者打成磚片, 而南方則用餅團, 其麴一味.

蓼身爲氣脉, 而米·麥爲質料, 但必用已成麴·酒糟爲
媒合.

此糟不知相承起自何代, 猶之燒礬之必用舊礬滓云.

【燕·齊】 燕은 北京과 河北 일대. 齊는 山東을 일컫는 말.

【淮郡】 지금의 江蘇 淮安 일대.

【蓼身】 여뀌의 즙이나 가루를 넣어 반죽함. 이는 누룩이 너무 단단하여 균이
  자라지 못하는 것을 방지하기 위한 것. 通氣性, 疏隙性을 도와 酵母菌이 잘
  번식하도록 하기 위한 것임.

【酒糟】 밑술. 밑누룩. 누룩의 씨. 이미 만든 누룩의 찌꺼기. 醱酵 전에 넣는 麴種.
  菌種. 種菌.

(3) 신국神麴

342(17-5)
신국

무릇 신국은 약으로 쓰기 위하여 만든 것으로 의가醫家에서는 주모酒母와는 구별하고 있다.

이는 당唐나라 때 제조법이 시작되었으며 그 누룩은 술을 빚는 데에는 사용하지 않는다.

신국을 만드는 데는 오로지 흰 밀가루만 사용하며 밀가루 백 근 마다 청호靑蒿 자연즙, 마료馬蓼와 창이蒼耳 자연즙과 섞어 떡 모양을 만들어 삼 잎이나 닥나무 잎으로 이를 싸서 덮어 장황醬黃을 만드는 법과 같은 방법으로 한다.

노란색의 균이 생겨 이 겉을 싸도록 기다렸다가 이를 말려 거두면 된다.

그것을 사용할 때 다른 약과 배합하는 문제는 의사들의 좋은 경험을 듣고 보태어 넣으면 될 뿐 정해진 처방법은 없다.

凡造神麴所以入藥, 乃醫家別于酒母者.

法起唐時, 其麴不通釀用也.

造者專用白麪, 每百斤入靑蒿自然汁·馬蓼·蒼耳自然汁相和作餠, 麻葉或楮葉包罨, 如造醬黃法.

待生黃衣, 卽晒收之.

其用他藥配合, 則聽好醫者增入, 若無定方也.

【神麯】藥麯이라고도 하며, 消食開胃의 효능을 얻음. 止瀉劑나 消化劑로 만든 醱酵劑. 이는 《本草綱目》(25) 穀部 造醱類에 인용된 宋代 葉夢得의 《水雲錄》에 근거하여 정리된 것임. 남북조 後魏 賈思勰의 《齊民要術》에 이미 神麯을 만드는 방법이 기재되어 있으며 唐宋 이후에 제조법이 개량되었음.

【青蒿】菊花科青蒿(Artemisia apiacea). 일명 香蒿라고도 하며 약용으로 사용함. 우리는 흔히 '제비쑥'이라 함.

【馬蓼】蓼科 馬蓼(Polygonum nodosum). 말여뀌.

【蒼耳】菊花科 蒼耳屬 蒼耳(sibiricum). 도꼬마리.

(4) 단국丹麴

343(17-6)
단국

단국丹麴이라는 한 종류는 만드는 법이 근래에 나온 것이다.

그 원리는 '썩은 냄새 속에는 신기神奇로운 변화가 있다'는 것에서 시작된 것이며 그것은 기氣의 정화가 변화함을 이용한 것이다.

세상에서 생선과 고기가 가장 썩기 쉬운 물체이지만 이러한 물체에 이 단국을 얇게 바르기만 하면 능히 더운 여름에도 원래의 품질을 그대로 지켜 열흘이 지나도 구더기나 파리도 감히 달려들지 못할 뿐만 아니라 색과 맛도 처음과 같으니 신비로운 약이라 할 것이다.

凡丹麴一種, 法出近代.

其義「臭腐神奇」, 其法氣精變化.

世間魚肉最朽腐物, 而此物薄施塗抹, 能固其質于炎暑之中, 經歷旬日, 蛆·蠅不敢近, 色味不離初, 盖奇藥也.

【丹麴】紅麴이라고도 하며 防腐劑로 사용되는 醱酵劑. 흰쌀에서 紅麴菌 곰팡이를 배양하여 만듦.《本草綱目》(25) 穀部 造釀類 紅麴條에 "紅麴《本草》不載, 法出近代. 亦奇術也. 其法, 用粳米一石五斗, 水淘浸一宿, 作飯, 分作十五處, 入麴母三斤 搓揉令勻, 併作一處, 以帛密覆, 熱卽去帛攤開, ……"라 함.

【臭腐神奇】"臭腐復化神奇"의 줄인 말. 냄새나고 썩은 것이 다시 신기한 것으로
변화함.《莊子》知北游에 "生也死之徒, 死也生之始, 孰知其紀! 人之生, 氣之
聚也; 聚則爲生, 散則爲死. 若死生爲徒, 吾又何患! 故萬物一也, 是其所美者爲
神奇, 其所惡者爲臭腐; 臭腐復化爲神奇, 神奇復化爲臭腐. 故曰:「通天下一氣耳.」
聖人故貴一"이라 함.
【蛆·蠅】구더기나 파리.

344(17-7)
단국 제조법

단국을 만드는 법은 멥쌀을 쓰되 올벼나 늦벼의 쌀을 구분하지 않아도
된다.

쌀을 절구에 넣어 아주 곱게 찧어 물에 7일간 담가 두어 그 악취를
가히 맡을 수 없을 만큼 지독하게 되면 이를 흐르는 냇물로 깨끗이 씻는다
(반드시 산골짜기의 흐르는 물을 해야 하며, 큰 강물로 해서는 안 된다).(그림115)

씻은 후에도 악취는 제거할 수 없으나 이를 시루에 넣어 쪄서 밥을
만들면 향기가 나게 되며 그 향내는 아주 대단하다.

무릇 이 쌀을 쪄서 밥을 지을 때는 처음에는 반쯤 쪄서 익히다가 곧
중지해야 하며 완전히 익혀서는 안 된다.

그때 다시 솥에서 꺼내어 냉수를 끼얹어 식혀 차갑게 한 다음 다시 쪄서
완전히 익히도록 한다.

이렇게 익힌 다음 몇 섬을 함께 쌓아 무더기를 만들고 씨누룩을 넣어
뒤섞는다.

凡造法用秈稻米, 不拘早·晚.

舂杵極其精細, 水浸一七日, 其氣臭惡不可聞, 則取入
長流河水漂净(必用山河流水, 大江者不可用).

漂後惡臭猶不可解, 入甑蒸飯, 則轉成香氣, 其香芬甚.

凡蒸此米成飯, 初一蒸半生卽止, 不及其熟.

出離釜中, 以冷水一沃, 氣冷再蒸, 則令極熟矣.

熟後, 數石共積一堆拌信.

【秈稻】 찰기가 있는 메벼. '秈'은 '杣'으로도 표기함.

【拌信】 씨누룩을 넣어 섞어 버무림. 신은 씨누룩(麴種, 麴信)을 뜻함.

〈그림115〉흐르는 물에 쌀 씻기

345(17-8)
국신麴信

무릇 국신麴信은 반드시 가장 좋은 홍주紅酒의 주조酒糟를 원료로 써야 한다.

매 주조 한 말에 마료馬蓼 자연즙 세 되와 명반수明礬水로 고르게 섞는다.

그리고 매 국반麴飯 한 섬마다 국신麴信 2근씩을 넣어 밥이 아직 뜨거울 때 몇 사람이 재빠르게 손으로 이를 섞으며 밥이 뜨거울 때부터 식을 때까지 한다.

그리고 국신이 밥에 들어가 오랜 뒤에 다시 약한 온도로 오를 때까지 국신이 충분히 작용하고 있는지를 잘 살펴야 한다.

무릇 밥이 국신과 섞인 뒤에는 이를 대나무 광주리에 엎어 부어 넣고 명산수를 다시 한 번 끼얹은 연후에 이를 대나무 쟁반에 나누어 담아 시렁에 올려놓고 바람을 쐬도록 한다.(그림116)

그다음에는 바람의 힘에 의해서만 작용하도록 하며 물이나 불은 아무런 작용이 미치지 않도록 한다.

凡麴信必用絶佳紅酒糟爲料.

每糟一斗, 入馬蓼自然汁三升, 明礬水和化.

每麴飯一石, 入信二斤, 乘飯熱時, 數人捷手拌勻, 初熱拌至冷.

候視麴信入飯久復微溫, 則信至矣.

凡飯拌信後, 傾入籮內, 過礬水一次, 然後分散入篾盤,
登架乘風.

後此風力爲政, 水火無功.

【酒糟】 밑술. 밑누룩. 누룩의 씨. 이미 만든 누룩의 찌꺼기. 醱酵 전에 넣는 麴種.
　菌種. 種菌.
【明礬水】 明礬은 硫酸鉀鋁($KAl(SO_4)_2 \cdot 12H_2O$)로 그 물은 약한 酸性을 띠어
　雜菌의 번식을 억제하며 紅麴의 곰팡이菌은 耐酸性이 있음.
【篾盤】 대마무를 얇게 벗겨 만든 넓은 채반, 광주리.

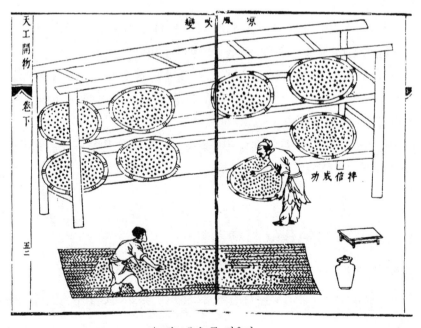

〈그림116〉 누룩 띄우기

346(17-9)
생황국生黃麴

무릇 국반麴飯을 쟁반에 담을 때, 매 장반마다 약 5되를 담는다.

그것을 두는 방은 높고 넓어야 한다. 기와의 더운 기운의 침핍侵逼이 방해되기 때문이다.

방은 남향이어야 한다. 서쪽 볕이 방해되기 때문이다.

매 2시간 정도마다 대략 세 번씩 섞어서 뒤집어 주어야 한다.

살피는 사람은 7일 동안 밤낮 선반 밑에서 앉거나 누워 지켜야 하며, 감히 잠을 편히 잘 수 없으며 밤중에도 자주 일어나 살펴야 한다.

처음에는 눈처럼 희지만, 하루 이틀이 지나면 흑색(황색)으로 변하며, 흑색(황색)이 다시 갈색으로, 갈색이 다시 붉은색으로, 붉은색이 다시 빨간색으로 변했다가 빨간색이 극에 달하면 다시 옅은 황색이 된다.

이렇게 바람 속에 희한하게 변환하는 모습을 목격할 수 있으니 이를 일러 생황국生黃麴이라 한다.

그 값은 거기에 들어간 다른 물건이나 노력에 비춰보면 모두가 보통 누룩보다 곱절이나 된다.

무릇 흑색(황색)이 갈색으로, 갈색이 다시 홍색으로 되는 과정에서는 모두 한 차례씩 물로 씻어 주지만 빨간색으로 된 다음에는 더는 물을 사용하지 않는다.

대체로 이 누룩을 만드는 데는 누룩 공정에 손을 씻는 일, 쟁반과 바구니를 씻는 일에 아주 지극히 청결하도록 해야 한다. 티끌만큼이라도 찌꺼기가 있거나 더럽게 되면 모든 일이 실패하고 만다.

凡麴飯入盤, 每盤約載五升.

其屋室宜高大, 妨瓦上暑氣侵逼.

室面宜向南, 妨西晒.

一个時中翻拌約三次.

候視者七日之中, 卽坐臥盤架之下, 眠不敢安, 中宵數起.

其初時雪白色, 經一‧二日成至黑色, 黑轉褐, 褐轉代赭, 赭轉紅, 紅極復轉微黃.

目擊風中變幻, 名曰生黃麴.

則其價與入(人)物之力皆倍于凡麴也.

凡黑色轉褐, 褐轉紅, 皆過水一度, 紅則不復入水.

凡造此物, 麴工盥手與洗淨盤篘, 皆令極潔.

一毫滓穢, 則敗乃事也.

【妨屋上】'妨'은 '防'으로 표기하기도 하나 그대로 풀이해도 될 것으로 보임. 아래 '妨西晒'도 같음.

【一个時】고대는 하루를 12시간으로 나누었으므로 지금의 시간으로는 2시간 정도임.

【黑色】〈涂伯聚本〉에 '黑'으로 되어 있으나 紅麴은 발효 때에 黑色은 내지 않으므로 '黑'은 모두 '黃'이어야 할 것으로 보임.

【入(人)物之力】'入'은 '人'으로 보기도 함. 인건비와 재료비. 즉 人力과 物力.

【過水】紅麴은 菌이 자라면서 黃色素가 생기므로 물로 한 차례씩 씻어 제거해야 함.

18. 주옥珠玉

　주옥珠玉은 광물의 옥과 바다의 진주, 그리고 여러 종류의 보석 등을 중심으로 채취, 가공 등을 자세히 기록한 것이며 아울러 당시로써는 귀히 여겼던 유리에 대한 것까지 다루고 있음.

(1) 전언前言

347(18-1)
전언

내 생각으로는 이렇다.

"옥이 묻혀 있는 산은 빛이 나고, 진주가 잠겨있는 물은 아름답다는 말이 있는데 이러한 이치는 진실로 그럴까? 아니면 사람들이 억측해서 꾸며낸 말일까?

대체로 천지에 태어난 물건들은 빛나는 것은 혼탁한 것의 상대가 되고 자윤滋潤이 흐르는 것은 고삽枯澁한 것과 원수가 된다. 따라서 여기에 귀한 것이 있으면 저기에는 천한 것이 있게 마련이다. 합포合浦와 우전于闐은 서로 2만여 리의 거리나 되도록 멀지만, 진주는 합포에 영웅이며, 옥은 우전에서 우뚝 높은 자리를 차지하고 있다가 정강이도 없건만 찾아와 세상 사람의 총애를 받고, 궁궐에서 휘황찬란한 빛을 발하고 있다.

중국은 무한한 보물이 있음에도 그것을 모두 꺾고 그러한 것을 제일 높은 자리에 앉도록 하고 있으니, 어찌 산과 물을 빛내는 중국의 보물 중에 사람 몸에 차고 다니는 것으로써 천지의 정화精華가 이 몇 가지에만 그치겠는가!"

宋子曰:「玉韞山輝, 珠涵水媚, 此理誠然乎哉? 抑意逆之說也? 大凡天地生物, 光明者昏濁之反, 滋潤者枯澁之讎, 貴在此則賤在彼矣. 合浦・于闐行程相去二萬里,

珠雄于此, 玉峙于彼, 無脛而來, 以寵愛人寰之中, 而輝
煌廊廟之上. 使中華無端寶藏折節而推上坐焉. 豈中國
輝山媚水者萃在人身, 而天地菁華止有此數哉!」

【玉韞山輝】 陸機의 〈文賦〉에 "石韞玉而山輝, 水懷珠而川媚"라 함.
【合浦】 원래 西漢 시대의 군 이름. 지금의 光緒 合浦縣. 고래로 眞珠 생산지로
　유명함.《列女傳》(8) 王章妻女의 고사에 "王章妻女, 漢京兆尹王仲卿之妻及其
　女也. 仲卿爲書生, 學於長安, 獨與妻居, 疾病無被, 臥牛衣中, 與妻訣泣涕. 妻呵怒
　曰:「仲卿, 尊重在朝廷, 誰愈於仲卿者! 今疾病困厄, 不自激昂, 乃反涕泣, 何鄙也!」
　後章仕宦至京兆尹. 成帝舅大將軍王鳳秉政專權, 章雖爲鳳所奉, 意不肯附. 會有
　日食之變, 章上封事言鳳不可任用, 事成當上. 妻止之曰:「人當知足! 獨不念牛
　衣中流涕時耶?」章曰:「非女子所知」書遂上, 天子不忍退鳳. 章猶是爲鳳所陷,
　事至大逆, 收繫下獄. 章有小女年十二, 夜號哭曰:「平日坐獄上, 聞呼囚數常至九,
　今八而止. 我君素剛, 先死者必我君也.」明日問之, 果死. 妻子皆徙合浦. 鳳薨後,
　成都侯王商爲大將軍, 閔章無罪, 白, 還其妻子財産田宅, 衆庶給之. 君子謂:「王章
　妻知卷舒之節.」詩云:『昊天已威. 予愼無罪』言王爲威虐之政, 則無罪而遘咎也」
　라 하여 널리 알려진 곳이기도 함.
【于闐】 和田玉으로 유명한 곳. 지금의 新疆 和田縣.

(2) 珠

348(18-2)
진주珍珠

무릇 진주珍珠는 반드시 방합蚌蛤의 배에서 나며, 달빛을 받고 진주를 배태하여 아주 오랜 몇 년의 시간이 지나야 비로소 지극한 보물이 된다.

뱀의 배, 용의 아래턱, 상어의 가죽에도 진주가 있다는 말은 모두 잘못된 것이다.

대체로 중국의 진주는 반드시 뇌지雷池와 염지廉池 두 못에서만 난다.

삼대三代 이전에는 회안淮安과 양주楊州 두 곳 남쪽 지역에서 진주를 얻었다는 기록은 〈우공禹貢〉의 "淮夷蠙珠(회이빈주)"의 내용과 가깝지만, 이는 혹 먼 지역과의 교역으로 온 것이지, 그곳의 토산은 아니다.

금金나라 사람들은 포리로蒲里路에서 진주를 채취하였고, 원元나라 사람들은 양촌揚村의 직고구直沽口에서 채취하였다 하나 모두가 전설로 이어 내려온 헛된 소문이니 어찌 그런 곳에서 진주가 나오겠는가?

심지어 홀려고강忽呂古江에 진주가 나온다고 하였는데 그곳은 이민족의 땅으로 중국 땅이 아니다.

凡珍珠必産蚌腹, 映月成胎, 經年最久乃爲至寶.

其云蛇腹·龍頷·鮫皮有珠者, 妄也.

凡中國珠必産雷·廉二池.

三代以前, 淮·楊亦南國地, 得珠稍近〈禹貢〉「淮夷蠙珠」,

或後互市之便, 非必責其土産也.

　金採蒲里路, 元採揚村直沽口, 皆傳記相承妄, 何嘗得珠?
　至云忽呂古江出珠, 則夷地, 非中國也.

【珍珠】辮腮綱珍珠貝科珠母貝(Pteria margaritifera)로 외부 이물질의 침입으로
이를 막기 위해 스스로 분비물을 내어 원구의 고체 顆粒을 형성한 것. 장식과
약재로 활용함.

【蚌】蚌蛤. 혹 馬蛤이라고도 하나 원래 馬蛤은 淡水 조개임.

【蛇腹, 龍頷, 鮫皮】이는 宋代 陸佃의 《埤雅》에 "龍珠在頷, 蛇珠在口, 魚珠在眼,
鮫珠在皮"라 한 것을 말함.

【雷廉二池】漢代부터 珍珠 생산으로 유명하던 廣西 合蒲를 가리킴.

【楊】揚州. '楊'은 '揚'의 오류.

【淮夷蠙珠】《尙書》禹貢에 "厥貢惟土五色. 羽畎夏翟, 嶧陽孤桐. 泗濱浮磬, 淮夷
蠙珠暨魚. 厥篚玄纖縞"라 하였으며, 蠙珠는 淡水에 사는 馬蛤을 가리킴. 중국의
해안 바다 진주 외에도 내륙의 담수에 珠蚌科 珠蚌(Unio margaritifera)의
진주가 생산되었음

【蒲里路】《金史》地理志에 '蒲西路'라 있으며 지금의 黑龍江省 克東烏裕河의
南岸으로 金代 진주를 채취하였다 함.

【揚村直沽口】지금의 天津市 大沽口. 元代에 진주를 채취하던 곳임.

【忽呂古江】《元史》(94) 食貨志에 宋阿江, 阿爺苦江, 忽呂古江 등에서 진주를
채취하였다 하며 모두 東北 滿洲에 있던 강 이름.

349(18-3)
방합蚌蛤

무릇 방합이 진주를 잉태하는 것은 물질이 없는 것에서 물질을 만들어내는 원리이다.

다른 동물로 형태가 작으면서 물에 사는 것들은 대부분이 다른 동물에게 잡혀 먹어 수명이 길지 않다.

그러나 이 방합은 단단한 껍질로 둘러싸여 있고 뚫고 들어갈 틈도 없으며 이를 통째로 삼켜 뱃속에 들어간다 해도 온전히 그대로 있어 소화를 시킬 수 없다. 그 때문에 홀로 백 년, 천 년을 견뎌낼 수 있어 그 값을 따질 수 없는 보물이 되는 것이다.

무릇 방합이 진주를 잉태함에는 천 길이나 되는 물 밑에서 이루어지며 한 번 보름달을 만날 때마다 껍질을 벌리고 달빛을 쬐어 달의 정기를 받아 그 백魄을 만들어내는 것이다.

한가을 달이 밝으면 늙은 마합조차도 아주 즐거움을 느낀다.

만약 밤을 거쳐 새벽까지 구름이 없으면 달은 동쪽에 떠서 서쪽으로 지는 동안 마합도 그 달 따라 몸을 굴리면서 달빛을 쬔다.

다른 해변에 진주가 나지 않는 것은 조석潮汐이 너무 심하여 방합이 안전하게 그곳에 그대로 몸을 정지해 있을 수 없기 때문이다.

凡蚌孕珠, 乃無質而生質.

他物形小, 而居水族者, 吞噬弘多, 壽以不永.

蚌則環包堅甲, 無隙可投, 卽吞腹, 囷圄不能消化, 故獨
得百年·千年成就無價之寶也.

凡蚌孕珠, 卽千仞水底, 一逢圓月中天, 卽開甲仰照,
取月精以成其魄.

中秋月明, 則老蚌猶喜甚.

若徹曉無雲, 則隨月東升西沒, 轉側其身而映照之.

他海濱無珠者, 潮汐震撼, 蚌無安身靜存之地也.

【百年千年】 蚌蛤(馬蛤)의 수명은 이처럼 긴 것이 아니며 12년 정도라 함. 전체
다른 부분의 표현도 과학적인 것은 아님.

350(18-4)
진주 채취

무릇 염주지廉州池의 오니汚泥와 독람사獨攬沙로부터 청앵靑鸎까지는 약 180리의 거리이다.

뇌주지雷州池의 대락도對樂島에서 석성石城까지는 비스듬히 바라본 거리는 약 150리이다.

그곳 단족蜑族 사람들은 진주를 채취하면서 해마다 반드시 3개월간의 기간을 정해서 희생을 잡아 해신海神에게 제祭를 올려 지극히 경건함을 표시한다.

단족들은 바다의 날고기를 먹기 때문에 물에 들어가면 능히 물속에서도 사물을 볼 수 있어서 교룡蛟龍이 있는 곳을 알기 때문에 감히 그곳을 침범하지 않는다.

무릇 진주를 채취하는 배는 그 형태는 다른 배보다 폭이 넓고 둥글며, 그 위에 많은 돗자리를 싣고 있다.

소용돌이가 있는 바다를 지나야 할 때 돗자리를 던지면 배가 아무런 탈이 없게 된다.(그림117)

배 안에는 긴 밧줄이 있어 이를 사람의 허리에 매고, 바구니를 지니고 물속으로 뛰어들어간다.

凡廉州池自烏泥·獨攬沙至于靑鸎, 可百八十里.
雷州池自對樂島斜望石城界, 可百五十里.

蜑戶採珠, 每歲必以三月, 時牲殺祭海神, 極其虔敬.

蜑戶生啖海腥, 入水能視水色, 知蛟龍所在, 則不敢侵犯.

凡採珠舶, 其制視他舟橫潤而圓, 多載草薦于上.

經過水漩, 則擲薦投之, 舟乃無恙.

舟中以長繩繫沒人腰, 携籃投水.

【廉州池】廣西 合浦의 진주가 나는 海濱. 烏泥와 獨攬沙는 그곳의 작은 지명.

【雷州池】海康의 진주 생산지. 靑鸎은 海康의 작은 지명.

【蜑戶】남쪽 바닷가에 사는 민족 이름. 복건과 광동 등 바닷가의 소수민족을 낮추어 부르던 칭호.

【牲殺】'殺牲'의 오류.

【蛟龍】상어(鯊魚)류.

〈그림117〉몰수채주선(沒水採珠船)

351(18-5)
단족蜑族의 진주 채취법

무릇 물속에 들어간 사람은 주석으로 만든 굽은 고리 형태의 속이 빈 관을 가지고 들어가며 그 끝 터진 곳은 사람의 입과 코에 씌워 물속에서 천천히 호흡을 할 수 있도록 하며, 잘 다듬은 가죽으로 귀와 목둘레를 감싸 묶는다.

가장 깊은 곳은 4~5백 척까지 들어가며 방합을 거두어 바구니에 담는다.

숨이 차면 줄을 흔들어 배 위에 있는 사람이 급히 줄을 잡아당겨야 하며 잘못하여 목숨을 잃게 되면 혹 물고기 뱃속에 장례를 치러야 할 경우도 있다.

무릇 물에 들어갔던 자가 물 밖으로 나오면 미리 따뜻하게 데워둔 부드러운 모직물로 급히 덮어주며 서둘지 않았다가는 추위에 떨다가 죽기도 한다.

송宋나라 때의 초토관招討官이었던 이李씨 성의 한 사람은 쇠로 쇠스랑을 그 끝 나무 기둥 끝에 구멍을 내고 양쪽 귀퉁이에 돌을 달아 물에 가라앉힌 다음, 삼실로 짠 자루 모양의 포대를 만들어 입이 벌어지도록 하고, 다시 줄을 배 양쪽 끝에 매어 바람을 이용하여 돛을 띄워 그 쇠스랑이 바닥을 긁어 마합을 채취하는 방법을 고안하였다.(그림118)

그러나 이 방법은 포대가 조류에 휩쓸려 떠내려가는 단점이 있다.

지금 그곳 단족蜑族들은 두 가지 방법을 함께 사용하고 있다.

凡沒人以錫造灣環空管, 其本缺處對掩沒人口鼻, 令舒透呼吸于中, 別以熟皮包絡耳項之際.

極深者至四・五百尺, 拾蚌籃中.

氣逼則撼繩, 其上急提引上, 無命者或葬魚腹.

凡沒人出水, 炙熱氉急覆之, 緩則寒慄死.

宋朝李招討設法以鐵爲構, 最後木柱扳口, 兩角墜石,
用麻繩作兜如囊狀, 繩繫舶兩傍, 乘風揚帆而兜取之.

然亦有漂溺之患.

今蜑戶兩法並用之.

【灣環】 '彎環'의 오류. 둥글게 고리처럼 만들어 허리에 찰 수 있도록 한 것.
【李招討】 구체적으로 宋 雍熙 3년(986) 廣桂·融宜·柳州의 招安捉賊使로 임명된
　　李重海(946~1013)를 가리킴. 金城 사람으로 宋 太宗 때 鄭州馬步都指揮使를
　　거쳐 각지의 招安制置使를 역임함.《宋史》(280)를 볼 것.
【兜】 바다을 훑어 진주를 채취하는 그물의 일종. 引網採珠法의 하나.

〈그림118〉 양범채주(揚帆採珠)

352(18-6)
진주의 등급

무릇 진주가 방합 속에 있는 것은 옥이 옥돌 속에 들어있는 것과 같다.

처음에는 귀천貴賤을 알아볼 수 없으나 방합을 열어서 꺼내보아야 진주가 들어 있는지를 알 수 있다.

지름이 5푼에서 1치 5푼까지를 대품大品을 삼는다.

작더라도 평평하여 마치 솥을 엎은 모양이며, 한쪽 끝은 마치 금으로 도금한 것처럼 광채가 희미하게 나는 것도 있는데 이를 당주璫珠라 하며, 그 값은 한 알에 천금이나 된다.

예로부터 명월주明月珠니 야광주夜光珠니 하는 것은 바로 이러한 진주를 가리키는 것이다.

한낮 맑게 개었을 때 처마 밑에서 보면 한 줄기 섬광이 정해진 방향이 없이 나타난다.

야광주란 바로 이러한 광채를 아름답게 부른 것이지, 진짜로 어두운 밤중에 빛을 내뿜는 진주라는 뜻은 아니다.

그다음으로 주주走珠라는 것이 있어 이를 바닥이 평평한 쟁반에 놓으면 계속 구르면서 멈추지 않으며, 그 값 역시 중주와 맞먹는다(죽은 사람의 입에다 한 알을 물리면 더는 썩지 않음. 그 때문에 帝王의 왕실에서는 비싼 값으로 이를 사들임).

그다음으로 활주滑珠라는 것이 있는데 광택은 있으나 모양이 그리 둥글지 않다.

그다음으로는 나가주螺蚵珠가 있고 그다음으로 관주官珠와 우주雨珠, 그리고 다시 그 아래로 세주稅珠와 총부주蔥符珠 등이 있다.

어린 진주는 좁쌀만 하고 보통 흔한 것은 완두만 하다.

질이 좋지 못하고, 부서진 것을 기璣라 부른다.

야광주로부터 부서진 기에 이르기까지 사람과 비교하면 왕공에서
백성이나 노예의 등급에 이르는 것과 같다.

凡珠在蚌, 如玉在璞.

初不識其貴賤, 剖取而識之.

自五分至一寸五分經者爲大品.

小平似覆釜, 一邊光彩微似鍍金者, 此名璫珠, 其値一顆
千金矣.

古來「明月」·「夜光」卽此便是.

白晝晴明, 簷下看有光一線閃爍不定.

「夜光」乃其美號, 非眞有昏夜放光之珠也.

次則走珠, 寘平底盤中, 圓轉無定歇, 價亦與璫珠相彷
(化者之身受含一粒, 則不復朽壞. 故帝王之家, 重價購此).

次則滑珠, 色光而形不甚圓.

次則螺蚵珠, 次官·雨珠, 次稅珠, 次蔥符珠.

幼珠如粱粟, 常珠如豌豆.

璊而碎者曰璣.

自夜光至于碎璣, 譬均一人身, 而王公至于氓隷也.

【一寸五分經者】 '經'은 '徑'의 오기. 珍珠의 지름을 말함.

【璫珠】 이하 진주를 9등급으로 나눈 것은 沈海遠의《南越志》를 볼 것.

353(18-7)
진주 생산량

무릇 진주의 생산량은 한도가 있어 너무 자주 채취하면 계속 나지 못하고 끊어지고 만다.

몇십 년이 지나도록 채취하지 않으면 방합은 몸이 자신의 몸을 편안히 여겨 그 자손을 번식시켜 널리 진주를 잉태하도록 한다.

소위 말하는 "진주가 사라졌다가 다시 되돌아왔다"라는 말은 진주가 정해진 자리에서 죽고 사는 생태를 말한 것이지, 청렴한 관리에 대한 하늘의 감응으로 그렇게 되는 것은 아니다(明 弘治 연간에는 한꺼번에 2만 8천 냥을 채취하였고, 萬曆 연간에는 한 번에 겨우 3천 냥에 그쳐 그 비용도 보상하지 못할 정도였음).

凡珠生止有此數, 採取太頻, 則其生不繼.

經數十年不採, 則蚌乃安其身, 繁其子孫而廣孕寶質.

所謂「珠徙珠還」, 此煞定死譜, 非眞有淸官感召也(我朝弘治中, 一採得二萬八千兩, 萬曆中一採止得三千兩, 不償所費).

【珠徙珠還】혹 '合浦還珠'라고도 하며, 後漢 때 관리가 진주를 남획하자 방합이 모두 사라졌으며 뒤에 孟嘗이 태수로 부임하여 선정을 베풀자 방합이 다시 나타났다 함.《後漢書》循吏傳(孟嘗)에 "嘗后策孝廉, 擧茂才, 拜徐令. 州郡表其能, 遷合浦太守. 郡不産谷實, 而海出珠寶, 與交阯比境, 常通商販, 留糴糧食. 先時宰守幷多貪穢, 詭人采求, 不知紀極, 珠遂漸徙於交阯郡界. 於是行旅不至,

人物無資, 貧者餓死於道. 嘗到官, 革易前敝, 求民病利. 曾未逾歲, 去珠復還, 百姓
皆反其業, 商貨流通, 稱爲神明"이라 함.

【弘治】《明史》食貨志에 의하면 진주 채취를 10년에 한 번씩으로 제한하여 孝宗
弘治 12년(1499)에는 2만 8천 냥 어치를 수확하였으나, 神宗 萬曆 연간에는
겨우 5100냥 어치밖에 채취하지 못하였다 함.

(3) 寶

354(18-8)
보석

무릇 보석은 모두가 땅속 광산에서 캐내어야 하며, 서부의 신강_{新疆} 일대에서 가장 많이 난다.

중국에서는 단지 운남_{雲南}의 금치위_{金齒衛}와 여강_{麗江}에서만 난다.

무릇 큰 것부터 작은 것에 이르기까지 모두가 석상_{石床}이 그 둘레를 싸고 있으며, 이는 마치 옥이 박석_{璞石}으로 둘러싸여 있는 것과 같다.

금과 은은 반드시 흙이 그 위에 쌓인 채 온결_{韞結}해서 생성된 것이지만 보석은 그렇지 않고, 밑에서 오랜 세월 동안 변화해서 생성된 것이다. 그러나 보석은 그렇지 않다.

구덩이 바닥에서 곧바로 하늘과 통하여 해와 달의 정화_{精華}를 빨아들여 생성된 것이기 때문에 그 바탕이 빛을 띠고 있다.

이는 마치 옥_玉이 절벽 아래 급류_{急流}에서 생겨나고, 진주가 물 밑에서 잉태되는 것과 같은 이치이다.

凡寶石皆出井中, 西番諸域最盛.

中國惟出雲南金齒衛與麗江兩處.

凡寶石自大至小, 皆有石牀包其外, 如玉之有璞.

金銀必積土其上, 韞結乃成, 而寶則不然.

從井底直透上空, 取日精月華之氣而就, 故生質有光明.
如玉産峻湍, 珠孕水底, 其義一也.

【寶石】 强度와 硬度가 지극히 높고 윤택이 있는 石類로써 희귀성을 가지고
있어야 함.
【璞】 옥을 품고 있는 돌.

355(18-9)
보석 광산

　무릇 보석이 나는 구덩이는 지극히 깊으면서 물이 없는 곳이어야 하는데 이는 건곤이 특별히 그렇게 환경을 만들어 놓은 것이다.

　다만 그 속에는 안개와 같은 보기寶氣가 그 구덩이에 가득 차 있어서 사람이 오래도록 그 기운을 마시면 대개는 죽음에 이르게 된다.

　그러므로 보석을 캐는 사람은 혹 10여 명씩 무리를 지어 구덩이에 들어가는 사람은 그 반이며 나머지 반은 구덩이 위에서 작업한다.

　구덩이로 내려가는 사람은 긴 밧줄로 허리를 묶고, 허리에다 주머니 두 개를 차고 보석이 있는 위치에 접근하며 손이 닿는 대로 서둘러 이를 수습하여 자루에 넣는다(보석 구덩이에는 뱀이나 벌레가 없음).(그림119)

　허리에는 큰 방울을 차고 보기가 심하여 접근할 수가 없을 때는 급히 방울을 흔들어 신호를 보낸다.

　그러면 구덩이 위에 있던 사람이 밧줄을 잡아당겨 끌어올린다.

　그렇게 되면 그 사람은 아무 탈은 없지만 그래도 이미 혼몽昏朦한 상태가 되고 만다.(그림120)

　이렇게 되었을 때는 그에게 끓인 맹물을 입에 넣어 독을 가시도록 하고, 사흘 동안은 어떤 음식도 먹이지 말고, 그 후 잘 조리하면 평상시대로 회복된다.

　주머니 속의 보석은 큰 것은 주발만 하고, 중간 정도는 주먹만 하며, 작은 것은 콩알만 하지만 겉으로 보아서는 어느 정도인지는 알 수 없다.

그러나 이를 옥공玉工에게 주어 다듬고 줄로 쓸어서 갈라본 연후에야 어떤 색의 어느 정도 등급인지 알 수 있다.

凡産寶之井, 卽極深無水, 此乾坤派設機關.

但其中寶氣如霧, 氤氳井中, 人久食其氣多致死.

故採寶之人, 或結十數爲輩, 入井者得其半, 而井上衆人共得其半也.

下井人以長繩繫腰, 腰帶叉口袋兩條, 及泉近寶石, 隨手疾拾入袋(寶井內不容蛇虫).

腰帶一巨鈴, 寶氣逼不得過, 則急搖其鈴.

井上人引絙提上.

其人卽無恙, 然已昏瞢.

止與白滾湯入口解散, 三日之內, 不得進食糧, 然後調理平復.

其袋內石大者如碗, 中者如拳, 小者如豆, 摠不曉其中何等色.

付與琢工鑢錯解開, 然後知其爲何等色也.

【無水】 이는 비과학적임. 지하수가 있을 수 있음.

【寶氣】 보석이 품고 있는 氣라 하였으나 실제로는 산소가 결핍된 여러 유해 가스로 질식사할 수 있음.

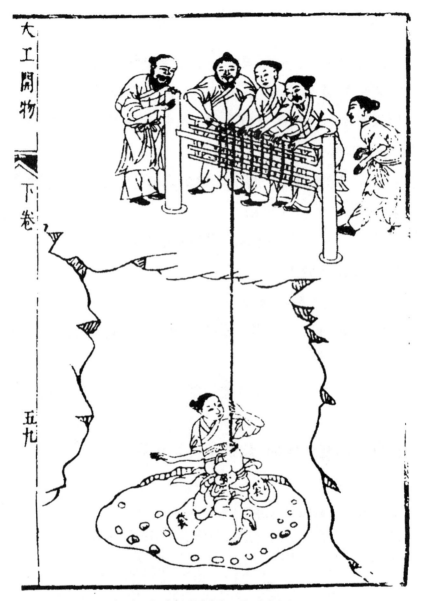

〈그림119〉 지하로 내려가 보석 채취하기

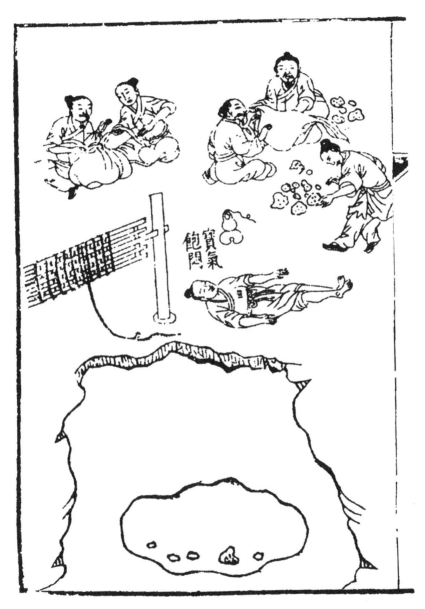

寶氣
飽悶

〈그림120〉 보기포민(寶氣飽悶)

356(18-10)
여러 가지 보석

보석 중에 홍황색_{紅黃色}으로는 묘정_{猫精}, 말갈아_{靺鞨芽}, 성한사_{星漢砂}, 호박_{琥珀}, 목난_{木難}, 주황_{酒黃}, 나자_{喇子} 등이 있다.

묘정은 황색이면서 약간의 홍색을 띠고 있다.

호박은 가장 값이 비싼 것을 예_{瑿(依로 읽으며, 이의 값은 황금의 5배나 됨)}라고 하며 붉으면서 약간의 검은 색을 띠고 있다.

그러나 낮에 보면 검은색이지만 등불 아래에서 보면 대단히 붉다.

목난은 순황색_{純黃色}이며, 나자는 순홍색_{純紅色}이다.

옛날 어떤 마구 떠드는 사람이 있어서 소나무 항목에다 복령_{茯苓} 또는 호박이라 주_註를 달았는데 이는 가소로운 일이다.

屬紅黃種類者, 爲猫精·靺羯芽·星漢砂·琥珀·木難·酒黃·喇子.

猫精黃而微帶紅.

琥珀最貴者名曰瑿(音依, 此値黃金五倍價), 紅而微帶黑.

然晝見則黑, 燈光下則紅甚也.

木難純黃色, 喇子純紅.

前代何妄人, 于松樹註茯苓, 又註琥珀, 可哂也.

【猫精】猫精石. 金綠色의 보석(Chrysoberyl)로 동심원의 띠가 있어 마치 고양이 눈동자 같다 하여 붙여진 이름.

【靺鞨芽】일명 紅玉髓라고도 함. 隨唐 시대 滿洲 靺鞨族이 살던 지역에서 난다 하여 붙여진 이름. 章鴻釗의 《石雅》(2)에는 石英類의 紅瑪瑙(Cornelian)이라 하였음.

【星漢砂】구체적으로 알 수 없으며 혹 砂金石(Aventurine), 金寶石(cold stone) 라고도 하며 일부 주장은 蛋白石(Opal)이라고도 함.

【琥珀】제3기 松柏類의 樹脂(송진)가 지하에 묻혀 화석으로 변한 유기 화합물 (Amber). 화학 성분은 $C_{10}H_{16}O$임. 마찰하면 정전기가 발생하기도 하며, 때로는 나뭇잎이나 곤충 등이 들어 있기도 함.

【木難】莫難이라고도 하며 綠寶石(Beryl) 중의 황색을 띤 것으로 六角形의 結晶體. 성분은 $Al_2(FOH)_2[SiO_4]$.

【酒黃】황색의 투명한 황옥(Topaz)의 일종.

【喇子】홍보석(Ruby). 크롬을 함유한 三面體의 강옥(鋼玉)으로 성분은 Al_2O_3.

【松樹註茯笭】張華의 《博物志》(7)에 "松柏指輪地中, 千年化爲茯笭, 茯笭千年化爲琥珀"이라 하였고, 《山海經》에는 '遺玉'이라 하였으며, 吳任臣은 "遺玉卽鑿玉, 松枝千年爲伏笭(茯笭), 又千年爲琥珀, 又千年爲鑿. 《字書》云: 「鑿, 遺玉也.」 是其解也"라 함. 한편 《本草綱目》(34) 松條에는 葛洪의 《神仙傳》을 인용하여 "老松餘氣結爲茯笭, 千年松脂化爲琥珀. 松脂則爲樹之津液精華也, 在土不腐, 流脂日久變爲琥珀"이라 하였으나, 37권 琥珀條에는 "松脂千年作茯笭, 茯笭千年作琥珀, 大抵皆是神異之說, 未可深憑"이라 함. 그러나 실제 松脂가 변하여 호박이 되는 것으로 알려졌으며 저자가 망인이라 한 것은 오히려 잘못된 것임.

357(18-11)
각종 보석

청록색靑綠色의 보석으로는 슬슬주瑟瑟珠, 조모록珇瑚綠, 아골석鴉鶻石, 공청空靑(공청은 광석의 內質을 떼어내고, 그 外膜을 승화시켜 가루로 만든 曾靑임) 등이 있다.

매괴玫瑰라는 한 종류는 황두黃豆나 녹두綠豆 크기만 하며, 홍색, 벽색碧色, 청색, 흑색 등 여러 가지 색깔을 다 갖추고 있다.

보석으로서의 매괴는 마치 진주에게 있어서의 기璣와 같다.

성한사星漢砂 이상의 보석으로는 오히려 저해금단煮海金丹이라는 것이 있다.

이러한 것들은 모두가 중국의 서부 지역에서 나며 역시 가끔 보배로운 기상이 나기도 하며 운남雲南 중부의 구덩이에는 이런 보석이 없다.

지금 사람들이 위조하는 것으로는 오직 호박만은 쉽게 가짜를 만들어 낼 수 있다.

고급 모조품은 유황을 달여서 녹인 것이며, 하급품은 은홍색殷紅色의 즙에 소나 양의 뿔로 만든 아교를 달인 것으로, 비추어보면 붉은색이 은은히 나타나서 지금은 쉽게 모조품을 판별할 수 있다(호박을 문지르면 水分이 나옴).

호박이 풀을 흡인吸引한다는 것은 원래는 사람을 현혹하는 속설로, 무릇 물질이란 사람의 기운을 빌려야 능히 아주 가벼운 어떤 물체를 흡인할 수 있다.

종래의 《본초本草》에 적힌 헛된 논리는 지워 없애야 책의 인쇄용 목판을 태우는 재앙이라도 줄일 수 있다.

屬青綠種類者, 爲瑟瑟珠·珇瑁綠·鴉鶻石·空青之類
(空青旣取內質, 其膜升打爲曾青).

至枚瑰一種, 如黃豆·綠豆大者, 則紅·碧·青·黃數色皆具.

寶石有玫瑰, 如珠之有璣也.

星漢砂以上, 猶有煑海金丹.

此等皆西番產, 亦間氣出, 滇中井所無.

時人僞造者, 唯琥珀易假.

高者煑化硫黃, 低者以殷紅汁料煑入牛羊明角, 映照
紅赤隱然, 今易最易辨認(琥珀磨之有漿).

至引草, 原惑人之說, 凡物借人氣能引拾輕芥也.

自來《本草》陋妄, 刪去毋使災木.

【瑟瑟珠】 甸子라고도 하며 藍寶石(Sapphire). 章鴻釗의《石雅》에 의하면 티타늄을
  함유한 강옥(鋼玉) Al₂O₃. 고대 이란이나 터키에서 나는 옥으로서 '瑟瑟'은
  이란어의 譯音이라 함.

【珇瑁綠】 가장 고귀하게 인정받는 보석으로 綠柱石(Emerald)의 變種. 성분은
  Be₃Al₂[Si₆O₁₈]임.

【鴉鶻石】 藍寶石(Sapphire)의 일종. 티타늄을 함유한 鋼玉. 성분은 Al₂O₃.

【空青】 綠青. 孔雀石(Malachite). CuCO₃·Cu(OH)₂. 輝銅鑛과 流動鑛이 분해해서
  생성된 2차 광물. 이것이 산화되어 분말로 변한 것이 曾青임.

【玫瑰】 원문에는 '枚瑰'로 되어 있으나 수정함. 玫瑰石. 비교적 낮은 보석류로 여김.

【煮海金丹】 星漢砂보다 등급이 높은 황록색의 보석.

【引草】 琥珀은 마찰하면 靜電氣가 발생하여 풀이나 종이 등을 끌어당길 수 있음.
  따라서 본문의 반박은 잘못된 것임. 아울러《本草綱目》(37)에도 陶宏景의 말을
  인용하여 호박을 손으로 문지르면 진품일 경우 草芥를 끌어당기는 현상을
  발견한 내용이 실려 있음.

(4) 玉

358(18-12)
우전于闐의 옥

무릇 중국으로 들어온 옥 중에 귀중하게 쓰이는 것은 모두가 우전于闐(漢나라 때 西域 나라 이름으로 후대에는 혹 別失八里라고도 불렀으며 혹 赤近蒙古에 복속되기도 하였음. 정식 이름은 알 수 없음)이나 총령蔥嶺에서 온 것이다.

이른바 남전藍田도 옥이 나는 총령의 지명인데 후세 사람들은 서안西安 부근의 남전으로 잘못 알고 있다.

총령을 흐르는 물의 발원지는 아누산阿㝫山이라 부르며, 총령에 이르러 두 개의 하천이 되어 하나는 백옥하白玉河,(그림121) 하나는 녹옥하綠玉河(그림122)이다.

진晉나라 때 사람 장광업長匡鄴의 《서역행정기西域行程記》에는 오옥하烏玉河로 적혀 있는데 이는 잘못된 것이다.

凡玉入中國, 貴重用者盡出于闐(漢時西國號, 後代或名別失八里, 或統服赤斤蒙古, 定名未詳)蔥嶺.

所謂藍田, 卽蔥嶺出玉別地名, 而後世誤以爲西安之藍田也.

其嶺水發源名阿㝫山, 至蔥嶺分界兩河, 一曰白玉河, 一曰綠玉河.

晉人張匡鄴作《西域行程記》, 載有烏玉河, 此節則妄也.

【于闐】 지금의 신장웨이우얼 자치구의 서남쪽 화전. 명나라 이전까지는 우전이라 불렸으며 원나라 때는 한때 斡端(Khotan)으로 불렸으며 옥 생산지로 유명함.

【別失八里】 '別失'(besh)은 위구르 말로 '五'이며, '八里'(balik)는 '城'을 나타내는 말로 '五城'이라는 뜻. 지금의 신장웨이우얼 烏魯木齊 부근의 지명. 元代 이곳에 宣慰使와 都元帥府를 두었음. 明代에는 亦力把里로 불렸음. 이곳은 于闐과 다른 곳으로 작자가 잘못 알고 기록한 것임.

【赤斤蒙古】 明나라 때 甘肅省 敦煌 玉門關 일대에 赤斤蒙古衛를 설치하여 新講 등지의 소수민족을 관할하였음.

【蔥嶺】 지금의 파미르 고원 지역. 원래는 파미르고원과 캐라코룸산맥(崑崙山脈) 일대. 그 때문에 《千字文》에 '玉出昆崗'이라 한 것임.

【藍田】 옛날 藍田(지금의 西安 부근 覆車山)에도 옥이 났음. 따라서 작자의 주장은 잘못된 것임.

【張匡鄴】 이는 오류임. 《新五代史》 于闐傳에 "晉天福三年, 於闐國王李聖天遣使者馬繼榮來貢紅鹽·郁金·氂牛尾·玉㲲等, 晉遣供奉官張匡鄴假鴻臚卿, 彰武軍節度判官高居誨爲判官, 冊聖天爲大寶於闐國王. 是歲冬十二月, 匡鄴等自靈州行二歲至於闐, 至七年冬乃還. 而居誨頗記其往復所見山川諸國, 而不能道聖天世次也. 居誨《記》曰:「自靈州過黃河, 行三十里, 始涉沙入黨項界, 曰細腰沙·神點沙. 至三公沙, 宿月支都督帳. 自此沙行四百餘里, 至黑堡沙, 沙尤廣, 遂登沙嶺. 沙嶺, 黨項牙也, 其酋曰撚崖天子. 渡白亭河至涼州, 自涼州西行五百里至甘州. 甘州, 回鶻牙也. 其南, 山百余里, 漢小月支之故地也, 有別族號鹿角山沙陀, 云朱耶氏之遺族也. 自甘州西, 始涉磧. 磧無水, 載水以行. 甘州人教晉使者作馬蹄木澀, 木澀四竅, 馬蹄亦鑿四竅而綴之, 駝蹄則包以氂皮乃可行. 西北五百里至肅州, 渡金河, 西百里出天門關, 又西百里出玉門關, 經吐蕃界. 吐蕃男子冠中國帽, 婦人辮發, 戴瑟瑟珠, 云珠之好者, 一珠易一良馬. 西至瓜州·沙州, 二州多中國人, 聞晉使者來, 其刺史曹元深等郊迎, 問使者天子起居. 瓜州南十里鳴沙山, 云冬夏殷殷有聲如雷, 云《禹貢》流沙也. 又東南十里三危山, 云三苗之所竄也. 其西, 渡都鄉河曰陽關. 沙州西曰仲云, 其牙帳居胡盧磧. 云仲云者, 小月支之遺種也, 其人勇而好戰, 瓜·沙之人皆憚之. 胡盧磧, 漢明帝時征匈奴, 屯田於吾盧, 蓋其地也. 地無水而嘗寒多雪, 每天暖雪銷, 乃得水. 匡鄴等西行入仲云界, 至大屯城, 仲云遣宰相四人·都督三十七人候晉使者, 匡鄴等以詔書慰諭之, 皆東向拜. 自仲云界西, 始涉䃜兼磧, 無水, 掘地得濕沙, 人置之胸以止渴. 又西, 渡陷河, 伐檉置水中乃渡, 不然則陷. 又西, 至紺州. 紺州, 於闐所置也, 在沙州西南, 云去京師

九千五百里矣. 又行二日至安軍州, 遂至於闐. 聖天衣冠如中國, 其殿皆東向,
曰金冊殿, 有樓曰七鳳樓. 以蒲桃爲酒, 又有紫酒·靑酒, 不知其所釀, 而味尤美.
其食, 粳沃以蜜, 粟沃以酪. 其衣布帛. 有園圃花木. 俗喜鬼神而好佛. 聖天居處,
嘗以紫衣僧五十人列侍, 其年號同慶二十九年. 其國東南曰銀州·盧州·湄州,
其南千三百里曰玉州, 云漢張騫所窮河源出於闐, 而山多玉者此山也.」其河源
所出, 至於闐分爲三: 東曰白玉河, 西曰綠玉河, 又西曰烏玉河. 三河皆有玉而
色異, 每歲秋水涸, 國王撈玉於河, 然后國人得撈玉. 自靈州渡黃河至於闐, 往往
見吐蕃族帳, 而於闐常與吐蕃相攻劫. 匡鄴等至於闐, 聖天頗責誚之, 以邀誓約.
匡鄴等還, 聖天又遣都督劉再升獻玉千斤及玉印·降魔杵等. 漢乾祐元年, 又遣
使者王知鐸來"라 하여 後晉의 供奉官 張匡鄴과 判官 高居誨가 天福 3년(938)에
사신으로 于闐에 다녀왔으며, 高居誨는 《于闐國行程記》를 썼으며 거기에
三河에 옥이 난다는 사실을 기록하였음. 그런데 《本草綱目》(8)에 "晉鴻臚卿
張匡鄴使于闐, 作《行程記》"라 한 것으로 그대로 인용하여 함께 오류가 생긴
것임.

〈그림121〉 우전국(于闐國)의 백옥하(白玉河)

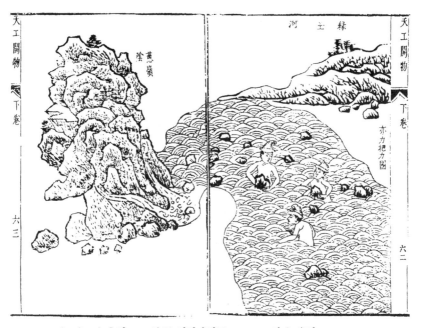

〈그림122〉 총령(蔥嶺) 북쪽 역력파력국(亦力把力國)의 녹옥하(綠玉河)

359(18-13)
옥박玉璞

옥돌은 그리 깊은 흙 속에 묻혀 있지 않으며, 수원水源이 높고 계곡 흐름이 급류인 여울에서 달빛을 받고 생겨난다.

그러나 옥을 채취하는 사람은 옥이 생겨난 그곳에서는 옥을 얻는 것이 아니며 그 생겨난 곳은 물살이 너무 세차서 물에 손을 댈 수도 없다.

여름철에 물이 불어나기를 기다렸다가 옥돌이 급류에 휘말려 떠내려 오기를 혹 백 리나, 2~3 백 리의 하류 물속에서 이를 채집할 수 있다.

무릇 옥은 달빛의 정기를 받아 생겨나므로 강을 따라 옥을 채집하는 사람들은 주로 가을밤 달이 밝을 때 강물을 보면서 이를 살핀다.

옥돌이 모여 있는 곳은 달빛이 다른 곳보다 몇 배나 밝다.

무릇 옥돌은 물 따라 흐르면서 여전히 다른 돌무더기와 섞인 채 얕은 물에 섞여 있으므로 이를 주워 꺼내보고 가려본 이후에야 알 수 있다.

玉璞不藏深土, 源泉峻急激映而生.

然取者不于所生處, 以急湍無著手.

俟其夏月水漲, 璞隨湍流徙, 或百里, 或二·三百里, 取之河中.

凡玉映月精光而生, 故國人沿河取玉者, 多于秋間明月夜, 望河候視.

玉璞堆聚處, 其月色倍明亮.

凡璞隨水流, 仍錯雜亂石淺流之中, 提出辨認而後知也.

【映月精匡】이는 비과학적인 설명이며 본 장의 내용은 사실과 맞지 않은 부분이 많음.

360(18-14)
백옥하白玉河와 녹옥하綠玉河

백옥하白玉河는 동남으로 흐르고, 녹옥하綠玉河는 서북으로 흐른다.

역력파력亦力波力 지역에는 망야望野라는 이름이 붙은 곳이 있는데 그곳 강물에는 많은 옥돌이 쌓여 있다.

그곳 풍속으로는 아낙네가 옷을 입지 않은 채 물속에 들어가 옥돌을 건져내는데, 이는 그래야 음기陰氣가 이들을 불러 옥돌이 그대로 머물러 달아나지 않아 쉽게 건져낼 수 있다는 이유 때문이라는 것이다.

이는 혹 이민족의 어리석은 풍습일 뿐이다(그곳에서는 이런 물건을 귀히 여기지도 않으며 게다가 수백 리를 가야 하는 곳으로 길이 멀어 팔 수도 없음).

白玉河流向東南, 綠玉河流向西北.

亦力把力地, 其地有名望野者, 河水多聚玉.

其俗以女人赤身沒水而取者, 云陰氣相召, 則玉留不逝, 易于撈取.

此或夷人之愚也(夷中不貴此物, 更流數百里, 途遠莫貨).

【白玉河, 綠玉河】白玉河는 서북으로, 綠玉河(烏玉河)는 동북으로 흐르며 이들이 于闐을 거쳐 于闐河에서 합류하여 다시 타림 분지의 타림강(塔里木河)으로 들어감.
【亦力把力】지명. '亦力把里'의 오기. 《元史》에는 '역랄팔리'(亦剌八里. Ilibalik)라 하였고, 《明史》는 '亦力把里'라 하였으며 앞에 언급된 別失八里임.

361(18-15)
옥의 종류

무릇 옥에는 단지 백색과 녹색 두 가지밖에 없다.

녹색은 중국에서는 채옥菜玉이라 부으며, 혹 적옥赤玉이니 황옥黃玉이니 하는 설은 모두가 기이한 돌이거나 낭간琅玕 종류이다.

그것들의 값은 옥보다 절대로 떨어지지 않는다 해도 옥은 아니다.

무릇 옥돌의 뿌리는 산의 바위와 흐르는 물에 서로 이어져 있다.

쪼개어 겉으로 나오지 않았을 때는 돌 속의 옥은 연하기가 마치 솜과 같으며, 이를 두드려 꺼냈을 때에는 이미 굳어 있고 세상 티끌과 바람을 맞고 나면 더욱 굳어진다.

세상에는 쪼아서 갈 수 있는 연옥軟玉이 있다고 하나 이는 틀린 말이다.

무릇 옥은 돌 속에 있고, 돌의 바깥을 둘러싸고 있는 것을 옥피玉皮라 하며 이것으로는 벼루나 받침대 등을 만드는 데 쓰이며, 값은 얼마 되지 않는다.

돌 속의 옥은 가로세로 한 척 남짓 되면서 전혀 흠이 없는 옥이 있는데 옛날에는 이를 제왕帝王들이 이를 옥새玉璽로 사용하였다.

소위 연성지벽連城之璧이란 쉽게 얻을 수가 없다.

그 가로세로 5~6촌쯤 되면서 흠이 없는 옥은 잘 다듬어 배가杯斝를 만들면 이는 당대의 중한 보물이 된다.

凡玉唯白與綠兩色.

綠者中國名菜玉, 其赤玉·黃玉之說, 皆奇石·琅玕之類.

價卽不下于玉, 然非玉也.

凡玉璞根係山石流水.

未推出位時, 璞中玉軟如棉絮, 推出位時則已硬, 入塵見風則愈硬.

謂世間琢磨有軟玉, 則又非也.

凡璞藏玉, 其外者曰玉皮, 取爲硯托之類, 其值無幾.

璞中之玉, 有縱橫尺餘無瑕玷者, 古者帝王取以爲璽.

所謂連城之璧, 亦不易得.

其縱橫五·六寸無瑕者, 治以爲杯斝, 此已當世重寶也.

【白綠】 실제 흰색과 녹색 외에도 옥은 紅, 橙, 黃, 黑, 紫 등의 여러 색깔이 있을
수 있으며 紅玉이나 黃玉도 모두 옥의 일종임. 다만 옥은 硬度에 따라 硬玉
(Jadeite)과 軟玉(Nephrite)으로 나눔.
【入塵見風則愈硬】 이는 잘못된 설명임.
【連城之璧】 연이은 몇 개의 성과 맞바꿀 정도의 비싼 璧.《史記》廉頗藺相如
列傳의 '完璧歸趙' 고사에 비롯된 것임.

362(18-16)
조선朝鮮의 옥

이것 외에도 서양(인도)의 쇄리瑣里에서 기이한 옥이 나는데 평시에는 흰색이었다가 맑은 날 햇볕에 비춰보면 붉은색이 되고, 흐리고 비가 오는 날에는 다시 청색이 되는 것이 있으니 이는 옥의 요술이라 할 수 있으며 상방尚方에서 이를 가지고 있다.

조선朝鮮의 서북 태위산太尉山에는 천 년이나 묵은 옥돌이 있으며, 그 속에는 양지옥羊脂玉을 간직하고 있어 총령蔥嶺에서 나는 아름다운 옥과 다를 바 없다.

그 밖의 것들도 비록 기록에는 있으나 저자가 아직 듣고 보지를 못하였다. 무릇 옥은 저 머리에 흰 천을 두른 회족回族(그들의 풍속에 사람은 한 해에 한 번씩 베로 머리를 한 번씩 두르며 노인이 되면 심하게 부풀려 올리게 되어 있어 그들을 纏頭回子라 부르며 그 나라 왕 역시 머리카락을 드러내 보이지 않음. 그 이유를 물어보면 머리카락을 드러내 보이며 그 해에 흉년이 든다 함. 가소롭기 그지없는 일임)은 배를 타고 하수河水를 거슬러 올라와 왕래하기도 하고 혹 낙타를 타고 장랑莊浪을 거쳐 가욕관嘉峪關으로 들어와 감주甘州와 숙주肅州에 이른다.

중국에서 옥을 파는 자는 여기의 호시互市에서 옥을 사서 동쪽으로 중국에 이르러 연경燕京에 모여드는 것이다.

옥공玉工은 이 옥이 들어 있는 박옥을 판별하여 값의 고사를 결정하며 그런 다음 이를 쪼는 것이다(좋은 옥은 비록 북경에 모이지만 옥공의 솜씨는 소주蘇州 일대가 더 뛰어남).

此外, 惟西洋鎖里有異玉, 平時白色, 晴日下看映出紅色, 陰雨時又爲靑色, 此可謂之玉妖, 尙方有之.

朝鮮西北太尉山有千年璞, 中藏羊脂玉, 與蔥嶺美者
無殊異.

其他雖有載志, 聞見則未經也.

凡玉由彼地纏頭回(其俗, 人首一歲果布一層, 老則擁腫之甚, 故名
纏頭回子. 其國王亦謹不見髮. 問其故, 則云見髮則歲凶荒, 可咲之甚),

或遡河舟, 或駕橐駝, 經莊浪入嘉峪, 而至于甘州與肅州.

中國販玉者, 至此互市而得之, 東入中華, 卸莘燕京.

玉工辨璞高下定價, 而後琢之(良玉雖集京師, 工巧則推蘇郡).

【西洋瑣里】西洋은 明代 당시 유럽이 알려지지 않아 인도를 西洋이라 불렀음.
쇄리(Sola)는 지명으로 지금의 인도 코로만델(Coromandel)을 가리킴. 그러나
《明史》에 의하면 '瑣里'와 '西洋瑣里'는 각기 다른 두 지명으로 되어 있음.《明史》
外國傳에 "瑣里, 近西洋瑣里而差小. 洪武三年, 命使臣塔海帖木兒齎詔撫諭其國.
五年, 王卜納的遣使奉表朝貢, 幷獻其國土地山川圖. 帝顧中書省臣曰: 「西洋諸國
素稱遠蕃, 涉海而來, 難計歲月. 其朝貢無論疏數, 厚往薄來可也.」乃賜《大統曆》
及金織文綺紗羅各四匹, 使者亦賜幣帛有差"라 함.
【玉妖】異玉. 혹 金剛石(Diamond)이 아닌가 함.
【朝鮮太尉山】구체적으로 우리나라 어디인지는 알 수 없음.
【蔥嶺】파미르고원 일대. 여기서는 新疆 남부의 崑崙玉이 나는 곳을 말함.
【羊脂玉】新疆위구르에서 나오는 白玉의 일종으로 半透明의 羊脂와 같음.
【回】回族의 명칭 유래를 설명하고 있음.
【莊浪入嘉峪】그들의 행로는 新疆, 嘉峪關, 肅州(酒泉), 甘州(張掖), 莊浪(지금의
壓浪과 華亭일대)을 거쳐 陝西로 들어오는 河西回廊이었음을 알 수 있음.

363(18-17)
옥의 가공

    무릇 옥돌을 처음 가를 때는 철을 야금하여 원반原盤을 만들고, 동이에 물을 담아서 모래를 채우며, 발로 밟아 원반을 돌리면서 여기에다 모래를 더하면서 하면 옥이 갈라지며 계속하여 조금씩 잘라나가면 끊어낼 수가 있다.(그림123)

    중국에서 옥을 자르는 데 쓰이는 모래는 순천부順天府의 옥전玉田과 진정부眞定府의 형대邢臺 두 읍에서 나는 것을 쓴다.

    그 모래는 강에서 나는 것이 아니며 샘에서 정수精粹가 흘러나온 것으로 마치 밀가루와 같아 이로써 옥을 갈면 영원히 모래가 마모되지 않는다.

    옥돌이 해체된 다음에는 달리 정교한 노력이 들어간다.

    빈철도鑌鐵刀라는 칼이 있으니 이는 아주 예리한 기구이다(빈철 역시 신강의 哈密衛에서 나는 礪石을 쪼개어야 얻을 수 있음).

凡玉初剖時, 冶鐵爲圓槃, 以盆水盛沙, 足踏圓槃使轉, 添沙剖玉, 逐忽劃斷.

中國解玉沙出順天玉田與眞定邢臺兩邑.

其沙非出河中, 有泉流出精粹如麪, 藉以攻玉, 永無耗折.

卽解之後, 別施精巧工夫.

得鑌鐵刀者, 則爲利器也(鑌鐵亦出西番哈密衛礪石中, 剖之乃得).

【沙】아주 강도가 높은 石榴石(Garnet)의 모래(Almandite)이며 河北의 平山에서 남.

【順天府】明代 지금의 河北省을 관할하던 부서. 玉田은 지금의 河北 玉田.

【眞定邢臺】지금의 河北 邢台市.

【鑌鐵】아주 강도가 높게 精錬된 강철.

【哈密衛】지금의 新疆 哈密.

【礪石】원래는 숫돌로 쓰는 돌. 그 속에 철광석이 들어 있으며 이를 제련하여 강한 강철을 만들어내어 이를 다시 옥돌을 세공하는 칼을 만듦.

王珠

〈그림123〉 탁옥도(琢玉圖)

364(18-18)
옥돌 부스러기의 활용

무릇 옥기玉器를 만들기 위해 쪼고, 갈고 난 후의 남은 부스러기는 전화용鈿花用으로 이용한다.

그리고 너무 잘게 부서진 것은 맷돌에 갈아 체로 친 다음에 이를 재와 섞어 비파나 거문고에 바른다.

그렇게 한 악기에서 옥의 음색이 나는 것은 이 때문이다.

무릇 날카로운 칼로도 세밀한 곳으로써 칼이나 송곳으로도 다루기 어려울 경우 섬수蟾酥로 그림에다 채우고 나서 새긴다.

이처럼 하나의 물질이 다른 하나의 물질을 억제하여 다스린다는 이치는 거의 모두 알아내기 어렵다.

무릇 옥과 비슷한 돌인 부무砆碔로써 대신하는 것은 마치 주석을 은이라고 속이는 것과 같아 확연히 쉽게 판별할 수 있다.

근래에 좋은 백자기白磁器의 고급 재료를 곱게 빻아서 미세한 가루나 먼지처럼 한 다음, 백렴白斂의 즙을 섞어 그릇을 만들어 건조하면 옥색의 화려한 빛이 나는데 이는 가장 정교하게 위조한 것이다.

凡玉器琢餘碎, 取入鈿花用.

又碎不堪者, 碾篩和灰塗瑟琴.

琴有玉音, 以此故也.

凡鏤刻絶細處, 難施錐刃者, 以蟾酥, 塡畫而後鍥之.

物理制服, 殆不可曉.

凡假玉以砆碔充者, 如錫之于銀, 昭然易辨.

近則搗舂上料白瓷器, 細過微塵, 以白斂諸汁調成爲器, 乾燥玉色燁然, 此僞最巧云.

【鈿花】옥으로 여러 꽃이나 형상을 만들어 象嵌技法으로 가구나 그릇 등에 박아 넣은 것.

【蟾酥】두꺼비(Bufo bufo gargarizans)의 耳腺과 皮腺에서 나오는 백색의 분비물. 독액이며 용해와 침식작용을 함. 이로써 칼이나 송곳이 닿지 않는 부분을 녹여서 처리함.

【砆碔】碔砆. 옥과 아주 비슷한 돌. 珷玞, 武夫로도 표기하며 疊韻連綿語의 물명. 옥과 혼동을 일으킴. 博物志(4)에 "武夫怪石似美玉; 蛇床亂蘼蕪; 薺苨亂人蔘; 杜衡亂細辛; 雄黃似石流黃; 鯿魚相亂, 以有大小相異; 敵休亂門冬; 百部似門冬; 房葵似狼毒; 鉤吻草與菫菜相似; 拔楔與萆薢相似, 一名狗脊"라 함.

【白斂】'白蘞'으로 표기해야 함. 가위톱. 葡萄科 多年生 蔓草植物(Ampelopsis japonica). 뿌리의 粘液은 강력한 接着性을 띠고 있음.

365(18·19)
주옥의 생성

무릇 주옥과 금은金銀이 형성되는 과정은 상반된다.

금은은 해의 정기精氣를 받기 때문에 반드시 깊은 흙 속에 묻혀서 결성結成된다.

그러나 주옥과 보석은 달의 정기를 받기 때문에 조금도 흙이 덮지 않는다.

보석은 구덩이에 있으면서 하늘과 통하게 되어 있고, 주옥은 깊은 물 속에 있으며, 옥은 험준한 여울에 있으면서 하늘의 광명光明을 받고 물의 색깔이 그 위를 덮고 있다.

진주에는 나성螺城이 있고, 나모螺母가 그 안에 있으면서 용신龍神이 이를 수호守護하고 있어 사람이 감히 범할 수가 없다.

사람 세상에 사용되도록 운수를 타고난 것은 나모가 밀어내고 사람이 채취하여야 한다.

옥도 처음 잉태된 곳에서는 역시 채취할 수가 없다.

옥신玉神이 이를 옮겨주어 강이나 하천에 있도록 한 연후에야 마음대로 채취할 수 있으니 주궁珠宮과 함께 신비스럽고 기이한 일이라 할 수 있다.

凡珠玉·金銀胎性相反.

金銀受日精, 必沉埋深土結成.

珠玉·寶石受月華, 不受土寸掩盖.

寶石在井, 上透碧空, 珠在重淵, 玉在峻灘, 但受空
明·水色盖上.

珠有螺城, 螺母居中, 龍神守護, 人不敢犯.

數應入世用者, 螺母推出人取.

玉初孕處, 亦不可得.

玉神推徙入河, 然後恣取, 與珠宮同神異云.

【螺城】 달팽이처럼 모습을 한 채 이를 감싸고 지켜주는 겉둘레.
【螺母】 진주로 키워주는 진주조개 속의 진주성장 핵. 그러나 이 장은 모두가
　　　 허황한 이론이며 비과학적인 설명임.

(5) 附: 瑪瑙·水晶·琉璃

366(18-20)
마노瑪瑙

무릇 마노瑪瑙는 돌도 아니고 옥도 아닌 것으로 중국에서 마노가 나는 곳은 자못 많고 그 종류 또한 10여 가지나 된다.

주로 비녀나 단추(鉤, 음은 扣) 등을 만들며, 혹 바둑돌로 만들기도 하며 가장 큰 것은 병풍이나 탁자 면을 만드는 데 사용하기도 한다.

상품은 영하寧夏 먼 곳 강족羌族이 사는 사막에서 지만, 중국 내지內地에도 멀리 있어 상인들이 마노를 구하러 멀리 가지 않아도 된다.

지금 북경北京에서 팔고 있는 것은 대부분이 대동大同, 울주蔚州의 구공산九空山과 선화宣化의 사각산四角山에서 나는 것들이다.

협태마노夾胎瑪瑙, 절자마노截子瑪瑙, 금홍마노錦紅瑪瑙라는 것이 있는데 이들은 서로 다른 종류이다.

신목神木과 부곡府谷에서 나는 장수마노漿水瑪瑙와 금전마노錦纏瑪瑙는 그 지역에서 매매되고 있으며, 이는 그 대강을 말한 것이다.

마노를 판별하는 방법은 나무로 비벼보아 열기가 나지 않으면 진품이다.

위조품은 비록 만들기는 쉬우나, 진짜 물건이 값이 그리 비싸지 않기 때문에 그러한 기술을 즐겨 쓰려 하지 않는다.

凡瑪瑙非石非玉, 中國産處頗多, 種類以十餘計.

得者多爲簪簧·鉤(音扣)結之類, 或爲碁子, 最大者爲屛風及卓面.

上品者産寧夏外徼羌地砂磧中, 然中國卽廣有, 商販
者亦不遠涉也.

今京師貨者, 多是大同·蔚州九空山·宣府四角山所産.

有夾胎瑪瑙·截子瑪瑙·錦紅瑪瑙, 是不一類.

而神木·府谷出漿水瑪瑙·錦纏瑪瑙, 隨方貨鬻, 此其
大端云.

試法以矸木不熱者爲眞.

僞者雖易爲, 然眞者値原不甚貴, 故不樂售其技也.

【瑪瑙】 마노(Agate)는 주성분은 石英(SiO_2)이며, 혹 石髓(Chalcedony)로 이루어진
광물질. 적갈색, 백색 등의 무늬를 가지고 있으며 장식품, 그릇, 세공, 조각 재료
등으로 사용됨.

【鉤結】 '釦結'의 오기로 보임. 단추를 뜻함.

【夾胎瑪瑙】 보는 각도에 따라 달리 색깔이 나타나는 마노.

【截子瑪瑙】 흑백이 서로 엇갈려 섞인 마노.

【錦紅瑪瑙】《本草綱目》(8)에는 '錦江瑪瑙'로 되어 있으며 비단 꽃무늬가 있는
마노.

【漿水瑪瑙】 淡水花의 무늬가 있는 마노.

【錦纏瑪瑙】《本草綱目》에는 '纏絲瑪瑙'로 되어 있음. 紅白色의 무늬가 함께 들어
있는 마노.

367(18-21)
수정水晶

무릇 중국의 수정水晶 산출량은 마노보다 약간 적다.

지금 남방에서 많이 쓰이는 것은 복건福建 장포현漳浦縣에서 나는 것이며 (그 산 이름
은 銅山임), 북방에서 쓰이는 것은 대부분이 하북河北 선화宣化의 황첨산黃尖山 에서 나는 것들이며, 중부 지방에서 사용되는 것은 하남河南 신양주信陽州 (흑색이 가장
아름다움)와 호북湖北 양신陽信潘家山에서 나는 것들이다.

흑색 수정은 북방에서만 나고 남방에서는 나지 않는다.

그밖에 산의 동굴에 원래 있었으나, 아직 몰라서 캐지 않았거나 이미 찾았더라도 관에서 엄하게 금지하여 폐쇄하고 있기는 하지만(이를테면 廣信에서는 中官들
의 채취를 두려워하여 봉함) 아직도 많이 있다.

무릇 수정은 깊은 산 동굴이나 폭포의 바위틈새에서 난다.

폭포수는 밤낮으로 끊임없이 흐르기 때문에 동굴 입구로부터 반 리里쯤 까지도 그 수면이 기름방울이 끓어오르듯 거품이 일고 있다.

수정이 굴을 벗어나기 전에는 솜처럼 보드랍지만 한 번 바람을 쐬면 곧바로 단단히 굳어진다.

이에 탁공琢工은 편의를 위해 동굴에서 미리 대강 다듬은 연후에 이를 가져와 다시 가공하여 10배나 힘을 덜 수 있다고 한다.

凡中國産水晶, 視瑪瑙少殺.

今南方用者多福建漳浦産(山名銅山), 北方用者多宣府

黃尖山産, 中土用者多河南信陽州(黑色者最美)與湖廣興
國州(潘家山)産.

黑色者産北不産南.

其他山穴本有之, 而採識未到, 與已經採識而官司屬
禁封閉(如廣信懼中官開採之類)者, 尚多也.

凡水晶出深山穴內瀑流石罅之中.

其水經晶流出, 晝夜不斷, 流出洞門半里許, 其面尚如
油珠滾沸.

凡水晶未離穴時如棉軟, 見風方堅硬.

琢工得宜者, 就山穴成粗坯, 然後持歸加功, 省力十倍云.

【水晶】 옛날에는 '水精'으로 표기하였으며 二酸化硅素(SiO₂)가 함유된 石英
 (Quartz), 혹은 규석(Silica)의 광물. 無色透明의 結晶體(Quartz crystal). 불순물의
 정도에 따라 색깔이 다르며 처음에 솜처럼 보드랍다는 표현은 맞지 않음.
【廣信】 지금의 江西 上饒.
【中官】 관리들이 파견한 중간 급수의 宦官. 이들의 주된 임무는 현지 특산품을
 거두어들이는 것이었다 함.

368(18-22)
유리琉璃

무릇 유리석琉璃石은 중국의 수정水精이나 월남越南의 화제火齊와 같은 종류이며, 똑같이 맑고 투명하다는 뜻이 있다.

그러나 중국에서는 나지 않고 서역西域에서 난다.

그 광석은 다섯 가지 색깔을 모두 갖추고 있어, 중국인들은 이를 화려한 것으로 여겨 드디어 기교를 다 하여 그와 닮은 것을 만들어내고 있다.

이에 벽돌이나 기와를 구울 때 잿물을 입혀 구워내어 황록색이 나타나는 것을 유리와琉璃瓦라 한다.

양의 뿔을 삶아서 녹여 기름을 담는 접시나 등의 갓 등 유리완琉璃碗을 만들어내기도 한다.

초석硝石과 납을 녹여 구슬을 만들어, 구리줄로 꿰어 유리등琉璃燈을 만들기도 한다.

그런가 하면 한 조각씩 빚어 접합하여 유리병琉璃瓶과 유리대琉璃袋를 만들기도 한다(염초를 달여 굳어질 때 그 위에/생기는 馬牙硝를 사용함).

여기에 여러 안료를 써서 발라 마음대로 여러 빛깔로 물을 들이기도 한다.

무릇 유리등과 유리구슬은 모두가 회북淮北과 산동山東 사람들이 만드는 데 그곳에는 초석이 나기 때문이다.

凡琉璃石與中國水精·占城火齊, 其類相同, 同一精光明
透之義.

然不産中國, 産于西域.

其石五色皆具, 中華人艶之, 遂竭人巧以肖之.

于是燒瓴甋, 轉鏽成黃綠色者, 曰琉璃瓦.

煅化羊角爲盛油與籠燭者, 爲琉璃碗.

合化硝・鉛寫珠銅線穿合者, 爲琉璃燈.

捏片爲琉璃瓶袋(硝用煅鍊上結馬牙者).

各色顏料汁, 任從點染.

凡爲燈・珠, 皆淮北・齊地人, 以其地産硝之故.

【琉璃石】 琉璃(glass)를 만들어낼 수 있는 광물. 오늘날의 중국어로는 '玻璃'로
부름. 석영(Quartz)이나 二酸化硅素(SiO₂)가 함유된 광물질. 硝石.
【占城】 占婆(Champa). 고대 林邑이라 불리던 越南 중부의 지명.
【火齊】 화주, 화제주. 章鴻釗의 《石雅》에는 雲母(Mica)라 하였으며 白雲母를
가리킴. 그러나 水晶(水精)에 가까움. 《本草綱目》 水精의 부록에 "《唐書》云:
東南海中有羅利國, 出火齊珠, 大者如鷗卵狀, 類水精, 圓, 自照數尺, 日中以
艾承之卽得火, 用灸艾炷, 不傷人. 今占城國有之, 明朝霞大火珠"라 함.

369(18-23)
건곤乾坤의 조화造化

무릇 초석硝石은 불을 만나면 공중으로 사라지며, 그 본질은 아무것도 없는 무無이지만 흑연黑鉛은 무거운 물질이다.

이 두 가지 물질이 불을 빌려 매개가 되면 초석은 흑연을 공중으로 끌고 올라가려 하고, 흑연은 초석을 끌어당겨 그대로 붙들어두고자 하므로 이 두 물질을 한 솥에 있게 하면 투명하고 빛이 나는 형상을 만들어내게 되는 것이다.

이는 건곤乾坤의 조화造化가 땅 위에서 그 모습을 쉽게 드러내어 보여 주는 것이다.

《천공개물天工開物》의 책 말미에 이를 적어 밝혀 둔다.

凡硝見火還空, 其質本無, 而黑鉛爲重質之物.

兩物假火爲媒, 硝欲引鉛還空, 鉛欲留硝住世, 和同一釜之中, 透出光明形象.

此乾坤造化, 隱現于容易地面.

《天工》卷末, 著而出之.

【乾坤造化】저자 宋應星이 자연계의 신비함을 강조하기 위해 기록한 것이며 예로 든 硝石과 黑鉛이 결합하여 유리가 만들어지는 것은 아님.

임동석(茁浦 林東錫)

慶北 榮州 上茁에서 출생. 忠北 丹陽 德尙골에서 성장. 丹陽初中 졸업. 京東高 서울
敎大 國際大 建國大 대학원 졸업. 雨田 辛鎬烈 선생에게 漢學 배움. 臺灣 國立臺灣師範
大學 國文硏究所(大學院) 博士班 졸업. 中華民國 國家文學博士(1983). 建國大學校
敎授. 文科大學長 역임. 成均館大 延世大 高麗大 外國語大 서울대 등 大學院 강의.
韓國中國言語學會 中國語文學硏究會 韓國中語中文學會 會長 역임. 저서에《朝鮮
譯學考》(中文)《中國學術槪論》《中韓對比語文論》. 편역서에《수레를 밀기 위해 내린
사람들》《栗谷先生詩文選》. 역서에《漢語音韻學講義》《廣開土王碑硏究》《東北
民族源流》《龍鳳文化源流》《論語心得》〈漢語雙聲疊韻硏究〉 등 학술 논문 50여 편.

임동석중국사상100

천공개물 天工開物

宋應星 著 / 林東錫 譯註
1판 1쇄 발행/2015년 1월 2일
발행인 고정일
발행처 동서문화사
창업 1956. 12. 12. 등록 16-3799
서울강남구도산대로163(신사동,1층) ☎546-0331~6 (FAX)545-0331
www.dongsuhbook.com
잘못 만들어진 책은 바꾸어 드립니다.

＊

＊

사업자등록번호 211-87-75330
ISBN 978-89-497-0902-4 04080
ISBN 978-89-497-0542-2 (세트)

.